골프가 인문학을 만나다

골프가 인문학을 만나다

:동서양 천재들의 필드 리더십

이봉철 지음

왜 천재들의 골프인가

인간 사랑과 골프 사랑은 무게를 겨루지 않는다.
인간과 함께 운동하기 때문이다.
보이는 문화가 아닌 보이지 않는 문화가 필요한 때이다.
숙고하는 삶, 이유 있는 삶이 병존하는 세상에 서서
다양성의 시대에 서서
나의 삶은 어느 방향으로 향하고 있는지 유연성이 절실히 필요하다.
수용과 관용의 지혜가 필요하다.
융합성은 긍정적인 건전한 문화가 결합했을 때 만족과 행복을 준다.
창의성은 수용성에서 포용성으로 그리고 관용성에서 나온다.

고루한 생각과 경쟁 사회에서의 나의 기초 지력 활동은
개인주의, 상업주의에서의 나의 기초 심력은
초고령사회의 나의 기초 체력은
자기개발과 열정의 감도는 어느 위치에 있는가.
나 자신의 생물학적 한계와 조건은 어느 정도인가.
내가 가지고 있는 지식의 질량은
나의 행동과 생각을 데이터로 얼마나 축적할 수 있는가.
추상적인 감성 사회에서
골프 스포츠를 통한 지력과 심력과 체력을 배양할 수 있는
지혜를 만들어가며

―――――

자유 경제, 양극화의 난세를 이기는 지혜,
융 · 복합과 통섭으로 자존감을 북돋아주는 지혜를 통섭의 학자는 찾아낸다.

동서양 천재들의 삶에서
삶의 준비는 무위에서 시작되어 평안으로 나아간다.
골프 스윙은 무위에서 일관된 스윙으로 나아간다.
원피스한 스윙과 삶의 찌꺼기를 배출시키는 삶을 이어간다.
이 책은 경쟁 만능주의 현대인들에게
천재들의 삶을 통하여 인격을 도야하고
실천적 지혜를 찾아
멘붕 탈출을 위한 심리의 안정화를 위한 내용으로 정리하였다.

골프가 과학이며, 심리이며, 경영이고 경제이지만 넘어야 할
최종은 인문이다.
골프 스윙은 민감하고 정교한 스윙 기술을 요하지만
체형별로 정확하고 효과적으로 표현하기 어렵다.
또한 심리적 압박을 많이 받는 정신적인 운동으로
소리 없이 막막한 벽을 향한다.

비기너들의 변화무쌍한 멘탈은

일관성을 방해하여
피지컬한 골프 스윙이 좋아지기도 하고 나빠지기도 한다.
비기너들은 자율 경쟁 사회에서
물질적, 수명적인 롤러코스터를 타면서
안정적인 삶의 정착을 시도한다.

인생과 골프는 높이, 넓이, 깊이, 시간, 사고의 5차원 인터페이스이다.
역학적이고 생리적이며 진보된 환경에서
정신, 마음, 영혼, 몸의 이야기를
자신의 위치와 역량 속으로 찾아간다.

품격 있는 골프는
삶의 찌꺼기를 배출시키고 만족스러운 파트너십을 가지는
깨달음의 골프이다.
결국 삶과 골프를 일관되게 하려면
새로운 발견을 가능하게 하는 빅데이터 메커니즘의 구축이 필요하다.
무한경쟁과 적자생존의 라운드에서
탈출하고 정복할 수 있는
실천적 지혜를 주는 자아 주체력을 동서양 천재들의 삶에서 찾아본다.

골프가 인문학을 만나다

1

무에서 유를 창조하는 스윙

변화무쌍한 이야기를 예상하지도 못한 작품 세계로 쉽게 술술 풀어
나가는 시인들의 왕, 호메로스는 인간의 운명은 참고 극복하는데 있다
며 필멸의 존재를 각인시켜준다.

2800년 전 문화의 중심지 그리스를 정치의 중심지로 묶는 역할을 했
던 올림픽 경기, 고대 올림픽이 시작된 시기에 태어난 유랑시인 호메로
스는 그리스의 황금기를 보내면서 삶과 죽음의 도전을 결정하는 서사시
를 쓴다. 일리온의 노래와 오디세우스의 노래다. 이는 아곤과 아르테이
며 세상을 바꾼 최초의 서사시이다.

변신의 귀재 제우스는 인간을 가장 그리워했을까, 때로는 동물이나
자연 현상으로 변신하면서 인간을 들추어내고 시험한다. 인간의 형상을
하면서 인간들을 조종한 그리스 신들, 호메로스는 고대 그리스의 역사
안에서 신들과 거래하면서 너무도 인간적인 모습으로 신들을 그렸으며
고대 그리스인들은 호메로스가 그린 신을 바라보면서 영웅의 모습을 본

받는다.

올림픽 경기는 제우스신에게 드리는 제사의 한 형태로, 신의 평화를 받는 범(凡)그리스적인 성격을 지니고 있다.

올림픽 경기의 최고의 신인 제우스신의 대리인으로 그리스 판관인 심판에게 전권을 주듯 호메로스는 칼자루를 쥐고 있다. 제우스를 중심으로 헤라, 아테나, 포세이돈과 아프로디테, 아폴론 그리고 그리스의 아가멤논, 헬레나, 아킬레우스, 파트로클로스, 아이아스, 디오메데스, 네스트로, 오디세우스, 경쟁 관계에 있는 트로이의 프리아모스, 헥토르, 파리스, 아이네이아스, 글라우코스, 샤르페돈 등 이외에도 세이렌, 키르케, 외눈박이 거인 키클로페스, 폴리페모스, 나우시카 공주, 페넬로페, 멘토르 등의 대리인을 내세운다.

분노와 고통을 알게 하여 역경에 처했을 때 현실을 외면하지 않고 정면 대응하면 살아남을 수 있는 수많은 영감과 교훈을 주고 있는 일리아스와 오디세이이다. 영웅들의 용맹과 지략은 거친 파도를 헤치고 인생에게 주어진 항로를 성실히 수행한다. 수행 과정의 어려움을 극복하는 것이 운명이라면 즐기는 것도 운명이다. 그 운명을 사랑하는 헬라스의 교육자 호머는 인간의 성찰을 계승하면서 멋진 라운드를 꿈꾸게 한다.

✳

그리스 정신의 아이콘인 호메로스, 어떻게 하면 안정된 드라이버 샷으로 페어웨이에 안착시키고 일관된 세컨 샷으로 온 그린시키며, 그린에서의 쓰리퍼터를 하지 않는 욕망을 이겨낼 수 있을까.

신들에게 행운을 바란다. 골프 게임은 완벽한 스킬과 심리적인 멘탈의 평정심이 절정 고수의 수준에 있다하더라도 동반자와 마음이 교류하지 않으면 멋진 라운드는 악몽의 라운드로 이탈되어 버린다.

만족을 얻는 방법은 여러 가지가 있다. 골퍼들에겐 멋진 드라이버 샷으로 얻을 수도 있고 상대방의 실수로 희열을 느낄 수도 있지만 진정한 내면의 만족과 기쁨은 다른 곳에 있다. 대리인들의 삶은 신을 섬기는 삶 속에서 참된 기쁨과 행복을 찾고 있을까? 태고에 주군을 모시고 주군을 위해 목숨을 바친 인간들의 마음속에 무엇이 담겨 있을까? 신들에게 자신의 존재를 인정받고 승리하는 골퍼가 되길 바란다. 승리하는 라운드는 골퍼들에게 삶의 활력을 주고 살아가는 삶의 동기를 부여한다.

라운드의 파트너는 나의 삶과 함께 한다. 승리를 위해 평생을 함께하려면 즐거운 마음으로 파트너를 진심으로 대하여야 한다.

파트너는 멀리서 찾아오는 나의 손님이다. 골퍼들에게 좋은 파트너는 먹지 않으면 안 될 생수 같은 존재이다. 자신이 동반자들에게 좋은 파트너라는 인식을 주게 되면 이처럼 큰 행복이 어디 있겠는가? 골프에서 평생 세 사람의 좋은 동반자를 가졌다면 언더파를 치는 골퍼보다도 더 성공한 골퍼라고 하지 않던가? 작은 것부터 시작하고 하나하나 단계적으로 하다보면 모든 것에서 기쁨과 행복을 얻는다.

호머는 시작하는 티그라운드에서 마무리하는 퍼팅그린에까지 약발받는 충고를 해주고, 도움의 손길이 필요한 하수들에게 마음의 진정성을 가르치며 라운드의 참뜻을 알게 한다.

호메로스의 드라이버는 무에서 유를 창조한다. 눈에 보이지 않는 것을 보는 창조성이다. 앞을 못 보는 맹인골퍼이지만 동반자들에게 샷의 성격과 심리, 정서와 태도를 파악하여 자신의 샷을 대신하게 한다.

플레이어의 정열과 감정을 가장 생생하고 진실하게 형상화한 강력한 샷을 구사한다. 동반자는 파트너로서 두려움과 연민을 가진다. 경쟁자이지만 상대의 눈물을 보는 것이 진정한 승리는 아니다. 샷을 제대로 하지 못하는 두려움은 자신의 입장에서 헤아리고, 어처구니없는 샷에 대한 연민은 동반자의 입장에서 아픔을 느낀다. 이 아픔은 동감으로 대체함으로써 아픔을 정화시킨다.

호메로스는 파트너의 감정과 심리를 안정시키고 재활시킨다. 끊임없이 감정에 호소하면서 자극시키며 반응을 관찰한다. **하늘은 도전하는 자에게 승리를 안겨주기에 과감한 샷을 구사**한다. 승리자는 자신감 있는 샷과 끊임없는 긴장과 염려 속에서 준비하여야 됨을 알려준다.

완벽한 샷을 매번 할 수 없다. 아무리 고수라 하여도 실수하지 않는 승리자는 없으며 계속되는 위기와 고난이 줄기차게 다가온다는 현실을 겸허히 받아들인다. 영원히 한곳에 머무르는 승리는 없기 때문이다.

호메로스는 코스에서도 치밀하다. 페어웨이에서 평범한 샷을 전개하지만, 약간의 경사도나 잔디의 형태에 따라, 스윙에 다양성과 변화를 준다. 동반자들에게 미묘한 긴장감으로 집중하게 만든다.

디벗이나 해저드에 들어가고 위기에 처해 있어도 포커페이스이다. 동반자들이 혀를 내두른다. 도리어 위대한 영혼은 결코 변덕스럽지 않다면서 동반자와의 경쟁의식, 사랑, 우정, 희로애락, 고민, 갈등, 배려 등 인간 깊숙이 간직하고 있는 마음의 본질을 이해하고 가장 심오하게 노래한다. 호메로스가 그리는 비극의 스킬은 많은 고수들에게도 자기완성의 표본이 된다. 상대방에 대한 멘탈 역시 만만치 않다. 변화무쌍한 샷을 전개하고 강렬한 느낌과 여운은 타의 추종을 불허한다.

때로는 드라이버가 아웃오브바운즈가 되어도 실망하지 않는다. 과거의 일은 과거의 일로 내버려두라, 그것은 이미 지나간 일이다. 자유 분망하고 대담하다. 어떠한 어려움 속에서도 굴복하지 않고 빛줄기를 찾아낸다.

이어지는 세컨 샷이 그린벙커에 빠져도 실망하지 않는다. 하얀 모래를 폭발시키는 익스플로전 샷이 장기라고 조크까지 한다. 위기와 고난 속에서도 유머가 있다. 낙관적이되 현실을 직시하고 있다. 벙커에 빠진 현실을 냉철하게 바라보며 거기서 좋은 방향으로 나아갈 수 있는 노력을 하고 있다.

호메로스의 그라운드는 방대하지만 위태위태하다. 동반자들은 숨을 죽이고 라운드는 이어진다. 계속되는 다양성 속에서 스릴과 재미가 더해지기 때문이다.

자기완성을 하게 하는 분노와 고통의 스윙

큰 슬픔도 회상하면 아름답고 즐거운 추억이 된다고 생각하기 때문일까? 호메로스의 승부사적인 기질은 죽음 뒤에 오는 삶에 가치를 둔다. 위기 속에서 탈출한 호머는 매 홀을 강인하게 몰아붙인다. 버디에 버디, 그리고 이어지는 트리플 버디는 상대방을 녹다운시킨다.

강함 속에서 생존을 찾아내는 냉혈한이다. 잔인함과 영광을 향한 욕망이 솟구친다. 분노 속에서 사랑을 배워나간다. 많은 사람들은 명예를 좋아하지만 그보다 더 좋아하는 것은 승리가 아닌가? 동반자들은 우월함을 바라지만 바로 이 승리가 우월함이라고 오해한다.

그린의 플레이는 대담한 성격에 비하여 아기자기하다. 섬세한 퍼팅 실력을 발휘한다. 동반자들에게는 긴장감의 연속이다. 상대할수록 버거운 게임이다. 게임은 어느덧 종착역으로 달려가고 있다. 라운드 내내 사랑, 우정, 승리, 환희, 패배, 죽음, 실망 등 삶의 체험의 실상을 가감 없이 동반자들에게 보여준다.

호머는 이야기한다. 약해지더라도 의연하고 대담하면서 솔직해지자. 남의 눈치를 살피기보다는 실수하더라도 마음을 솔직히 표현해서 상대방과 친해질 수 있는 기회를 만드는 것이 더 낫다. 실수와 행운이 반복되면서 필멸의 필연을 섭렵한다. 그의 너그러운 말씨는 사나운 혀를 고쳐준다.

매 홀마다 공동 관심사로 짜임새 있는 대화가 이루어진다. 대화는 마음의 즐거운 향연 속에서 어느덧 상대방의 수준으로 겸손하고 부드럽게 말수는 적게 하고 있다. 경쟁 관계에서 이기심을 풀고 파트너십으로 인간화된다.

사실주의적 인물을 형상화로 정리하여 새로운 인간형을 선택하게 하며, 인간의 운명을 발견하게 해준다. 그리고 **우리에게 분노와 좌절 속에서 화해를 가르쳐 주고 고통과 두려움 속에서 유연성과 통합을 알려준다.**

인간은 실수투성이와 제멋대로이다. 허영덩어리인 인간의 실체를 고결하고 진실하게 행동하는 인간으로 만들어 가면서, 인간으로서 어떻게 살아가야 할 것인가의 자의식과 자각적인 도덕적 선택을 하게 한다.

동서양 세계를 최초로 정복했던 알렉산더대왕과 21세기 혁신의 대명사 스티브잡스가 가장 애독했던 일리아스의 저자 호메로스는 끔직한 현실 속에서 두려움이 없는 연민을 갖게 한다. 그는 우리에게 헤아릴 길 없이 넉넉한 포용력을 주고 에너지와 밝음을 준다.

호메로스는 2800년 전의 맹인 시인이 아니라 인공 지능시대에서 반짝거리는 돌직구이다.

고대 그리스의 철학자, 밀레토스 학파의 창시자, 철학의 아버지, 기원전 625 ~ 기원전 547

자기만의 표현으로
사유의 리더십으로 스윙하라

  폭넓은 지혜를 가진 그리스 고전기 시대를 대표하는 탈레스와 지식인들을 소피스트라 부른다. 자신들 스스로가 지혜롭고 현명한 사람들로 자칭하면서 돈을 받고 학문을 판다. 공적으로 사는 시민의 방법을 가르치는 실용주의자들은 해결사 역할을 하는 철학의 아이콘이다.

  최초의 **철학자들은 자연현상을 신들로 충만한 초자연적인 존재로 설명하지 않고 자연 자체에 입각해서 설명**한다. 물, 공기, 불, 흙 등으로 이루어져 있다는 주장이다.

  밀레토스의 학자 탈레스, 아테네의 정치가 솔론, 스파르타의 국정감독관 킬론, 프리에네의 정치가 비아스, 미틸레네의 장군 피타코스, 린도스의 클레오불로스, 코린토스의 페리안드로스를 7명의 현자로 플라톤은 꼽는다.

  현자들은 인간의 덕성을 가르칠 수 있다는 신념으로 고대 그리스 민주주의를 만들어간다. 기존의 지식과 지혜를 세속적으로 전파하는 대중

지식인들로서의 도덕적 신념은 이성적 근거를 가져야함을 바탕으로 한다. 신념은 합리적 논증을 통해 변호된다. 소크라테스가 역설한 산파술은 소피스트들의 문답식 대화법에서 유래한다.

자유를 향한 연습은 보통 사람에게는 쉬운 연습이 아니다. 자유는 영감이 뛰어난 번뜩임이다. 소피스트가 자유로워지는 것은 소피스트는 남의 눈을 의식하지 않기 때문이다.

젊었을 때부터 자유를 향한 연습은 별난 행동으로 연습하여야 한다. 별난 행동은 자기 속에 감추어진 자기만의 감성으로 영감으로 통찰력을 표출한다.

일방적인 공부벌레로서 살아온 우리들은 자기의 감성을 죽이고 표출을 꺼리고 살아간다. 공동체 생활에서 너무 나서게 되면 남들의 표적이 된다. 강한 인식은 득보다는 실이 많다는 생각으로 가만히 있으면 중간이나 간다는 신중함이다. 비기너는 살아남는 생존의 법칙을 스스로 터득하면서 사회 속에서 숨을 죽여 가며 살고 있다. 하지만 요즘 시대는 감성의 시대이기도 하지만 자기만의 코디를 연출하는 시대이기도 하다.

보통 사람들은 강한 감정을 표현하는 사람들에게 불편을 느낀다. 서로 부끄러워하거나 부담 주는 언동을 자제하는 소극적인 개인주의 문화의 조성이랄까! 이제는 조심스러운 나의 행동반경을 자연스럽게 확대하는 행동을 하여보자.

버너드 다윈이 골퍼들에게 있어 가장 적합하지 않은 기질이 '시인적인 기질'이라고 한 것은 샌님처럼 숨지 말고 나의 개성을 드러내는 골프를 해보자는 의도이지 않겠는가?

자주는 못하지만 때때로 자기주장을 드러내어 놓을 수 있는 사람이 되자. 갑자기 하는 이상한 행동은 상대방을 곤혹스럽게 한다. 물론 평소 하던 언행을 탈피한 별난 행동은 남에게 피해를 주지는 않는 점이 전제되어야 한다.

별난 행동은 나쁜 생각이 아니다.

별난 행동은 나의 감성에서 나온다.

별난 행동은 사유의 리더십에서 나온다.

✳

평소 가족들이나 필드에서 자신의 감성을 드러내는 연습을 해보자. 드러나는 나의 감성 코드는 스트레스를 풀어주고 18홀 내내 자신의 존재감을 유지시켜주는 치료제이다. 잠재되어 있는 정신적, 육체적 고통을 완화하기 위해서 자유를 향한 별난 행동을 해보자. 별난 행동은 나 자신뿐만 아니라 동료들에게까지 도움을 주고 흥미진진한 재미를 준다.

칠현인은 겸손과 호의의 스윙을 한다

칠현인의 유명한 일화이다. 대장장이의 신 헤파이스토스가 만든 황금의 정을 둘러싼 지혜는 겸손과 호의의 정신이다. 전쟁과 신탁 그리고 중재는 탈레스의 델포이 아폴론봉헌으로 이어져 원만히 해결된다. 7현자들 교류의 스윙이다. 델포이와 코린토스에서 회합에서 '너 자신을 알라'와 '모든 것은 적당하게 하라'는 두 격언을 새긴다. 코린토스에서의 회합은 코린토스의 참주 페리안드로스의 끈끈한 결속을 위한 초청의 결과이다. 또한 이들은 활발한 학술교류를 수행하고 서로 속해있는 현실 상황에 대한 조언을 보낸다. 칠현인은 자연의 스루더그린을 바라보며 인간 존재의 본성에 대한 지혜를 포효한다.

먼저 철학의 아버지 탈레스가 선공한다. 섣부른 확신은 파멸을 부른다. 티그라운드에서 신중한 스윙이다. 몸이 풀어지지도 않는 상태에서 과도한 스윙을 자제한다. 조심스럽게 페어웨이 중앙을 향해 80%의 스윙

으로 정타를 노린다.

이심전심일까? 유능한 지식인 솔론은 침착하다. 무엇이든 지나침은 금물이다. 지나침은 못 미치는 것과 같다. 탈레스의 공략지점을 이어받아 페어웨이 중앙으로 안정된 샷을 날린다. 온건하지만 단호한 개혁주의자는 아테네라는 도시의 초안을 구축하고 다양한 문화적 유산을 남긴다.

이솝의 동료이자 짤순이 골퍼 킬론은 주장한다. 너 자신을 알라. 비거리가 나지 않기에 무리하게 샷을 하지 않는다. 끊어가는 전법이다. 투온을 포기하고 쓰리 온 전략이다.

초보 골퍼 비아스는 외친다. 일꾼이 너무 많아도 일을 망친다. 왜 이리 참견자들이 많은지 어찌할 바를 모른다. 동료들의 원−포인트 레슨에 집중할 수가 없다. 놓여있는 볼이 러프에 경사지의 샷이다. 올려치는 스윙인지, 내려치는 스윙인지 구분하기가 어렵다. 볼을 중앙에 놓으려는데 동반자는 오른발 쪽을 가리킨다. 하지만 불평하지 않고 조건이 누구에게나 동일하기에 자신에 샷에 집중한다.

클레오브로스는 강조한다. 절제는 흠잡을 수 없다. 목표를 이미지하고 타깃을 명확히 설정한다. 콤팩트한 스윙이다. 정신은 나를 지키는 힘이다. 과도하지 않은 중용의 경계를 지킨다.

피타고스는 롱홀에서 온 기회이다. 투온이다. 주어진 기회를 알아차

려라. 몰입하여 모든 것을 쏟아 붙는다. 골퍼로서 준비해 온 역량을 발휘해야 한다. 유레카하고 기회의 창으로 들어가 기회의 괴물을 잡아야 한다. 주어진 기회를 가치 창출로 실현하기 위해 전력을 다한다.

잔혹한 참주 페리안드로스는 모든 일에 선견지명을! 강적들과의 경기는 미리 깨어 있어야 한다. 미리 예측하고 대비한다.

지도력과 시민 참여 능력이 뛰어났던 현인들은 호전적이지만 용기와 명예를 중시하는 덕을 찾아간다. 의견 불일치의 필드에서도 자기표현을 망설이지 않고 사유하는 쟁론의 방식을 활발히 진행하면서 우리에게 지혜를 주고 성공의 비결을 가르친다. 비록 발밑의 일도 모르지만 하늘의 비밀을 알기 위해 18홀 내내 지적인 승부를 겨룬다.

지혜와 용기, 절제를
두루 갖춘 정의의 스윙

아테네의 서민 가정에서 태어나 보편적 진리를 펼친 인류 최고의 교
사 소크라테스. 신체의 모든 부위가 따로 놀고 질서라곤 찾아볼 수 없을
정도로 못생겨서 개들조차 꼬리를 말고 피할 정도이다. 대머리 들창코
의 추남이었지만 아테네 시민에게는 자랑꺼리였으며, 중장보병으로 3번
이나 전쟁에 참가한 강건한 근체력과 절제된 생활력을 가진 마라톤 전
사의 후예이다.

청소년 **소크라테스는 아낙사고라스의 자연철학과 아테네의 지도
자 페리클레스의 민주정신을 배운 자연철학에서 정신을 깨우친 사
상적 성장기를 거쳤다.** 소크라테스는 개인의 감각적 경험과 유용성이
모든 가치 판단의 기준이 된다는 상대적 진리관을 주장한 소피스트들의
영향을 받고 철학자의 길로 들어선다. 하지만 소피스트들의 상대적, 주
관적인 해석으로 아테네가 놀아나고 회의주의에 빠지는 모습을 보면서,
이에 반발하여 객관적이고 보편타당한 진리를 추구하는 인간 중심주의

를 주장한다.

인간은 이성적 존재이며, 그러한 이성의 힘으로 모든 사람들이 인정할 수 있는 절대적 진리를 발견하는 일을 강조하여, 자연주의 인간관을 가진 겸손과 신뢰의 아이콘이다.

나는 단 한 가지 사실만은 분명히 알고 있는데, 그것은 내가 아무것도 알지 못한다는 사실이다. 2400년 전의 천재는 골프 경영이 인간 경영과 같다는 것을 인지하고 있었을까?

소크라테스의 골프 스윙은 지혜와 용기, 절제를 두루 갖춘 정의의 스윙이다. 무너진 스포츠맨십이 올바른 길로 갈 수 있도록 어떤 상황에서도 직언을 서슴지 않는 공정한 페어플레어였다. 그는 아테네의 스루더그린에서 자유가 아니면 죽음을 달라고 보편적 진리를 외쳤으며, 동반자들과 인류 사상에 대해서 토론하는 것을 즐겼다.

아테네의 중심 아고라는 평생 친구와 제자들과 사색의 대화를 한다. 아고라는 신체를 영위하고 마음을 사유하여 동반하는 삶의 총체적 집결지이다. 티그라운드나 페어웨이, 그리고 그린 환경은 끊임없는 성찰을 위한 아고라이다. 아고라를 통해서 인간의 양심, 이성과 자유의 회복을 위한 외침을 투영한다.

※

소크라테스의 드라이버는 타의 추종을 불허한다. 라운드의 기선을 제압하듯 타인들의 기술보다도 먼저 내심의 소리를 가지고 티그라운드에 올라선다. 골퍼들은 소크라테스 스윙을 배우기 위해 악전고투한다. 멋진 스윙과 샷을 위해 노력한다. 정의의 스윙과 좋은 매너는 골퍼들에게 선망의 대상이다. 볼을 잘 치는 골퍼들을 보면 부럽다. 볼을 치는 골퍼라면 필드에서 싱글을 달성하는 것은 분명 부러울만한 일이다.

하지만 볼만 잘 친다고 삶 자체가 행복하다고 생각하기에는 상당히

무리가 있다. 인간의 욕구는 다양하고도 무한한 가능성을 가져 새로운 목표를 향해 끝없는 행진을 하기 때문이다. 행복의 필수 조건은 어디에 있는가?

골퍼로서 싱글이라는 고수를 목표가 될 수 있겠지만 인간으로서의 골퍼는 내면의 영역에서 그 행복과 기쁨을 찾아야 한다. 기술로써는 최고이지만 보편적 진리에서도 최고가 되어야 한다. 보여주는 멋도 있어야 하고 스포츠의 묘미를 느끼면서 많은 사람들과 함께 하려는 맛도 알아야 하고, 인문학적인 글도 쓰면서 전문가로서 덕성을 가지는 골퍼야말로 현장과 자신의 내면에 진정한 만족을 가지게 된다. 소크라테스는 어떤 것이 나를 행복하게 만드는지 먼저 내면을 살펴보고 찾아보라고 반문한다.

나 자신의 내면의 움직임을 느껴보자! 자신에게 행복하냐고 동반자와 더불어 즐길 수 있느냐고 어디에서 행복을 찾는지 다양하게 물어보자. 행복의 질문을 던져보자!

소크라테스는 행복을 자기 자신 이외의 것에서 발견하려고 바라는 사람은 그릇된 사람이다. 현재의 생활 또는 미래의 생활, 그 어느 것에 있어서나, 자기 자신 이외의 것에서 행복을 얻으려는 사람은 그릇된 사람이라고 하였다.

동반자보다 더 잘 치기 때문에 행복한 것이 아니라 예기치 않은 상황에서도 자신이 원하는 샷을 하였을 때 큰 기쁨과 행복을 가지자! 행복은 자신 이외의 것이 아닌 자신 속에서 찾아야 한다.

맨발의 스윙으로 전두엽이 발달한 골퍼

소피스트의 상대주의와 회의주의에 맞서, 보편적인 덕의 정신을 페어웨이로 보낸다. 잘못된 판단의 모순을 깨우치고 옳은 판단으로 유도시키는 의지의 아레테를 발휘한다.

골퍼로서 그의 입지는 인간으로서의 절대적인 덕을 발휘하기 위한 산파술이었으며, 스윙의 덕은 정의·절제·용기·경건으로 가는 객관적인 덕이었다. 그는 자신의 기술을 잘 알고 있는 현자였다.

스코어에 집착하는 사람들, 돈을 벌기 위한 사람들, 아테네의 **미래를 걱정하는 정치가나 지식인처럼 화려한 말솜씨로 대중을 속이는 사람들에게, 국가를 위한 올바른 소리와 비판을 아끼지 않았던 소크라테스는 최고의 에너지 골퍼**이다.

숙고하지 않는 삶, 검토되지 않는 삶은 살 가치가 없다. 위대한 지식은 자신에 대한 깨달음을 위한 준비이다. 지나침 없이 절도를 지켜라, 너 자신을 알아야 겸손을 가져다준다.

소크라테스의 아이언은 절제된 스윙이다. 중심을 유지하고 중심에 초점을 맞추고 흔들리지 않는다. 더욱 중요한 것은 자신의 중심을 잡는 것이다. 소크라테스 골프는 우리에게 겸손을 준다. 겸손이라는 단어는 라틴어인 땅의 후무스(Humus)와 인간의 호모(Homo)에서 나왔다. 흙은 낮은 곳에서 모든 것을 묵묵히 받아준다. 인간은 땅을 딛고 살아간다. 땅은 겸손하다. 겸손하기에 만물을 소생시킬 수 있다. 골프 게임은 땅위에서 이루어진다.

골프는 냉엄하며 모순이 가득하고 신비하고도 용서가 없는 경기이기 때문에 절제와 겸손을 가져야 한다. 그의 아이언 스윙은 지면 반력을 가진 절제된 완벽한 몸통 스윙이다. 중심을 잡고 몸을 코일링하고 회전시킨다.

소크라테스는 맨발의 철학자로 전두엽이 발달한 골퍼였다. 그의 두뇌는 동반자와의 감정 조절, 코스 매니지먼트를 위한 전략의 수립 및 실행, 현장의 주의 집중 등 고도의 종합적 사고를 관장한다. 맨발은 발을 편하게 하기에 혈액 순환이 좋고, 잠도 잘 자게 한다. 특히 기억력, 사고력 등의 고등 능력이 탁월하다. 소크라테스에게는 인성과 공감 능력, 뛰어난 사회성과 센스를 주면서 다양한 사고와 정신 발달을 촉진시킨다. 또한 그의 아이언 검은 정의로운 검이었다. 승부 욕망에 사로잡힌 골퍼에게 질책한다.

스포츠맨십과 페어플레이의 정신을 훼손한 내기와 과도한 승부욕은 신사 숙녀로서 부끄럽지 않은가, 디보트에 빠진 볼을 이동하는 행위, 알까기, 아웃오브바운즈 선상에 이탈한 볼의 움직임 등 게임 룰을 위반한 행위는 나의 양심과 도덕성은 어디에 버렸는가? 지혜와 진리, 영혼의 향상에 집중하라. 그렇지 않음에는 부끄러워하라.

산파술 스윙으로 자기반성과 진리를 인식하라

소크라테스는 산파술의 대가였다. 세상의 덕은 인간에 내재한다고 믿고 동반자들에게 이를 깨닫게 하기 위해 대화의 라운드를 한다. 동반자들과 자신의 무지함을 일깨우며 용기나 정의 등에 관한 스포츠맨십의 개념을 토론한다. 산파술은 대화를 통해 누군가를 가르치지 않고 질문을 함으로써 자신에게 무엇이 잘못인지 깨닫게 해주면서 페어플레이를 하게 한다.

소크라테스의 라운드는 치열하지만 스승과 제자의 사이처럼 아주 진지하다.

라운드하면서 파트너의 의견을 이해하고 의문점이나 의견을 계속해서 전달함으로써 파트너의 생각을 드러내게 하는 생각의 거울이다. 생각은 거울 안에 있다. 파트너의 거울에 자신의 생각을 비치면서 서로의 생각을 질문하고 잘못된 견해를 짚어감으로써 오류를 찾고 마음에 감추어진 진리를 향하게 한다. 문답적인 대화를 통해 확실한 자기반성과 진리에 대한 인식을 알아가게 하고 있다. 진리의 출산이다.

치열한 반성 속에서 소크라테스는 고수였다. **가장 적은 것으로도 만족하는 사람이 가장 부유한 사람이라는 경건함이 묻어 나온다. 동반자의 마음을 즐겁게 해주고 마냥 신나게 한다.** 사소한 일에 만족과 행복을 느끼게 해준다. 약간의 실수에도 즐거워한다. 승부사적인 기질보다는 참된 행동의 본성 기질이 뛰어나다. 남의 실수는 용서하면서도 자신의 잘못에는 빈틈이 없다. 그는 무소유의 선수이다. 즐기는 선수가 고수인 것처럼 무소유는 본질적으로 손해가 없다. 내 손해가 동반자에게 이익이 된다면 그것은 잃은 것이 아니라 얻는 것이다.

소크라테스의 퍼팅 실력은 그리 좋지 못한 것 같다. 실용적, 현실적인 것을 절대적으로 선호한 삶의 원칙으로 살아온 골퍼이기에 감각적인 홀

너 자신을 알라

나는 아무것도 알지못한다
넌 뭘 알기나 해?

"gnothi seauton"

앞에서는 속수무책이다. 브레이크지점을 이탈한다. 그린의 퍼팅은 직선과 곡선이 상존한다. 진리만으로 세상을 가질 수 없는 것일까? 내적 주관이 뚜렷한 소크라테스에게는 부담 백배이다.

생각하는 것과 생각하지 않는 것이 있다. 보이는 것과 보이지 않는 것이 있다. 고통 받는 것과 즐기는 것, 통제하고 방임하는 것, 놀라고 실망하는 것, 실패하고 성공하는 것, 인간에게는 허점이 있으며 오류를 범하기 쉽지만 늘 개선하려고 노력하는 존재이다. 하지만 소크라테스는 슬퍼하지 않는다. 홀인이 목표가 아니기 때문이다.

소크라테스의 정신은 정의와 사랑이다. 필드에서 이기기 위해서, 즐기기 위해서, 실력을 올리기 위해서 무엇보다 골프의 정의는 올바르게 하는 것이다.

신비스럽게 바라보아야 하는 것, 플레이를 잘 하고도 질 수 있고 바보 같은 플레이를 하고도 이길 수 있다. 그러므로 그는 외친다. "젊은이여, 결혼하라. 좋은 처를 얻으면 행복할 것이고, 악처를 얻으면 철학자가 될 것이다"라는 농담처럼 그의 인생은 보이는 것보다는 보이지 않는 것에 만족하는 삶을 살았다.

이처럼 너 자신을 알라라는 신탁에 따라 평생 진리를 찾아다닌 소크라테스는 죽음 앞에서도 의연한 삶을 살았다. 나는 죽기 위해서 여러분은 살기 위해서 어느 쪽이 더 좋은가 하는 것은 오직 신만이 알 뿐인가?

우리는 살기 위해서 먹어야지 먹기 위해서 살아서는 안 된다. 우리는 이기기 위해서 라운드를 하는데, 소크라테스는 원칙의 깨달음을 지키기 위해 라운드를 한다.

최선의 스윙은
이데아 원형의 스윙

　이마 또는 어깨가 평평하고 넓어서 붙여진 플라톤은 아테네 명문 귀족 가문의 자손으로 태어나 호메로스를 좋아하고 소크라테스를 스승으로 이상적인 국가인 철인 정치를 주장한 이데아(eidos)의 아이콘이다. 특히 장대한 키에 거한인 그는 판크레온이라는 레슬링 경기에서 세 번이나 우승하였으며 기병으로 전쟁에 참가하여 무공훈장도 받은 스포츠 엄친아이다.

　플라톤 윤리는 인간은 어떻게 살아야하는 지에 대한 절대주의 윤리이다. 마음이 현실을 만들어 낸다. 모든 것이 마음에 달려 있다. 보이지 않는 것도 마음을 움직이게 하여, 마음이 행동이 되어 행동은 습관으로 습관은 현실을 만든다. 마음을 바꿈으로써 현실을 바꿀 수 있다고 이데아설을 주장한 객관적 관념론의 창시자는 말한다. 어려운 현실 속에서 자신을 지켜나가는 비결이다.

✻

플라톤 골프 스윙은 원형의 스윙이다. 보여지는 페어웨이나 러프에서 하는 다양한 샷은 허상이다. 보이는 골프 스윙 속에는 보이지 않는 본래의 스윙이 존재한다.

겉모습은 진리의 원천이 될 수 없고 진리는 인간의 영혼 속에서 찾는 스윙이어야 한다. 즉, 인간의 감각을 통해서 느낄 수 있는 모든 것은 허상에 불과하고 볼 수 없는 이데아가 진리이다. 참된 스윙은 눈에 보이는 스윙이 아니라, 이성으로만 인식할 수 있는 초월적 스윙이며, 참된 진리 역시 이성으로 인식해야 하는 관념적인 스윙이다. 이 관념적인 진리가 이데아의 스윙이다.

플라톤은 우리가 감각할 수 있는 물리적인 스윙은 시간과 공간 안에 놓여 있는 것이며 이데아가 나타난 것이라고 한다. 곧 이데아는 원형이고 물리적인 세계 속에 나타나 있는 것들은 이것을 모방해 만든 모상이다. 예를 들면 골퍼가 재현하려고 하는 모델스윙이 없으면 아무런 의미가 없는 것과 같다. 그러나 또 모델스윙이 없다면 그것을 재현할 수 없는 것과 같은 것이다.

이처럼 모든 골퍼들에게는 각자의 스윙 이데아가 있는데 이러한 스윙 이데아 중에 선의 이데아가 최고의 이데아라고 플라톤은 생각한다.

그는 집념의 골퍼였다. 누구나 할 수는 있지만 아무나 할 수는 없는 일, 지속적으로 무엇을 한다는 것, 이것은 한순간에 이룰 수 없는 위대한 일을 하는 집념의 골퍼였다.

또한 지혜롭고 용기 있는 골퍼였다. 이상 국가를 실현하기 위해 죽음을 무릅쓰고 마피아의 고향 시칠리아행에서 실패를 승화시켰던 용기를 가진 골퍼였다.

플라톤의 최선의 골프 스윙론은 3분설로 드라이버, 아이언, 퍼터를 기초로 하여 스윙을 하여야함을 강조한다.

　드라이버는 이성에 해당하여 두뇌를 움직이는 스윙을 하고, 아이언은 기개로써 게임의 허리에 해당하여 정확한 스윙을 유도하고, 퍼터는 욕심을 부리지 않고 과업을 제대로 마무리하는 스윙으로, 각 장비별로 맡은바 역할을 제대로 수행했을 때 완벽한 골프 스윙을 할 수 있다. 과연 그의 골프 스윙은 탁월하다. 어퍼블로우 타법과 다운블로우 타법 그리고 진자운동을 이용한 타법은 클럽을 형태별로 잘 사용하고 있다.

　비기너들이 흔히 실수하는 드라이버를 다운블로우 타법으로, 아이언을 어퍼블로우 타법으로 잘못 사용함은 신이 어떤 생각과 계획에 의해서 우주를 만들었지만 그 복제품은 내재된 한계 때문에 불완전하게 혼합되어 버리는 결론에 봉착된다.

　즉 완전한 개념을 포함하는 이데아의 영역과 이들 이데아가 불완전하게 복제되는 물질세계가 존재하기에 완전한 세계는 지혜, 용기, 절제가 조화될 때 정의가 실현되고, 또한 만인의 행복을 보장하는 꿈의 라운드가 이루어질 수 있다.

자기 자신을 정복하는 스윙

플라톤은 올림픽 경기에서 우승하는 사람보다 평생을 두고 국법을 잘 지켰다는 명성을 얻는 사람이 오히려 훌륭하다 주장한다. 페어웨이에서의 플라톤의 스포츠 정신은 이성 윤리의 일관된 전략으로 돈을 하(下), 힘을 중(中), 지식을 상(上)으로 삼는 전략이다. 자신이 원하는 클럽을 가지고 거리를 재면서 생각하는 마음 무장을 강단 있게 하고 자신의 스윙을 준비한다.

이어 클럽을 쥐는 힘은 적당한 악력으로 부드럽게 스윙한다. 하수들과는 다르게 들어오는 황금의 무게는 생각지 않는다.

플라톤은 학당 아카데미아를 설립하여 변명, 파이돈, 향연, 국가 등을 집필하고 아리스토텔레스 등 뛰어난 후학을 양성했다.

진리는 고정적이고 영구불변하다고 생각한 플라톤은 돈보다는 정신을 사랑했던 골퍼이다. 파트너들과 동행하면서 스포츠맨십이란 각기 자기가 할 일을 모두 하고 타인을 방해하거나 간섭하지 않는 것이다. 또한 스포츠 덕(德)윤리는 자기에게 어울리는 것을 갖고 자기에게 어울리도록 행동하는 정의를 말한다.

동반자들에게 과욕에 대한 지침도 준다. 가장 큰 불행은 얻을 수 없는 것에 마음을 두고 사는 것이다. 욕심에 차서 넘어지는 것보다는 얻을 수 없으면 자제하고 참아야 한다. 자제는 최대의 승리이다. 마음을 행복하게 할 수 있는 자만이 행복을 얻을 수 있다. 최대의 승리는 자기 자신을 정복하는 것이다. 자기 자신에게 정복당하는 것은 최대의 수치다.

파트너십도 강조한다. 성한 곳은 놔두고 상처 부위에서 웽웽거리는 파리 떼 골퍼들이나 파트너의 장점은 무시하고 단점만 찾으려고 혈안이 되는 이기적인 골퍼를 플라톤은 혐오했다. 일반적으로 골퍼들은 자기의 단점을 쉽사리 인정하려하지 않는다. 겉모습은 내면과 다른 속임수 같은 것일까 하는 부정적인 사고를 일소하고, 동반자에게 긍정적인 조언을 하고, 단점보다는 장점을 칭찬하면서, 위로를 하는 골프파트너십을 주문한다.

플라톤은 골프 라운드에서 플라톤적인 사랑을 주문한다. 골프는 남녀가 함께하는 스포츠로써 매너의 스포츠이다. 플라토닉은 신사와 숙녀의 매너로써 골프 스포츠에 적용된다. 이 사랑은 절대적인 진리와 신성함에 대한 사랑으로 육체나 현실적인 것을 넘어 이상적이고 정신적인 사랑이다. 이는 세속적인 사랑이 아니라 지극히 도덕적이고 윤리적인 사랑을 의미한다.

내기 골프와 저속한 골프 문화로 점철되어 가고 있는 골프 환경에 대해 플라톤은 장문의 글귀를 보내온다.

동반자와 함께 일주일에 한번 라운드할 정도의 조금 부족한 듯한 재산과 동반자가 칭찬하기에 약간 부족한 용모, 자신이 자만하고 있는 것에서 동반자의 절반 정도밖에 알아주지 않는 명예, 4명의 동반자 중한사람에게는 이기고 두 사람에게는 질 정도의 체력, 입담이 동반자의 절반은 손뼉을 치지 않는 말솜씨로써 조금은 부족하고 모자란 상태를 원한다. 과욕의 골퍼보다는 겸손의 골퍼를 원한다.

플라톤과 함께하는 라운드는 행복의 라운드이다.

플라톤 아카데미의 라운드는 여김 없이 인산인해로 앞뒤 팀과 부딪히게 된다. 앞 팀에 대해서는 시간을 기다리며 여유 있게 티업을 해야 하고 뒤 팀에 대하여는 지연플레이를 하지 않고 일정한 속도로 경기를 진행한다. 특히 무리한 샷을 하여 앞 팀에게 주의를 끌게 한다든지 고성으로 신경이 날카롭게 할 필요는 전혀 없다.

골프는 일정한 속도로 짜인 팀이 각 홀을 빠져 나가며 순환되며 진행된다. 라운드하다 보면 **앞 팀에 밀려 코스 진행이 느리다든지 스윙의 흐름이 끊겨 리듬이 흐트러지는 경우가 종종 발생되지만 게임을 위해서는 욕심을 버려야 한다.**

비록 함께 동반하지는 않고 스코어에 직접적인 영향을 주지는 않지만 필드의 안정과 자신의 품격을 위해 허물없는 골퍼가 되자. 가장 적은 욕심을 갖고 있기 때문에 나는 신에 가까운 것이라고 말한 스승 소크라테스의 조언을 생각하면서 욕심을 버리고 앞뒤 팀과의 만남에 환한 웃음으로 인사를 보낸다. 욕심이 앞서고 조급해지면 실패할 확률이 높다.

플라톤은 중간 중간에 있는 그늘집에서 만나는 플레이어들에게 정겨운 인사도 나누면서 휴식을 취한다.

동반하는 플레이어는 아니지만 골프장에서 즐거운 게임을 하려 왔기에 오늘 처음 만난 플레이어이지만 서로 반가운 인사를 하면서 각자의 게임이 잘되라는 인사이다.

산악인들은 등반을 하면서 오르고 내리는 등산객과 서로 마주칠 때 비록 처음 보는 사람이지만 "안녕하세요" 하는 인사를 서로 나눈다.

좁은 등산로를 따라 올라가면서도 내려오는 등산객이 있으면 잠시 멈추어 서면서 한쪽으로 기다리는 배려를 한다.

골프는 에티켓을 제일로 한다. 지상에서 가장 즐거운 운동이라고 재잘거리면서 삶을 즐기는 골퍼들에게는 이렇게 상대의 안녕을 묻는 산악인처럼 골프장에서 만난 처음 보는 상대방에게도 인사를 나누면 더없이 그날이 유쾌하고 상쾌할 것 같다.

행복의 라운드는 동반자를 위한 라운드이다. 동반자란 꼭 함께 라운드를 하여야만 동반자가 되는 것은 아니다. 같은 골프장에서 같은 운동을 한다면 그 골프장의 동반자이며 그늘집에서 만나게 되면 앞뒤 팀의 동반자가 된다.

한 사회 햇빛아래 살아가는 만물의 영장들이기에 친구가 되고 가족이 되어 한마음 동반자가 되도록 노력하자.

사람은 다른 사람에게 어떤 행동을 하였느냐에 따라 자신의 행복이 결정된다. **남에게 행복하게 해주려 했다면 그만큼 자신도 행복해지지 않을까?** 자기 자식에게 맛있는 것을 사주고 그가 좋아하는 것을 보는 것은 부모의 기쁨이다. 이는 형제 간, 친구 간, 이웃 간, 나아가 낯선 사람 사이에도 공통되는 이치이다.

남에게 관대하였으면 내 마음이 넉넉해지지만 만일 인색하였으면 그만큼 내 마음도 좁아진다. 남을 때린 자는 밤잠을 이루지 못하는 법이다. 남에게 친절하고 관대한 것이 내 마음의 평화를 유지하는 길이다. 남을 행복하게 해줄 수 있는 사람이 또한 행복해진다. 행복의 바이러스를 전파하자.

◆아리스토텔레스 고대 그리스의 철학자, 플라톤의 제자, 니케이온, 알렉산더대왕의 스승, 기원전 384 ~ 기원전 322

학문적 방법으로
행복을 스윙하라

"덕을 아는 것만으로 충분하지 않다. 실제로 자신을 선하게 만들기 위해 덕을 실천하지 않으면 안 된다" 탁월함은 하나의 사건이 아니라 습관이라고 말한 아리스토텔레스는 행동의 철학자이다.

스승보다는 진리를 더 소중한 벗으로 생각했던 마케도니아의 경험적 현실주의자는 형식 논리를 창시한 학자로서 2천여 동안 서양철학에서 가장 중요한 역할을 차지한다.

눈은 작고 혀가 굳어 말을 더듬었으나 호기심이 많았으며, 작은 키에 다리는 가늘고 탈모도 있었다. 성격은 겁이 많고 우유부단하며 현실 도피적이었을 뿐만 아니라 나약하고 소심한 성격이었지만 머리가 좋았고 일처리는 섬세했다. 세습 의사의 풍요로운 집안에서 태어난 금수저의 아들은, 나의 성격은 나의 행위에 대한 결과물이라는 좋은 습관을 위한 부단한 노력으로, 서구 철학계에서 가장 큰 영향을 끼친다.

"인간은 끊임없이 어떤 방식으로 행동함으로써 특정한 자질을 습득한다. 올바른 행동을 하면 올바른 사람이, 절도 있는 행동을 하면 절도 있는 사람이, 용감한 행동을 하면 용감한 사람이 된다"는 **이성의 활동을 최고로 여겨 철학적인 관조의 삶이 인간 최고의 행복이며 가장 즐거운 일이라고 주장했다.** 자연 탐구를 중시한 현실적 입장에서 폭넓은 과학 연구를 바탕으로 논리학, 윤리학, 자연철학, 물리학, 천문학, 화학, 생물학 등 영향을 미친 아리스토텔레스는 과학적 방법론의 아버지이자 학문의 아이콘이다.

❋

아리스토텔레스의 운동 과학자로서 자연 모든 대상들이 고유한 본질을 가지며 운동과 변화는 이러한 본질을 실현하는 것이라고 설명한다. 이는 자연적 사물 전체와 자연적 사물 속에 내재하는 운동의 원리이다.

기본적으로 그의 스윙은 학문적이다. 골퍼의 품격을 살리기 위해 스윙메커니즘, 스윙타법, 골프역학, 구질원리, 비거리메커니즘과 심리, 그리고 파워와 근육 등을 중심으로 체계화시켜 스포츠맨십과 페어플레이의 본질을 제시한다. 그 본질을 통해 라운드의 운동과 변화를 설명하고, 역학적인 접근 방식이 아닌 자신의 본질을 찾아가는 접근 방식으로 설명한다. 품격 있는 골퍼는 자신의 본성을 찾고 상대에게 호의와 친절을 보이고 자신을 형상화한다.

저급한 욕망과 싸워서 이긴 사람은 강한 적을 물리친 사람보다 훨씬 위대하다. 이성의 지적인 덕과 감성적인 덕의 스윙을 느끼게 한다. 라운드 중에 충동적인 감정의 표현은 쉽지만 겸양의 자세로 적당한 감정 조절은 결코 쉬운 일이 아니다.

아리스토텔레스는 삶의 현장에서 체계적이고 과학적인 방법을 제시한다. 운동 과학의 이론과 실제에 대한 기초를 구축한 통섭의 학자는 이론적인 매뉴얼 스윙과 실천적인 현장의 스윙, 그리고 골퍼로서 깨달음을 알게 하는 이성의 스윙을 나타낸다.

매뉴얼 스윙은 형이상학, 자연학, 생물학은 영혼에 관한 지식을 탐구하는 스윙이며 니코마코스윤리학, 도덕철학, 정치학은 바람직한 행위나 인간관계를 탐구하는 스윙, 수사학, 시학 등은 실용적으로 무엇을 만드냐에 관한 스윙이다.

아리스토텔레스의 골프 과학은 파워의 생성과 소멸을 통한 비거리와 방향성, 일관된 스윙의 질적 변화, 체중의 이동과 근력의 형성, 장소의 이동과 코스의 경사도에 따른 완벽한 임팩트 등으로 이루어진다.

최고의 기술인 질료의 매뉴얼에 형상으로 이루어진 이미지 스윙과 정신의 스윙을 접목시킨다. 이는 양적으로 이해되고 설명되는 이미지에 질적 변화와 같은 정성적 요소가 포함된다. 이처럼 아리스토텔레스 골프는 최종적으로 파트너들과 함께 덕을 실천하는 목적으로 형상을 실현하는 과정이다. 질료 형상은 골프 스루더그린의 형상으로 여기서 모든 생명체의 체형 또는 형상의 혼이다. 초록의 나무와 식물은 생명을 가지는 생혼이며, 날아다니는 새나 벌레는 생혼을 가지며 감각하는 각혼이다. 플레이어는 생혼과 각혼 그리고 생각의 지혼을 가진다. 인간 이외의 생물과 구분하기 위해 인간을 지혼이라 하였으며, 인간은 이성을 지닌 사람이기 때문에 행복을 향해 스윙한다.

실천적 지혜로 중용의 스윙을 하라

매뉴얼 골프 스윙은 어드레스에서 피니시에 이르는 7단계 스윙으로 비거리와 방향성을 위한 스윙이다. 아는 것에 의해서가 아니라 아는 것을 실천할 때 비로소 지혜로운 사람이 될 수 있다. 인간의 인식 능력에 대해 최초의 단계적 분석을 시도하여 분석을 기초로 경험을 통한 일반화를 정립시킨다.

운동 과학자로서 아리스토텔레스 스윙은 정제되어 있는 매뉴얼이다. 귀납적 관찰로부터 스윙에 대한 공리를 얻고 그 공리로부터 사실을 연역한다. 퍼펙트한 스윙은 직구를 치기 위한 인투인 스윙이다. 깎아 치는 스윙에서도 그린을 정복하기 위해 변화를 주는 것으로, 이는 파 온을 실현하기 위한 본질을 찾아가기 위한 스윙이다.

아리스토텔레스의 드라이버는 중력과 양력의 성질을 활용하여 자연적 운동과 강제되는 운동을 적절히 구사하고 있다.

비거리를 내기 위한 양력의 강제된 운동은 어퍼블로우 타법으로 헤드로 볼을 하늘로 쳐 본성과 무관하게 날아 올린다. 떨어지는 중력의 자연적 운동은 볼이 갖는 본성에 의해 떨어지는 운동이다. 아리스토텔레스 골프는 운동의 모든 대상은 그것의 본래 자리가 있고 다른 것에 의해 방해를 받지 않는 한 자신의 원래 자리로 돌아가게 한다.

실천하는 지혜로써 중용의 스윙이다. 강제와 비강제, 비거리와 방향성, 큼과 작음, 넘치고 넘치는 않는 등 파트너십의 지혜를 동반자들에게 보여준다.

덕은 아는 것만으로 충분하지 않다. 덕을 얻기 위해서는 자신을 선하게 만들어줄 어떤 방도를 찾는데 애쓰지 않으면 안 된다. **행복한 라운드는 덕에 의한다. 덕을 실천하는 사람, 덕을 베푸는 사람, 그런 사람에게 행복이 따른다. 행복하고 싶거든 덕에 의한 생활을 하자.**

골퍼에 있어 덕의 가르침이다. 덕에 의한 라운드는 중용을 지키는데 있다. 타수를 줄이기 위한 전략도 중요하지만 타수를 지키는 전략도 중요하다. 하지만 동반자와 함께하는 전략은 더 중요하다. 골프 라운드 시에 발생하는 무지함이나 경솔함은 지혜와 의지, 그리고 인내로 이겨낼 수 있다. 덕 있는 사람은 덕에 대해 아는 사람일 뿐만 아니라 그 앎을 실천할 수 있는 의지력을 가진 사람, 나아가 그것을 실천하는 사람이다.

경험을 강조한 아리스토텔레스 가르침은 이성적인 삶을 누리는데 목적을 둔다. 도덕적 습관을 훈련시키고, 이성적 능력을 계발해 절제와 용기와 관용을 갖춘 훌륭한 골퍼를 길러내는 것이다. 고통 없이는 배울 수 없다. 교육의 뿌리는 쓰지만 그 열매는 달다는 학문의 아버지는 골퍼의 페어플레이를 설명한다.

그릇이 큰 사람은 동반자에게 호의와 친절을 베풀어주는 것을 자신의 기쁨으로 삼는다. 그리고 자신이 동반자에게 의지하고 남의 호의를 받은 것을 부끄럽게 생각한다. 즉 내가 동반자에게 베푸는 친절은 그만큼 자신이 동반자보다 낮다는 얘기가 되지만, 동반자의 친절을 바라고 동반자의 호의를 받는 것은 그만큼 내가 동반자보다 못하다는 의미가 되는 까닭이다. 매너 좋은 골퍼는 동반자의 지지를 이끌어낸다.

아리스토텔레스는 우리에게 희망의 스윙을 던져준다. **희망이란 눈 뜨고 있는 꿈이다. 희망은 잠자고 있지 않는 인간의 꿈으로 꿈은 희망을 버리지 않는 사람에게 선물로 주어진다.** 자신을 희망의 사고로 수양했던 아리스토텔레스의 최선의 선택은, 희망을 가지고 자신이 잘할 수 있는 분야에서 최고가 되는 것이었다.

자연적 대상보다 인간의 행위 또는 인간이 만든 것에 적용될 때 가장 자연스럽다. 페어웨이의 찬란함과 함께, 골퍼의 이성적 활동이 실천적 지혜의 스포츠맨십으로 묻어난다.

비기너는 고달프고 갈 길이 멀다

웬만하면 정복할 수 있다고 생각한 보기플레이어 고개를 오늘도 넘지 못하고 넘어진다. 어쩌다 잘 맞을 때는 90타 미만도 곧장 쳤는데 집중력이 떨어지는 백돌이 골퍼이다. 라운드를 할 때마다 90타 정복을 위해 애타는 마음으로 부단히 연습을 하지만 나갔다하면 과도한 욕심에 초긴장이다.

티그라운드의 실수에 연이은 세컨 샷은 자신의 스트레이트에 어퍼컷까지 녹다운 당한다. 이러다가 진정 보기플레이 탈출을 못하고 말 것인가? 시간이 갈수록 두렵고 초조하면서 스스로 평가해보고 절하하면서 망연자실한다.

비기너의 고충은 매번 라운드마다 백을 팽개쳐 버리지만 오뚝이처럼 다시 클럽을 잡는다. 고민 끝에 좀 더 자신감을 찾으려고 다짐한다. 레슨도 받고 감정도 추스르며 욕심을 버리기로 한다. 자신의 인내를 시험해 본다.

아리스토텔레스가 보여준 비기너 골퍼가 필드에서 절실히 요구되는 것은 바로 인내이다. 과신하지 않고 제대로 기본 스윙을 익혀야 성공적인 스윙을 할 수 있다. 인내야 말로 싱글골퍼로 가는 길이며, 충서의 골퍼로서 삶을 정돈하는 소중한 밑거름으로 작용한다.

인내는 누구에게나 감정을 적절히 조절할 수 있는 소금의 역할이며 골퍼로서의 삶을 활성화시키는 좋은 뿌리가 된다. 인내는 진정 성공할 수 있는 골퍼로서의 자세이다. 회피하고 싶지만 피하지 않고 부딪히면서 다가가야 한다. 인내하여야 실수도 줄이고 좀 더 진지하고 차분해진다.

골퍼의 이러한 열정은 라운드에 행복을 충전시킨다. 차분히 마음의 의지를 다지면서 기술적인 연습과 스킬을 통해 연마해 나간다. 치료사는 나 자신이다. 외부에 있는 것이 아니다.

아리스토텔레스는 인내하면서 부단히 노력하는 골퍼이다. 기술을 바탕으로 인내로써 실천하는 골퍼를 주문한다. 성공한 골퍼와 실패한 골퍼의 차이점은 무엇일까? 의지의 지혜를 갖자. 세상살이가 그리 쉽지는 않는 것처럼 필드 정복이 만만치가 않다.

실수를 줄이는 골퍼는 인내로써 가능하고 필드의 정복은 시간과 투자가 필요하다. 빨리 쉽게 풀리지 않는다고 좌절하지 말고 인내하면서 즐기자! 아리스토텔레스의 실천적 지혜를 갖자.

실천적 지혜는 반복적인 습관으로 훈련을 통해 덕과 기술을 갖춘 골퍼이다.

◆아르키메데스 고대 그리스 시라쿠사 출신의 철학자, 수학자,
과학자. 기원전 287 ~ 기원전 212

파워 스윙은 코킹으로
이루어진 지렛대 스윙

유레카! 고대 그리스 목욕탕에서 한 철학자가 오랫동안 고민하던 문제의 해답을 깨닫고 기쁨에 겨워 발견했다. "발견했다"라는 말을 외치며 벌거벗은 채로 거리에 뛰쳐나온다.

물리학자, 수학자, 천문학자, 공학의 천재로 시칠리아 시라쿠사섬의 가장 위대한 이론역학의 창시자 아르키메데스는 수학의 아이콘이다.

그의 생에 대해 남겨진 기록은 얼마 되지 않으나 아르키메데스는 다면체가 갖는 부력의 원리, 평면의 균형에서 지레의 여러 원리, 나선양수기, 해상에 있는 배를 공격하기 위한 거울, 갈고리, 주행거리계 등의 기계를 제작한 능력자이다.

기하학 문제해결사로 원리를 발견하여 기술적으로 응용한 아르키메데스는 기초가 탄탄한 골퍼이다. 배의 균형을 밸러스트 수로 조정하는 무게중심의 원리처럼 아르키메데스의 골프 스탠스는 균형성과 안정성을 가진다.

골프가 인문학을 만나다 : 동서양 천재들의 필드 리더십

어드레스는 삼각형의 완벽한 임팩트를 위한 무게중심이 기초이다. 머리를 꼭짓점으로 양발을 두 축으로 하는 삼각형의 무게중심은, 두뇌를 회전하는 수학자의 골프 자세로써 상상이상의 정확도를 갖게 한다.

중심의 높이가 높으면 높을수록 불안정하고 낮으면 낮을수록 안정되는 무게중심의 원리를 공학자로서 놓칠 리가 없다. 적당한 스탠스로 신속하게 움직이는 노력도 보인다. 가히 역학적인 독창성과 통속적인 상상력으로 만들어진 완벽한 중심잡기이다.

매사 연구와 실험에 몰두한 아르키메데스는 수학책을 저술하고 실제 문제를 해결로 연결하는 데 게으를 수는 없다며 학문에는 손쉽고 빠른 방법은 없다. 끊임없이 연구하고 노력하여야 할뿐이라고 강조한다.

힘이 미약하고 소심한 성격의 아르키메데스는 이론과 실험 모두에 능했지만, 이론 연구에 더욱 집중하여 작은 힘으로 엄청난 힘을 발휘할 수 있는 원리를 발견할 수 있었다. 이는 지렛대의 반비례법칙이다.

충분히 긴 지렛대와 지렛목을 달라. 그러면 지구를 움직여 보일 것이다. 소박하고 엉뚱한 수학자이다. 일에 집중하고 몰입한다. 하지만 나에게 서있을 자리와 막대기와 돌멩이를 주면 지구를 들어 올린다는 수학자의 인간적 매력은 무엇인가?

저급한 삶의 욕구에서 비롯되지 않은 순수한 사색에 모든 역량과 야망을 쏟아 부은 아르키메데스는 발명을 사랑한 철학자이다. 사랑은 아무조건도 없이 수학자의 에너지와 정열을 소모시킨다. 아르키메데스는 내안의 사랑을 우주의 사랑으로 만들어간다. 발명의 사랑에서 파워 원리의 사랑으로 전이된다.

우리는 태어나면서부터 사랑을 받고 태어난다. 사랑을 받기 위해 태어나며 사랑을 주기 위해 태어난다. 우리의 인생은 사랑의 진실 속에서 많은 것을 배워간다. 학창시절 친구 간의 우정, 청년시절 이성 간의 사랑, 결혼 후 자녀에 대한 사랑, 넘치지 않는 중년의 절제된 사랑, 노년의 안식년 편안한 사랑으로 인생이 설계되어 움직여진다. 아르키메데스는 무에서 유를 창조하는 발명을 사랑한다.

✳

골프는 4명이 하는 스포츠 경기이다. 사랑하는 사람과 함께하는 운동이다. 골프가 안 된다고 타박하지 말자. 사랑하는 사람들과 실랑이를 하지말자. 골프를 보면 볼수록 인생을 생각하고, 인생을 보면 볼수록 골프를 생각게 한다. 동반자의 실수를 안쓰러움과 배려로 지원하자.

싱글 골퍼들이여 비기너 골퍼를 사랑하자. 사랑은 무보수이다. 사랑은 스스로 채우는 것 말고는 아무것도 바라지 않는다. 당신도 비기너 시절이 있었지 않았는가?

비기너 골퍼들이여 자신을 사랑하자. 예기치 않는 생크 샷이 나온다 하여 포기하지 말고 자신의 스윙을 사랑하면 더 좋은 성과물이 자신에게 다가올 것이다. 사랑이 함께하는 골프 라운딩은 기쁨과 행복을 주고 예기치 못했던 많은 진실을 가르쳐 준다. 사랑과 함께 골프를 하여보자. 직관으로 부력도 만들고 지렛대로 지구를 들어보자.

발명왕 아르키메데스는 신체 조건이 미약한데도 드라이버는 강렬했다. 많은 골퍼들은 자신들의 근력으로 힘에만 의존하고 있지

만 아르키메데스는 지면반력을 이용한 어드레스에 이어지는 코킹과 레깅, 그리고 회전은 강력한 힘을 발산한다.

균형 잡힌 자세에 코일링되는 몸통 스윙은 40파운드로써 일반 골퍼가 가진 20파운드의 파워를 능가하면서 자연스럽고 유연한 스윙이다.

실제로 많은 사람들은 **개인적인 힘은 실로 미약하다. 그럼에도 대단한 성취를 이룬 사람들은 아르키메데스가 제시하는 지렛대 원리를 제대로 활용했을 것이다.** 남의 힘으로 자신을 세워라. 평범하지만 누구에게나 훌륭한 지렛대를 사용할 수가 있다. 만일 없다면 지렛대를 찾거나 만드는 계기가 되어야 한다.

아르키메데스의 스윙은 지렛대 스윙이다. 50인치가 넘는 샤프트로 활동 범위를 넓혀 힘의 크기를 키운다. 공이 맞는 임팩트 순간에도 손목과 팔꿈치가 구부러지지 않고 원심력을 낸다.

골프에서의 파워는 몸통으로부터의 힘이 팔과 손으로 전달되는 과정에서 지렛대 역할을 창출하고, 스윙 아크를 결정지으며 클럽 헤드가 천천히 궤도를 타고 회전하는 역할로 만들어진다. 이는 원심력으로 원심력이 클럽 헤드의 스피드를 창출하며 클럽이 일정한 궤도와 아크를 유지하며 모멘트를 한다.

그의 몸은 약 206여 개의 크고 작은 뼈로 유기체이다. 때문에 100개 이상의 관절이 뼈를 연결해 줌으로써 필요에 따라 작은 지렛대나 큰 지렛대를 만든다. 몸통을 축으로 어깨와 팔, 그리고 손목이 650여 개의 근육을 발달시켜 다양한 지렛대를 만든다.

정확한 스윙은 정제된 포인트 스윙

아르키메데스의 아이언은 정제된 스윙이다. 포인트를 잘 알고 있다.

아이언 샷에 있어 아르키메데스의 점은 최저점을 향한 다운블로우 타법이다. 움직일 수 없는 확실한 지식의 기초, 모든 것을 떠받치는 근본 토대인 아르키메데스의 점을 찾지 못하면 비기너들은 투 온에 실패하게 된다. 아르키메데스의 아이언 샷은 볼의 반대 방향 밑쪽에 위치하고 있는 아이언의 최저점을 향해 아이언의 리딩엣지는 예리하게 들어온다.

몸통을 중심으로 손목의 코킹으로 이루어진다. 더하기 셈법이 아닌 곱하기의 셈법이다. 저급한 삶의 욕구에서 비롯되지 않는 순수한 사색으로 모든 역량과 야망을 쏟아 부어낸다. 모래알을 세는 골퍼는 무한한 모래알을 세는 것처럼 완벽한 코킹으로 정확성을 낸다.

지렛대를 이용하여, 자연을 이용하여, 클럽을 이용하여 자신이 미치지 못하는 한계를 극복하는 레버러지 효과는 켄터키블루그래스에 손바닥만 한 디벗 자국을 떠내면서 볼과 함께 앞으로 날아간다. 볼은 자로 잰 듯이 온 그린에 성공한다.

그린에서의 원주율은 그의 손아귀에 있다. 원에 외접하는 다각형과 내접하는 다각형을 둘레를 이용한 원주율 계산은 땅콩 모양의 그린 형태에도 예외가 없다.

π 근사값으로 3.141592… 무리수를 제시하듯이 그린의 형태를 파악하고 경사도를 측정한다. 혀를 내둘릴 정도의 집중력이다. 벤트 그래스의 스피드는 수학자에게는 문제되지 않는다. 10.8의 홀컵에 땡그랑 소리가 온 지구를 울린다. 하지만 그의 브레이크 계산법은 동반자에게는 알려주지 않고 인색하다.

전쟁 중에도 아르키메데스는 학문을 사랑하여 마당에서 원을 그리고 수학 문제로 고심하였지만 방심은 금물이었다. 전쟁의 공헌자이였지만 적의 기습에 지칠 줄 모르는 발명가의 죽음은 너무 쉽게 다가온다.

자신의 계산을 방해하는 병사에게 "물러 서거라, 도형이 망가진다"라는 마지막 말로써… 머릿속에 상상이 넘치는 수학자는 연구 속에서 죽음을 맞는다.

자만은 금물이다. 골프 게임은 18홀을 진행하면서 흔들리지 않는 평상심을 가져야 한다. 동반자들과의 경쟁, 코스와의 전쟁, 자신만의 샷을 하여야 하는 집중력, 흔들리지 않는 멘탈 등은 18홀 72번의 샷을 하는 동안 한 샷, 한 샷 긴장하며 흔들림이 없어야 한다. 골프는 끊임없는 완성을 위해 다가가기 때문에 겸손하지 않으면 목표에 도달하지 못한다.

수학, 물리학, 공학, 천문학 등 다양한 분야에 탁월한 기여를 한 천재, 아르키메데스는 통섭의 학자였다.

삶의 긴 여정 속에서 수학 이론을 정립하는데 혼신을 다한 이론 역학의 귀재는 놀이터의 시소처럼 균형성을 강조하고 있다.

골프는 힘의 모멘트를 이용한다. 심판이 없는 골프 스포츠에서 체급이 다른 골퍼와의 경쟁은 받침점을 조정하여야 균형을 갖는다. 고수를 위한 한쪽 쏠림은 상처와 아픔만을 가져다준다. 쏠림이 없는 동반자와의 파트너십은 조화로운 골퍼로서의 자세이다.

부자골퍼, 싱글골퍼, 스코어에 집착하는 골퍼가 차지하는 위압감은 실로 위협적이다. **고수가 차지하는 양만큼 하수에게는 부족해진다는 진리를 아르키메데스는 우리에게 알려준다.** 물리학의 기본 원리가 골프 스포츠에서도 적용되고 있다.

파워를 내는 원리와 방법으로 퍼펙트한 기술 연마에 전력을 기울였던 수학자 아르키메데스는 냉엄한 현실의 짧순이 골퍼들에게 비거리의 희망을 쏘게 한다.

◆유클리드　고대 그리스의 수학자, 소설가, 기하학을 정리.
기원전 365 ~ 기원전 275

논리적 원리로 스윙하라

유클리드는 실용성만이 아닌 가치를 추구했던 수학자였다.

"저자에게 동전 한 닢을 던져 주어라. 저놈은 자신이 배운 것으로부터 반드시 본전을 찾으려는 놈이다."

수학의 정리를 배움으로 어떤 이득이 있냐는 제자를 호통을 친 기하학의 아버지는 가치의 삶을 추구했다.

플라톤 아카데미에서 수학한 유클리드는 기하학의 아이콘으로 BC 300년경 세계 최초의 대학인 알렉산드리아대학의 우두머리 수학 교수였다. 간결하고 뛰어난 논리를 전개한 수학적 사고와 표현 방법의 기초를 쌓아올린 유클리드 기하학은 연역적 추리 방법의 모델이며 고대기하학의 역사이다.

그가 남긴 현대 수학의 원형 유클리드 원론은 2차원의 세계에서 리만에 이어 아인슈타인의 3차원으로 이어져 과학 혁명의 단초를 제공한다.

세상은 두 종류의 길이 있다. 하나는 평민들이 다니는 울퉁불퉁한 길이며, 하나는 귀족들이 다니는 편안한 길이다. 그런데 기하학에서는 모두 같은 길을 가야 한다.

유클리드의 페어웨이는 일관된 길이다. 신은 이 세계를 유클리드 원리에 따라 창조했으므로 인간은 그 방식대로 세계를 그려야 한다. 코스 설계의 기본서이다.

✳

그의 골프기하학은 네모와 원에서 출발한다. 스루더그린은 네모와 원으로 그려진다. 네모난 페어웨이와 동그란 그린이다. 골퍼들은 네모진 페어웨이 안으로 볼을 날리며 원으로 그려진 그린을 향해 샷을 한다. 설계된 코스 안에서 네모가 지향하는 것은 원이다. 이러한 1홀의 과정을 18홀 내내 돈다. 사각형의 가로와 세로를 곱하면 넓이가 된다. 가로와 세로는 4개의 변으로 형성한다. 골프 스포츠는 사각형과 원의 형태 안에서 4명이 경쟁한다. 페어웨이는 사각형이며 그린은 원이다. 이것이 골프 스포츠의 기본 개념이다.

13권의 책, 465개의 명제를 수록한 원론은 공리 5개와 공준 5개를 토대로 골프에서의 공리와 공준을 가르쳐준다.

티그라운드에 선 유클리드는 400m의 미들홀에 정확한 드라이버 샷을 구사한다. 측정한 거리는 250m 지점이다. 남은 홀컵까지의 거리는 150m이다. 어떤 사실에 대하여 자명한 것으로 가정된 명제인 공리를 바탕으로 드라이버와 아이언을 공략을 한다. 그린에서는 브레이크 지점을 파악하여 공준을 한다. 어떤 사실에 대하여 자명한 것으로 가정된 작도이다.

길에는 왕이 다니던 왕도가 있지만 기하학에는 왕도가 없다.

기원전 300년경 유클리드는 그 당시까지 그리스에 알려져 있던 수학의 모든 내용을 담은 세계의 기원이 된 책 "원론"에서 일정한 공리에서

부터 결과를 이끌어내는 논리적인 전개를 펼쳤다. 근대 수학의 근원이라고 할 수 있다. 이는 공리, 공준, 그리고 정리이다.

다른 명제들을 증명하기 위한 전제인 가정은 증명하지 않고 자명한 것을 말하며, 공리를 근거로 하여 증명되는 것을 정리라고 부르는 공리체계를 만들었다.

유클리드는 심리의 공리체계를 주문한다.

티그라운드에 올라서기 전 캐디는 준비 운동을 시작하면서 첫 홀 라운딩 순서를 정한답시고 제비뽑기를 내민다.

비록 하수지만 위트 있는 골퍼는 이때다 싶어 제일 먼저 시타를 하고 싶어 한다.

1홀에서 선을 잡지 못하면 나머지 17홀 내내 선을 잡을 수 없기 때문이다.

싱글골퍼들과 라운드를 하거나 동반자 중 실력이 떨어지는 비기너 골퍼로서 안타깝지만 마음으로는 오너이다. 1번 뽑기를 자청하는 자신 있는 표현으로 용기 있는 골퍼이자 재미있는 골퍼이다.

유클리드는 이런 골퍼를 좋아한다.

비록 실력은 미치지 못하지만 게임에 임하는 자세가 좋고 동반자들에게 함께 한다는 자신감의 표현이어 좋다. 매사 자신감을 가지고 두려워 않고 앞장서는 골퍼는 동반자들에게 피해를 주지 않는다.

골프게임은 싱글골퍼들과의 기술적인 게임에서는 절대로 이길 수가 없다. 하수가 고수를 상대하면서 두려움이 없지 않겠는가? 하지만 멘탈적인 부분과 흥미진진한 재미있는 게임의 진행을 위해서는 두려움 없이 앞장서는 골퍼가 되어야 한다.

살아가는 인생도 도전의 연속이다. 새로운 분야에 진출하고 목적한 바를 달성하기 위해서는 두려움을 없애야 한다. 두려움은 있지만 해낼 수 있는 자신감으로 앞장서야 소기의 목적을 달성할 수 있다.

비기너들은 수업료를 상당 부분 지불한다. 비용과 시간을 투자하는 골프게임에서 사물에 대한 집중과 해낼 수 있다는 자신감은 라운드에 많은 도움을 준다.

엔도르핀으로 자신감을 가지고 게임에 임하자. 블락 샷에 이어 트러블 샷을 하게 되는 상황에서도 비신사적인 행동을 하지 않는다. 처해진 볼의 상황을 가지고 자신 있게 스윙한다.

난코스에서의 자신 없는 스윙은 생각한 방향이 아닌 볼은 때린 방향으로 잘못 날아간다. 원하지 않는 방향으로 날아가는 볼을 보며 한탄할게 아니라 원하는 방향으로 자신이 샷을 할 수 있다는 자신감으로 샷을 할 때 훨씬 좋은 임팩트와 구질을 가질 수 있다. 유클리드의 심리 공리는 두려움 없는 자신감이다. **티그라운드 입장 이전에 용감하게 자신 있게 나아가는 마음가짐만이 최상의 컨디션을 유지시켜 좋은날 베스트 스코어가 자기 몫으로 돌아온다.**

페어웨이에서의 첫 번째 공준은 프리 샷 루틴이다. 볼을 티그라운드의 한 지점을 설정하고 드라이버의 IP지점을 향해 통과하는 직선을 그어 공략한다. 이어 잘못 타구했을 때를 가정하여 임의의 선분을 직선으로 연장하여 본다. 장타자에게 나올 수 있는 현상이다.

목표 지점을 설정한 후 타석에 서서 기차 레일처럼 발끝선을 평행선을 그어 어드레스 한다. 평행선의 공리이다.

그의 기하학은 누구도 부정할 수 없는 확실성을 가진 골프 스포츠의 고전이다. 이를 무시한 샷은 목표 지점을 다른 방향으로 설정하는 오류를 범하거나 예기치 못한 배드 샷으로 아웃오브바운즈가 발생하게 된다. 유클리드의 에이밍은 이러한 공리들에서 출발한다. 네모와 원의 성질을 나타내는 정리가 참이라는 증명을 한다. 바로 이 증명에서 근거로 제시되는 것이 공리다.

두 번째는 그린에서의 공준(公準)이다. 한 점을 중심으로 임의의 반경의 원을 그린다. 그린에 안착한 볼을 마크하고 볼을 중심으로 반경의 원을 그려 그린의 라이를 점검한다. 반경 원안의 높고 낮음과 전체 그린의 빠르기를 측정한 뒤에 홀컵을 향한 퍼팅을 준비한다. 다섯 가지의 공준을 가지고 이루어진 유클리드 기하학은 유클리드라는 수식어 없이 일반적인 기하학으로 2000년 넘게 받아들여지며 그린에서도 어김없이 홀인이 된다.

직감의 스윙이 아닌 데이터 스윙하라

추상화와 증명의 탄생을 대변하는 유클리드는 공간의 개념을 추출한다. 토지 측량으로 땅의 개념이었던 돌멩이나 모래를 이상적인 점, 선, 평면의 기하학의 개념으로 발전시킨다. 데이터의 선언이다.

플라톤의 데이터와 아리스토텔레스의 데이터를 받아들인 유클리드는 기하학의 출발을 선언한다. 기하학은 땅을 잰다는 뜻으로 사물을 정량적으로 재면서 재어진 것과 재어진 사이에는 일정한 관계가 있는데 이는 법칙이라는 명제이다.

2천5백 년 전의 신화시대에 데이터가 없지만 학문시대에는 데이터가 있다. 고대의 기하학문은 소크라테스와 플라톤, 그리고 아리스토텔레스의 기하학으로 이어져 유클리드가 정리한다. **철학은 이론에 앞서서 데이터로 출발하여 데이터를 학문적으로 측정하고 반성하는 일련의 과정**이다. 데이터를 측정하지 않으면 모든 사물에 대한 정확한 지식은 없으며 주관적임을 면할 수 없다.

소크라테스는 물음표로 산파술의 데이터를 기초하였으며, 플라톤은 형상으로 궁극적인 절대세계의 데이터를 찾고자 하였으며 아리스토텔레스는 변화하고 운동하는 상대적인 현실 세계에 대한 데이터를 찾았다.

그의 스윙은 직감의 스윙이 아닌 데이터 스윙이다. 논증에 있어서 직감을 직접 사용하는 것을 제한하고, 사용할 수 있는 성질을 모두 수로 생각한다. 점, 선, 곡선, 직선, 원, 직각, 표면, 평면 등의 데이터이다. 스루더그린에서의 데이터는 시간과 공간에서 주어진다. 실제 사물은 운동과 결합되어 있다. 어떤 시간과 공간을 통해 어떻게 변화할 것인지를 예측한다.

데이터스윙은 직관적 가정을 명시적으로 밝힘으로서 기하학 골프의 깊이를 보여준다. 유클리드 스윙의 평면 대칭성은 클럽샤프트와 헤드 페이스 단면의 강체 운동이다. 스윙의 평면은 평면을 따라 미끄러지는 병진 운동이며 회전은 척추를 중심으로 고정된 몸통 주위로 도는 회전 운동이다.

골퍼의 신장과 클럽은 폭발적인 파워를 생산한다. 어드레스 자세에서 나오는 유클리드의 스윙 자세는 가히 일품이다. 골퍼의 신장과 클럽의 길이에서 나오는 안정감은 자연의 기세를 압도한다.

기하학적 계산을 통해 인간의 눈을 가장 편안하게 하는 평균과 작은 것의 비율인 황금 비율을 제시한다. 완벽을 창조하는 가장 아름다운 비율이다.

유클리드는 혁신적인 논리적 방법론의 창시자이자 최초의 멀티 플레이어이다. 그리스인들의 **기하학 지식을 조직화하고 체계화한다.** 물리적 세계에 기대지 않고 순수한 사유만으로 2차원 공간의 성질을 **포괄적으로 설명**한다.

명시적인 정의를 만들어 용어들을 분명히 함으로써 코스 설계자들이 모든 단어와 기호를 서로 동일하게 이해할 수 있도록 한다. 진술되지 않는 이해나 가정으로 혼돈하지 않게 하기 위해 공리 혹은 전제를 명시적으로 밝힌다. 공리와 앞서 증명되거나 허용된 논리적 규칙만을 적용하여 결론에 도달하게 한다. 유클리드는 자신의 체계에서 직관에 근거한 무의식적 가정이나 추측, 그리고 부정확성을 추방하는 것이었다.

유클리드 원론은 피타고라스의 정리에서, 수학적 논증의 기본적인 모델과 방법론을 체계화하여 역학을 몇 개의 법칙에서 연역적으로 유도한 뉴턴의 프린키피아로 이어지게 한다. 스피노자 철학에서 같은 것을 했다고 기술된 에티카에도 영향을 주었으며, 루소의 자연주의 교육 사상으로, 타고난 과학자로 아인슈타인을 만들어 내기까지 후대에 학문적 가치에서 철학, 과학, 법률 그리고 우리의 생각 체계를 확립하는 데까지 영향을 준다.

18홀이라는 명백하고 기본적인 사실을 토대로 '3×4+4×10+5×4=72타'라는 논리적인 추론을 거쳐 현장에서는 언더파와 오버파의 사실을 도출해낸다.

2

●아우구스티누스 알제리 출신, 이탈리아에서 활동한 기독교
신학자, 주교, 354 ～ 430

은총을 위한 희망과
믿음의 스윙을 하라

은총의 박사이자 신학자, 철학자로 교부철학의 대성자이다. 고대 신
플라톤주의 철학과 기독교를 결합하여 중세 사상계에 영향을 준 아우구
스티누스의 교부철학은 신앙과 이성의 융합이다.

"이해하기 위해 믿는다."

좋은 징조라는 이름을 가진 아우구스티누스는 신앙이란 이해를 추구
하는 신념으로 출발하여 신학과 일반 학문을 함께 연구하는 스콜라 학
풍에 지대한 영향을 미친다.

인간의 공로보다 하느님의 은총을 강조한 아우구스티누스는 고백론
외 100권 이상의 책을 저술한 은총의 아이콘이다. 특히 은총론, 신학적
인식론, 교회론, 영성신학 등의 분야에서 많은 영향을 미쳤다.

**인간의 탐욕과 교만은 죄이다. 인간은 원죄로 부패하였기 때문
에 스스로 힘으로는 오직 악을 행할 수 있으며 선은 오직 하나님이
할 수 있는 은혜로운 행동이다.** 하나님이 인간을 용서하는 것은 하나

골프가 인문학을 만나다: 동서양 천재들의 필드 리더십

님만이 가지는 사랑의 능력이다. 하나님이 영적인 방법으로 인간에게 들어와 원죄의 인간을 의롭게 하는 은총론을 주창한다.

❋

그는 비행과 희망을 넘나드는 골퍼였다.

정욕 속의 삶을 산 아우구스티누스의 청년기는 어머니에 대한 반항과 사생아를 낳는 성적인 일탈과 제멋대로인 비행의 시간이었다. 동거했던 여자는 지각없이 들뜬 육체의 정욕이 찾아낸 여인으로 혼란의 시절이다.

하지만 쓰디쓴 청년시절의 인생 경험 속에서 그는 자신에게 용기를 찾아낸다. 초기 반생을 따라다니며 끈질기게 괴롭힌 자기의 나르시시즘의 문제는 어머니의 죽음을 통하여 자신의 내면에 오래도록 간직해 온 애정의 대상으로 승화된다.

팍스 로마나가 붕괴되고 야만족의 침탈, 약탈되는 인간의 세상은 왜 이리 막장일까? 영원할 것 같은 도시인 로마도 망하고 인간의 도시인 문명도 영원할 수 없다. 바빌론이나 로마처럼 아무리 잘나가는 문명들일지라도 원죄를 피해갈 수 없다. 오직 하느님의 도시만이 영원하며, 하느님의 계시를 받은 자만이 진정한 의미의 완전한 문명자라고 사유한다.

아우구스티누스는 삶의 라운드를 동반자와 다투거나 시기하지 말고 품행이 단정한 스포츠맨십을 가르친다. 특히 골퍼들에게 취하거나 음란한 언사나 방탕하거나 호색한 행위를 경계시킨다. 정욕을 위하여 육신의 일을 도모하지 말고 오직 신앙인의 옷을 입은 골퍼가 되라고 강조한다.

"희망에게는 아름다운 두 딸이 있다. 그들의 이름은 분노와 용기다."

불의가 아무렇지도 않게 일어나고 있다는 것에 대한 분노와, 그대로 내버려 둘 수는 없다고 말할 수 있는 용기이다. 한 딸은 고수가 저지르는 잘못에 몹시 화를 내며 분노를 느낀다. 고수가 행동하는 관행, 실수 아니면 자만이라는 괴물을 용납할 수 없다.

다른 딸은 용기를 내어 고수의 잘못을 두 번 다시 되풀이하지 않으려고 애쓴다. 분노하고, 용기를 내어 행동에 옮길 수 있는 골퍼만이 희망을 말할 자격이 있다. 희망의 스윙은 정의가 있는 라운드를 만들어 낸다.

아우구스티누스의 드라이버는 믿음을 향한 의지의 드라이버이다. 믿음으로써 구원을 받는 신념이다.

"신념은 아직 보지 못한 것을 믿는 것이며, 신념에 대한 보상은 믿는 것을 보게 되는 것이다. 혹은 믿지 않으면 이해하지 못할 것이다."

회심한 이후에도 여전히 정욕에서 자유롭지 못한 아우구스티누스는 정욕과 오랜 사투를 벌인다. 하나님이 주신 모든 것은 선하지만 문제는 인간의 의지에 달려있다는 결론이다. 정신적 스윙을 퍼펙트하게 하기 위해 계속해서 신에게 호소한다. 나는 망할 자이다. 나는 병든 사람이다. 하지만 당신은 내가 육체의 정욕과 안목의 정욕, 그리고 이생의 자랑으로부터 벗어나라고 명하신다. 당신은 음란을 삼가라고 명하신다. 자신의 초기 반생과는 달리 후기 반생을 금욕과 경건한 신앙적 태도로 일관한다. 회의주의를 극복하는 존재의 사유이다.

사후에 성자의 대열에 오른 의지의 골퍼, 육체적 쾌락을 포기하고 금욕의 길을 실천해 보인 아우구스티누스는 자신의 샷을 신뢰하고 강력한 임팩트를 구사한다.

진리를 향한 겸손의 스윙

고대 그리스 로마 세계의 철학과 문학에 있어서 최후의 대가였던 용기의 사상가는 그리스도교의 신앙적인 사유를 플라톤적인 철학으로 해설하면서 두 사상을 합류시킨다. 아우구스티누스는 신 앞에 행한 자신의 개인적 기도와 회개 내용을 과감히 대중들 앞에 공개함으로써 진정한 신앙심이 무엇인지 온몸으로 드러낸다.

아우구스티누스의 스루더그린은 인간의 비참을 노래함으로써 신의 자비로 가득 차 있다. 진리를 바치는 페어웨이는 신을 애찬하는 장소이다.

"우리 비참을 아뢰고, 당신의 자비를 기리면서 피조물은 당신을 찬미하며 우리에게 당신을 사랑하라 하고, 우리는 당신을 사랑하면서 피조물이 당신을 기리라 합니다."

페어웨이에서 아이언 샷은 진리의 스윙이다. 진리에 대한 사랑은 거룩한 여유의 안식을 찾게 한다. 라운드의 샷을 거듭할수록 이미 우리에게 모든 것을 주시었으니 평화도 주시라고 요청한다.

사랑의 스윙을 한다. 사랑이 진리를 안다는 명제 속에서 진리를 고수하고 올바르게 살도록 하는 골퍼가 참사랑을 지닌 골퍼라는 가르침을 준다.

진리에 대한 아우구스티누스의 열정이다.

"오, 진리여, 늦게야 님을 사랑했습니다. 이렇듯 오랜, 이렇듯 새로운 아름다움이시여, 늦게야 당신을 사랑했습니다."

진리에 바치는 연서는 문학적인 수식어가 아닌 공기였다. 또 필요에 의해 학습하는 무엇이 아니라 생존을 위한 매일 먹는 음식으로 연인이었다.

골퍼들에게 자연을 주관하고 라운드를 주관하는 신에게 겸손을 강조한다. 첫째도 겸손, 둘째도 겸손, 셋째도 겸손이다. 신은

모든 존재가 창조를 통해서 무에서 유를 생겨나게 하시는 존재요, 진리를 알 수 있도록 인간의 마음을 비추어주는 진리이며, 모든 참된 사랑의 원천이며 목표가 되는 사랑이라는 개념을 깔고 신학을 전개한다.

"창조된 온 우주의 원인이며 인식될 수 있는 진리의 빛이며 행복을 마실 수 있는 샘이다."

골퍼로 태어남에 감사하고, 함께 동반하는 그 자체에 감사하면서, 골퍼로서 스포츠맨십과 페어플레이를 지키며, 신에게 감사드린다. 골퍼는 자기를 초월하는 어떤 능력을 사용하여, 만유를 초월하는 무엇을 획득하도록 한다. 한 샷 한 샷이 진리이며 최고로 선하신 신을 향유하도록 창조한다. 홀인원으로 능력을 발휘한다. 알바트로스이다. 최고의 샷이다. 아우구스티누스 라운드의 모든 행위는 신중심의 사고 의식이다.

아우구스티누스는 진솔하다. 애로사항이 무엇인지 따뜻한 마음과 사랑으로 다가와 해결책을 제시해준다. 원론적인 접근보다는 감성적인 사랑이 필요하다.

진정한 동반자는 상처의 치료와 아울러 다친 동반자의 마음과 감정을 추스르는 마음까지 전달하여야 한다.

눈앞의 문제의 치유보다도 따뜻한 마음과 배려로 겸손을 전달하는 치유를 주문한다. 지속적이고 유익한 파트너십은 기계적인 응대가 아닌 인문적이고 감성적인 응대이다. 아우구스티누스는 인간적으로 심층적인 존중을 아는 겸손의 골퍼이다.

독일 철학자 칼 야스퍼스는 인류의 위대한 사상가 중에서 근원에서 사유하는 철학자 셋을 꼽는다면 플라톤과 아우구스티누스와 칸트라고 했다.

아우구스티누스는 시대와 장소를 초월하여 많은 골퍼들에게 교훈을 준다. 고대 문화가 쇠퇴하고 붕괴하는 역사적 시점에서 신을 사랑하고,

객관적이며 사상적인 인류의 유산을 밝혀준다.

　모든 존재, 역사적인 사건들을 신의 계획 속에서 이루어진다. 특히 신의 현존을 강조한다.

　"당신은 나의 가장 안에 그윽이 있으시고, 가장 높은 내 것 위에서 더 솟아 계시었습니다" 다만 "당신은 나와 함께 계시건만 나는 당신과 함께 아니 있었나이다" 그러므로 "밖으로 나가지 말라. 그대 자신 속으로 돌아가라. 인간 내면에 진리께서 거하신다. 그리고 그대의 본성이 가변적임을 발견하거든 그대 자신도 초월하라"고 우리에게 충고한다.

　아우구스티누스는 지칠 줄 모르는 **탐구욕은 숨겨진 진리에 대한 사랑을 찾아낸다.** 그의 생애는 진리를 향한 구원의 불꽃이다. 골퍼로서 진리를 찾아내는 사랑의 스윙이다. 티그라운드에서 헌신을 선언하고 구원을 향한다.

　프리 샷 루틴의 습관은 마음에서 나오는 제2의 천성이다. 신령한 골퍼로서로도 부족함이 없다. 넉넉한 마음이 좋은 세상을 만들고, 좋은 세상 속에 라운드는 즐겁다. 경건한 골퍼는 라운드를 환하게 비추이며, 경건함은 헌신이며 품격을 갖추게 한다. 품격은 라운드의 분위기를 달라지게 하고 골퍼의 삶을 행복하게 한다.

●**토마스 아퀴나스** 이탈리아의 기독교 신학자, 스콜라 철학자,
자연신학의 으뜸가는 선구자, 1224 ~ 1274

이성과 조화를 이루는 스윙

아우구스티누스와 함께 **가톨릭 철학의 양대 산맥인 토마스 아퀴
나스는 스콜라 철학의 알파이자 오메가이다.** 우람한 몸집과 과묵한
성격의 시칠리아의 벙어리 황소는 아리스토텔레스 철학을 기독교 신학
을 재편성해 새로운 철학인 스콜라 철학을 완성한다.

아리스토텔레스의 철학은 감각을 인정한다. 아퀴나스는 인간의 감각
기관과 이성에 의지하여 이해하는 자연철학의 영역을 제시한다. 이성이
배척되는 중세시대에 "믿기 위해 이해한다"는 아퀴나스의 사상은 이성
과 신앙이 평화롭게 공존하게 하는 시발점이 된다.

자연적 이성을 통해 인식되는 철학적 진리는 신앙과 모순되지 않으
며, 이성은 신앙과 조화를 이루며 포섭될 수 있다. 앎을 추구하는 이성
의 자율성을 가지고 신이 계시하는 문제가 아니라면 이성의 권리를 인
정한다. 논란이 되었던 아리스토텔레스 철학을 기독교 신학에 조화롭게

골프가 인문학을 만나다 : 동서양 천재들의 필드 리더십

편입시킴으로써 자연 발견의 시대를 발현한 아퀴나스는 천사 같은 박사의 아이콘이다.

✻

아퀴나스의 스윙 철학은 행복을 추구하는 긍정적인 행복 스윙이다. 인간의 궁극적 행복을 아퀴나스는 아리스토텔레스처럼 선을 향하고 있다. 비기너들이 추구하는 목적이나 의도는 신을 향한 선이다. 비기너는 이러한 목적을 향하고 있기 때문에 페어웨이의 신처럼 되고자 한다. 또한 신의 선함을 닮고자 한다.

필멸의 창조된 비기너들과 영혼의 신들이 다르기에 비기너들이 신을 본다는 것은 불가능하지만, 비기너가 신에 대한 지식을 가질 때 비로소 영혼의 평화를 찾게 된다. 비기너의 최종 목적은 신의 관조에 있다.

하느님은 **일등인 그 한 사람의 기쁨만을 원하지 않는다.** 오히려 **고수의 거짓되고 잘못된 욕심은 많은 비기너에게는 최악의 아픔으로 이를 경계한다.** 고수 1인의 웃음이 아닌 동반자 모두의 웃음을 강조한다.

라운드 중 마음먹은 대로 되지 않으면 조급해 지면서 화가 난다. 목표 방향으로 볼이 가지 않는 경우와 목표 방향으로 볼을 보냈는데도 결과가 좋지 않게 나온 경우는 더 그렇다.

그린에서도 라이를 읽은 데로 볼을 퍼팅하여 타감이 좋았는데 홀인이 안 되는 경우이다. 스트로크는 잘 했지만 라이를 잘 보지 못했기 때문이다. 이런 경우는 더욱 약이 오른다.

첫 홀에서 안 풀리면 홀을 진행할수록 악전고투한다. 한 홀 한 홀 라운드를 하면서 계속해서 약이 오른다. 성이 차지 않는다. 선을 향한 스윙이 아니기 때문이다. 리듬은 흐트러지고 최악의 스코어가 나와 라운드를 망치고 만다. 골프란 최악의 적인 자기 자신과 함께 플레이하는 게임이다. 자신을 다스리지 못하면 골프 게임을 이기지 못한다. 마음을 추슬러야 일관된 스윙으로 실수를 줄일 수 있다. 혹 실수를 하였다하여 망연자실하지 말고 포기하지 않고 재충전을 해야 한다.

아퀴나스는 불안전한 존재인 인간의 퍼팅은 완전할 수 없기에 희망의 보따리를 제시한다. 인간의 모든 행위는 희망에서 나온다. 100% 완벽한 퍼팅을 원하는 골퍼의 희망은 긍정으로 평온의 마음을 가져다준다. 희망의 퍼팅은 긴장을 풀고 웃어야 한다. 웃음은 건강에도 좋다. 웃어야 몸의 근육이 풀어지면서 자연스러운 스윙을 할 수 있다.

피곤하고 지친 상태에서도 웃어야 한다. 긍정적으로 웃어야 원하는 스윙을 할 수 있다. 많이 웃을수록 몸의 상태가 좋아지는 것은 익히 알고 있다. 파트너와 함께 웃어라. 나의 실수를 바라는 상대에게도 변화를 주고 함께 즐길 수 있는 라운드가 된다. 자신의 내면에 긍정적인 변화를 주고 몸과 마음의 흔들림을 치유하는 효과를 주는 웃음은 골프 라운드 중 가장 재미있게 즐길 수 있는 산물이다. **웃음은 쾌적한 정신 활동에 수반되는 감정 반응이다. 골프에서 편안한 마음은 골프를 즐길 수 있게 한다. 즐기는 골퍼는 바로 이기는 골퍼가 된다.**

말더듬이의 드라이버는 선을 향한 스윙으로 휴머니즘의 스윙이다. 인간으로는 소심하지만 자연에 대한 섬세함으로 신을 찬미하는 스윙이다. 말없는 황소의 스윙이지만 때가오면 울부짖음의 스윙으로 전 세계를 휘어잡는다고 스승은 예견한다.

자신의 입장을 표현하는 데 어려움을 겪고 있었던 벙어리 황소는 스루더그린에 찬란한 메시지를 보낸다. '누가 어떤 말을 했는지가 아니라 그 말속에 무엇이 들어있는지 살피도록 하라' 침묵 속에 숨겨져 있지만 토마스는 무한한 재능과 역량을 가진 골퍼였다. 페어웨이의 아이언 샷은 신중함으로 정교하다. 소심함과 섬세함을 자연에 순응하여 체화된 샷이다.

"모르는 것보다 아는 것이 낫고 아는 것보다 사랑하는 것이 더 낫다."

토마스 아퀴나스의 선택과 집중은 군계일학이다. 인간관과 신앙관은 알기 위함과 사랑하기 위함의 미학이다. 신학대전, 영혼론 주석, 감각과 감각물에 관한 주석 등 엄청난 양의 저술과 질적인 완성도는 가히 기적적이다.

용장 밑에 약졸 없다고 하였다. 자뻑에 빠진 골퍼들에게 교훈을 준다. 군자로서의 자질을 가진 가능성의 골퍼를 인정하지 않는 자뻑의 리더는 4차 혁명의 사회에서 설 자리가 없다. 중세의 거목으로 큰 역할을 하게 되는 제자의 영민함을 찾아내고 환경을 만들어준 스승 알베르투스의 자상함과 혜안을 눈여겨본다. 용장 밑에는 자뻑하는 강졸은 없다.

영민했지만 소심한 성격으로 쉽게 자신을 표현하지는 못하던 초보 골퍼 토마스 아퀴나스는 그린 위에서 신중함과 정교함으로 최고수의 골퍼로 자리 잡는다. 덩치만 큰 수줍은 말더듬이 벙어리 초보가 스코어만을 주장하는 내기 골퍼들의 입장을 단호하게, 그리고 조목조목 철두철미하게 설득하며 군자 골퍼로서 그린의 행복을 자져다 준다. 교회와 세속의 세력이 대결하는 암흑의 세상에서 믿음과 소망, 사랑이라는 종교적 덕을 실천하는 수호자로서 위풍당당하다.

파괴가 아닌 완성의 스윙

"은총은 자연을 파괴하지 않고 오히려 자연을 완성시킨다."

실수투성이 골퍼들에게 페어웨이가 주는 행복은 은총의 산물이다. 페어웨이와 그린은 골퍼들에게 자연에 대한 피조물로써 신앙과 이성의 통일을 가져다준다. 신이 창조한 자연, 인간의 이성은 자연 가운데서

가장 고귀하고 값지다. 페어웨이의 나무와 돌멩이, 호수와 바람 등 자연 전체에 대한 이해를 통해 신의 존재를 생각하고 골퍼의 의미를 찾는다. 이는 신을 찬미하는 길이다.

신앙은 절대적인 것이지만 지식을 소유하고 있어야 한다. 신을 중요시하는 플라톤과 자연 현상을 강조하는 아리스토텔레스의 생각을 조화시킨 아퀴나스의 온건한 실재론은 변증법적이다. 실재론은 신앙과 이성의 조화이다.

골퍼로서 감각적인 경험은 중요하다. 필드의 바람과 비, 이끼처럼 자연의 토양에 자양분을 만들어 놓은 신의 섭리는 골퍼의 경험보다 중요하다. 감각적 경험을 통해 신의 섭리를 깨달을 수 있으므로 경험과 섭리를 고루 살펴야 한다. 신과 피조물의 존재론은 실재적 색채가 강하지만 본질과 존재가 일치하는 신에 있어서 존재의 필연성은 무에서 창조라는 관념이다.

토마스 아퀴나스는 파괴가 아닌 완성을 위해 신의 존재를 증명한다. 이는 경험에 의해 주어진 사실로부터 출발한다. 악은 선이 부족해서 발생한다. 골퍼의 정신은 육체를 통해 진리를 발견하고 선을 사랑한다. 구체성과 진실성을 가지고 골퍼의 생활을 현실 그대로 그려 낸다. 영혼이 육체의 유일한 형상이라고 골퍼의 단일성을 강조한다. 영혼이 없다면 육체는 어떤 형상도 갖지 못하고,

골프가 인문학을 만나다: 동서양 천재들의 필드 리더십

육체가 없다면 영혼은 어떤 지식도 얻을 수 없다.

골퍼는 영혼을 통해서 사유하고 배우며, 사물을 관찰하는 지각 행위는 육체를 통해 영혼이, 영혼을 통해 육체가 활동을 수행한다. 골퍼들은 나름대로의 기술을 가지고 자신의 샷을 하듯이 영혼도 고유의 육체를 통해서 자기를 실현한다. 영혼과 육체는 통일되어 있다. 영혼은 육체를 통해 현실적으로 존재한다.

골퍼의 영혼은 인간의 감각 능력과 지력, 의지력의 요인이다. 골퍼에게는 실체적 형상인 이성적 영혼이 현재하고 있는데 이성 작용과 생명을 유지하고 감각 기능을 수행한다. 이성적 동물로써 영과 육의 합성체이다. 골퍼의 영혼에는 이성 작용과 의지 작용이 있다. 영혼은 이성적 인식 작용의 원리일 뿐 아니라 먹고 마시는 동물적·식물적 본능의 생명 원리도 된다.

이성 또는 지성적인 능력은 영혼에 의지한다. 골퍼가 이성적인 동물이 될 수 있는 것은 지성 때문이며, 지성은 인간에게 신을 관조할 수 있는 수단을 제공한다.

신이 존재한다면 필드에는 어떠한 악도 존재하지 않아야 한다. 하지만 필드에는 악이 상존한다. 신이 아니더라도 자연, 인간의 이성과 의지 등으로 성찰할 수 있지만 신앙의 영역에서 신의 존재를 증명한다.

첫째, 운동으로부터의 증명이다. 모든 사물은 움직임을 통한 증명이다. 드라이버나 아이언 등 골프 클럽은 골퍼에 의해 휘둘러진다. 운동하는 사물은 운동하도록 만드는 자에 의해서 운동한다. 부동자이다.

둘째, 능동인의 증명이다. 모든 존재하는 것에는 원인이 있음을 통한 증명이다. 골프 라운드는 지력과 심력, 체력을 위해 필요한 운동으로 존재한다. 경쟁을 추구하는 골프 스포츠는 이것과 다른 어떤 것에 의해서 생겨난다. 제1원인자이다.

셋째, 가능성과 필연성으로부터의 증명이다. 정해진 코스나 예상하지 못한 공간으로 물리적으로 생각하지 않는 동작이 나온다. 필연자이다.

넷째, 자연의 위계에서 관찰되는 사물의 단계에 근거하는 증명이다. 골퍼마다 초급에서 중급, 수준급 등 완전함으로 가는 등급이 있다. 선함, 아름다움, 완전함 등의 기준으로 제1완전자이다.

다섯째, 자연에서 볼 수 있는 질서와 조화에 근거하는 증명이다. 골퍼들은 경쟁하기 위해 라운드 한다. 세상의 모든 사물들은 어떤 목적에 따라 활동한다. 설계자이다.

토마스 아퀴나스의 도덕은 신을 향하는 이성과 피조물의 운동이다. 신을 관조하는 골퍼는 이성과 의지로 행위가 조절한다. 의지는 골퍼에게 선을 이루게 하는 매개이다. 선한 행위는 도덕적으로 자유로워야 인간적이다. 골퍼는 선한 의지와 그에 상응하는 행위를 통해 덕을 얻을 수 있으며, 골퍼의 이성의 소리는 덕을 향한 스윙으로 정의, 절제, 용기, 지혜의 스윙이다. 이에 은총에 의해 주어진 믿음과 소망과 사랑의 스윙을 추가하고, 사랑의 스윙을 통해 골퍼는 생각과 행동에서 끊임없이 신과 결합하면서 인격의 최종적 완성을 이루게 한다.

페어웨이 안에서 신성함과 완전함을 만들어 가면서 사랑을 통해 동반자들에게 더 가까이 다가갈 수 있는 지혜를 가르쳐준다.

실험과 관찰로
자연 과학적 스윙을 하라

'아는 것이 힘이다'라는 귀납법 경험주의, 여러 편의 시와 수필을 남겨 셰익스피어와 더불어 고대 영어의 시조로 평가되는 베이컨은 경험과 관찰의 아이콘이다.

17세기의 가장 위대한 철학자, 문필가로 인정받고 있는 인물로서 특히 글을 잘 써서 셰익스피어의 일부 작품이 베이컨의 작품으로 오해할 정도로 '문장의 대가'로 통한다.

베이컨은 냉정하면서도 유연한 지성을 가진 현실파 인물이었으며, 힘 있는 사람에게 굽실거리고 인정이 없으며 뻔뻔스러운 인물이라는 평가를 받은 권모술수에 능한 수완가였다.

바른 지식을 갖기 위해서는 경험과 관찰을 중히 여기는 경험론이 필요하다고 생각한 베이컨의 코스 전략은 빈틈이 없다. 완벽한 스코어를 내기 위해서는 충동적이고 성급한 생각을 피한다. 코스에 맞는 다양한 형태의 전략을 위한 실험적 활동과 사실을 수집하고, 이를 분류하여 분석 종합한다. 사물을 하나하나 확인하여 마지막으로 근본 원리를 찾아내는 방법이다. 감각이 경험하는 데로 세계를 사고하고 점진적으로 상향하면서 가장 일반적인 공리에 도달할 수 있다고 여긴다. **어떤 사건의 연쇄가 과거에 항상 일어났다면 그것이 미래에도 일어날 것이라는 가정이 귀납법을 타당하게 만드는 토대가 된다.**

❋

베이컨의 스윙은 우선 체형에 맞는 스윙법을 제시한다. 자신의 체형과 다른 스윙을 파악하면서 체형별로 스윙법을 분류하고 난 다음에 정리해 나간다.

베이컨의 선택은 놀랍다. 성급하거나 수동적인 관찰은 제어한다. 스윙에 따른 다양한 구질의 형태를 면밀하게 확인한다. 직구를 치기 위해서 필요한 스윙 플레인과 어택앵글은 직구라는 방향성에 이르는 방도가 되기 때문이다.

여기에 코킹과 레깅의 속성까지도 유지하면서 비거리의 속성들을 파악한다. 운동 수행 능력과 박진감 있는 현장에서 베이컨은 골퍼의 심성들을 추출한다.

골퍼들이 방향성과 비거리를 내기 위한 공통적인 속성은 무엇인지, 골퍼의 샷에 따라 일관성에 비례하는지, 골퍼로서 바라는 페어플레이를 점진적으로 주문한다. 증거와 밀접하게 관련되어 있는 과학적인 지식들과 실험에 그 토대를 두고 있는 관점들을 강조한다.

베이컨은 이처럼 최선의 스코어를 내기 위해서 주도면밀하고 자신감 있는 스윙을 한다. 면밀한 귀납적인 추론과 적극적인 실험적 활동의 결합으로 해야 할 요체에 대한 진리를 파악하고 실행한다. 여기서 무엇을 안다는 것이 무엇을 할 수 있다는 것으로 모든 진리를 실험정신으로 해결한다. 경험주의자는 진리를 얻기 위해 그 결과를 관찰하고 기록하였으며 모순을 해결하려고 노력한다.

베이컨의 드라이버와 아이언은 부단히 노력하는 성실함의 활동이다. 완벽한 스윙은 실험과 관찰을 통해 얻은 자연 과학적 스윙으로, 현장에 적용시킨 실험의 결과이다.

"진리는 시간의 딸이지 권위의 딸은 아니다" 이처럼 참된 귀납은 방대한 자연적, 실험적 사실의 수집에서 출발하여 끊임없이 진동한다. 현명한 골퍼는 우연히 바라는 기회를 발견하는 것이 아니라 스스로 쟁취하고 만들어낸다. 지혜, 용기, 적극성으로 기회를 만들어나갈 것을 권고한다.

유혹을 이기는 스윙

철학은 골퍼의 행복을 위해서만 이용되어야 한다고 생각한 베이컨은 골퍼에게 있는 3가지 유혹을 이겨야 한다고 역설한다. 거친 육체의 욕망, 잘났다고 거들거리는 교만, 졸렬하고 불손한 이기심에서의 탈출이다. 이 3가지 유혹은 모든 불행이 과거에서 미래까지 이어지고 모든 골퍼들에게 무거운 짐이 되게 한다.

완성된 골퍼로 가는 길은 3가지 유혹인 육욕과 교만, 이기심을 이겨내야 한다. 수양으로 이겨내야 한다.

골프는 다양한 사람들에게 만남의 장이다. 라운드를 하다보면 정신적으로나 육체적으로 맑고 흐리고, 구지고, 쾌청한 각양각색의 예기치 못한 경험을 한다. 드라이버 샷하고 두 번째 페어웨이 중앙에서 그린을 공략하는 지점에 가보면 디보트 자국이 많음을 발견할 수 있다. 수많은 골퍼들이 다녀간 흔적이다. 벙커에 남겨있는 발자국, 해저드에 빠져 있는 많은 골프공과 수많은 골퍼들이 다녀간 자국…. 골프 코스에서 일상적으로 벌어진 현상이며 흔적이다.

인생은 길과 같은 것이다. 가장 가까운 길은 대개 가장 나쁜 길이라고 말한 베이컨의 생각은 골퍼들에게 성공의 길을 안내한다. 골퍼들이 원하는 길은 캐디의 조언에 의한 아바타의 길이 아닌 자신의 길을 찾는 길이다. 자신의 생각대로 행동하여야 궁극적인 원하는 바를 달성할 수 있는데 대개 아마추어 골퍼들은 캐디에게 많은 의지를 한다. **슬라이스 홀이니 내리막에 뒤바람에 클럽을 이정도 잡아야한다고** 조언을 듣는다. 어지간하면 코스 공략법을 알 수 있는데 캐디의 말에 전적으로 의존한다. 안전하게 타수를 까먹지 않으려 한다. 그리고 살아남기 위한 생존의 방법이다.

그린에서는 더욱 가관이다. 4명의 골퍼들이 캐디가 이야기해 주기만을 기다리며 대기하고 있다. 동반했던 플레이어들은 침묵의 게임 속에서 묵묵히 참아내는 골퍼가 무언의 경쟁 속에서 이기게 된다는 생각이다. 결국 성질 급한 플레이어는 캐디의 조언을 기다리지 못하고 급하게 샷을 해 버린다.

약간의 내기가 들어가면 캐디의 조언에만 의지한 채 샷을 한다. 아마추어 플레이어들의 현실이다.

비기너에서 싱글 골퍼로 진입하려면 캐디가 이야기 해주는 의례적인 조언보다는 자신의 실력으로 코스를 공략하고 그린을 공략하는 법을 익혀야 한다. 조언만을 의지한 채 라운딩을 하다보면 위기에 봉착했을 때 헤쳐 나가지를 못한다. 조언자는 조언자일 뿐이다.

성패는 결국 본인의 몫이다. 자신이 책임지고 그 대가를 결정하는 승부의 세계에서 공정하게 살아남을 수 있는 방법을 평소 스스로 수양해야 한다. 조언자의 의견이 적합하지 않을 수도 있고 나와는 인연이 안 닿을 수도 있다는 사실을 잊어서는 안 된다. 무조건 남의 말만 듣는다던지 조언만을 의지한 채 라운딩 하다보면 절음발이 골퍼가 되고 영영 자신의 길을 찾지 못할 수도 있다. 처음에는 어렵고 착시현상이 발생할지도 모르지만 스스로 코스를 공략하는 방법을 깨닫고 그린 라이를 측정하는 법을 익혀야 한다. 다양한 경우의 수를 알 수가 있다. **어려운 문제를 스스로 결정할 수 있는 골퍼만이 진정 승리하는 골퍼가 되고 자기만의 길을 찾을 수 있다.**

중세 천년 동안의 경험인 스콜라적인 우상에 대한 편견을 배척한 베이컨은 골퍼에게 힘을 부여하는 지식은 과학적 지식을 뜻하며, 골퍼가 과학적 지식을 추구해 나가기 위해서는 네 가지 우상을 극복해야 한다고 주장했다.

첫째, 모든 것을 골퍼의 관점에서만 보려는 종족의 우상이다. 골퍼의 불완전한 감각과 자연 현상과의 관계에서 나오는 태도로 코스모스가 날 보고 방긋 웃는다는 착각 속에 빠진다. 거북이는 느림보이다.

둘째, 어두컴컴한 동굴 안에 있으면, 동굴 밖의 세계를 제대로 알지 못하는 동굴의 우상으로 우물 안 개구리이다.

셋째, 언어의 잘못된 사용에서 유래되는 편견으로 시장의 우상으로 귀신, 용, 봉황이다.

넷째, 기존의 이론이나 특정인의 권위에 기대는 편견으로 극장의 우상이다.

극장에서 상영되는 이야기를 그대로 믿는 관객이다.

베이컨은 경험과 관찰을 통해 편협적인 우상을 깨뜨릴 수 있다고 믿었다. 또한 우상화가 아닌 자연 세계의 감각적인 경험만이 지식의 원천이라는 것을 깨닫게 해준다.

고수의 샷은 본 대로 가고, 하수의 샷은 걱정한 대로 간다. 그리고 중수의 샷은 친 대로 간다. 자신감 부족으로 나오는 샷이지만 자신감 부족으로 하는 샷이 아니다. 부단한 연습으로 실력을 키워야 한다. 미숙한 사람도 꾸준히 연습하고 단련하면 단점을 극복하고 장점을 몸에 지니게 된다.

그린 주변의 플레이에도 **경험을 중시한다. 그린의 스피드와 각도, 퍼팅의 타감과 거리, 감각만이 아닌 감각의 경험**으로 이루어진다.

베이컨은 우리에게 선입견과 편견에서 벗어나게 한다. 경험과 관찰이 핵심 키워드이다. 새로운 학문의 방법을 지식의 확산으로 근대 과학을 이끈다.

"모든 것은 변화한다. 그러나 실제로 사라지는 것은 아무것도 없다. 모든 것의 전체는 언제나 변하지 않고 정확히 꼭 같다는 것은 분명한 사실이다"라는 사실을 강조한 경험주의자는 골퍼들의 동일한 샷이지만 할 때마다 다른 것처럼 수 없이 반복되는 경험을 통해 완벽을 찾아갈 수 있다는 진리를 일깨워준다.

골퍼가 자신을 잘 운영하려면 엄한 것과 유한 것을 잘 배합해야 한다고 충고한다. 서로 상반된 모순을 해결해 나가는 것이 리더의 몫이다. 골퍼로서 지켜야 할 자신에게 엄한 스포츠맨십과 유한 페어플레이가 리더십의 요체이다.

벙커 정리는 누구의 몫인가?

오케이는 누구의 몫인가?

지연 플레이는?

골프 세계는 고수만을 위한 내기 골프로 스코어를 지키는 선입관에

골프가 인문학을 만나다 : 동서양 천재들의 필드 리더십

휩싸여 있다. 총량불변의 골프 게임, 하수라는 이유만으로 번번이 도시락이 되고, 상대를 배려하기 보다는 자기 잇속을 챙기기 위해 까다로운 룰을 고수한다. 혼탁함과 굴욕감은 더해가지만 골프 세상을 올바르게 이끌 철학이나 리더십이 필요한 때이다.

인간의 골프 게임은 열정을 가지고 충동 속에서 경쟁한다. 골프 리더십은 자제력, 집중력, 인내력으로 골프에 참여하는 가치를 높일 수 있다.

타인에게 관대하고 자신에게는 철저한 골퍼로 겸손의 처세를 밝힌 학자는 전 생애를 연구에만 몰두하면서 아름다운 죽음을 맞이한다. 사람은 꿀벌이 꽃에서 꿀을 창조하듯 습득한 남의 지식을 기초로 하여 새로운 자기 학문을 창조해야 한다.

우둔한 골퍼는 학문을 경멸하고, 단순한 골퍼는 학문을 찬양하며, 현명한 골퍼는 학문을 이용한다.

●데카르트 　프랑스의 물리학자, 합리론의 대표주자, 근대 철학의
아버지, 해석기하학의 창시자, 1596 ～ 1650

이성으로 진리를 스윙하라

　경험을 믿지 말라. 생각을 원리로 삼았던 근대 철학의 창시자는 경험을 통해 얻은 것은 정확한 것이 아니다. 경험이 아닌 이성을 통해 진리를 찾아야 한다고 밝힌다.

　이성이 유일한 인식의 원천이라고 주장한 합리주의자는 '인간에게 필요한 가장 중요한 지식은 어떻게 살 것인가, 어떻게 하면 악을 멀리하고 선을 더 많이 행할 수 있는가 하는 것이다'라고 주장한다.

　호기심이 강한 꼬마 철학가 데카르트는 사팔뜨기 인형을 좋아하였으며, 중생이란 이름에 걸맞게 나그네처럼 혼자 여행하며, 인간의 낡은 사고방식을 새롭게 한다. 학창 시절에는 몸이 허약했지만 친구를 좋아했으며, 부지런하고 내성적이다.

　수학에 특별한 재능이 있었던 프랑스의 물리학자인 데카르트는 근대 철학의 아버지, 해석기하학의 창시자로서, 당대 최고의 검객이다. 군사학교에서는 품행이 단정하고 승부욕이 강했으며 기사도 정신이 투철한 국가주의자이였다.

데카르트는 '진리란 오류의 반대이다'라는 생각으로 철학과 수학을 시작한다. 인간의 어리석음과 하고자 하는 일의 허무함, 무의미함을 느끼면서 진리 탐구를 한 철학자는 오류를 발견하는 과정으로 진리를 발견한 이성과 방법의 아이콘이다. 의심이 가능한 모든 믿음을 제외함으로써 기본적인 신념만을 남기는 것을 목표로 한다. 수학에 대하여 의심의 여지가 없는 기본 신념은 철학을 포함한 모든 진리를 수학적인 원리로 해석한다.

드라이버 가격이 비싸면 비거리가 많이 나겠지. 명제 자체가 오류일까? 우리가 수학의 원리까지도 의심하는 이유는 사람들이 그런 문제를 추론하면서도 오류를 범하고, 지금은 오류라고 밝혀진 것을 이전에는 확실하고 자명한 것이라고 생각하기 때문이다.

※

골퍼들의 콤플렉스는 어느 정도일까?

신체 조건의 콤플렉스, 골프 장비의 콤플렉스, 실제 라운드 횟수의 콤플렉스, 운동신경 콤플렉스, 주말 골퍼의 콤플렉스 등 많은 콤플렉스를 가지고 있다.

헤드 크기가 큰 드라이버와 비교되는 조그마한 크기의 드라이버, 시합장에 나갈 때부터 콤플렉스가 밀려든다. 거리는 고사하고 10여 년 동안 가지고 다니는 드라이버이다. 상대들은 2~3년마다 신품 드라이버를 구입하여 골프를 즐기고 있는데, 나는 10여 년 동안 옛날 드라이버를 사용하고 있으니 쪽팔리기도 하고 스스로 자격지심이 발동한다.

고가의 반발력이 높은 드라이버를 가지고 게임에 임하면 동반자보다도 비거리도 내면서 게임을 이길 수 있을 것인데, **나는 오래된 저가의 드라이버를 사용하기 때문에 기본적으로 불리하다는 콤플렉스를**

지니고 있다.

드라이버 거리가 안 나기에 우드 샷을 잘해야 하는 데, 우드 샷이 잘 되지 않는다. 거리에 콤플렉스가 있다 보니 그걸 우드로 만회하려는 생각이다. 다 죽일 수 있었는데… 하지만 생각하고는 딴판이다.

연습장에서는 바닥이 고무매트로 평평하여 우드가 잘 맞지만 필드에서는 잔디 위에 울퉁불퉁해서 올바른 스윙이 나오지 않아 세컨오비를 내고 만다. 결국 전체적으로 다 망가진다. 비기너 골퍼들은 자신의 단점에 너무 조바심 낸다. 스스로 불필요한 콤플렉스를 만들면서 불만이 가중된다.

키가 작은 골퍼의 콤플렉스, 스포츠 환경이 좋은 나라 골퍼들과 그렇지 못한 골퍼의 콤플렉스, 선점 당하고 있는 나보다 잘한 사람에 대한 콤플렉스, 골프클럽에 대한 콤플렉스 등 우리는 결국 스스로 해결해야 한다.

서툰 목수가 연장 탓 한다. 옛날에 사용하던 드라이버나 반발력이 좋은 고가의 신품 왕 머리통 드라이버와 거리 차이는 별로 없다. 주인을 잘 만나야 성능을 발휘한다. 작은 고추가 더 매운데 변강쇠 콤플렉스에서 벗어나야 한다. 외관상 보이는 나의 모습은 단순한 나의 모습이다. 나의 전부가 아니다. 나의 내면에 꿈틀거리고 있는 영혼을 찾아보자. 불필요한 비판을 멈추고 누구에게나 불완전한 상태에서 완전한 상태로 만들어 간다는 자신감을 갖자.

비기너 골퍼들이어! 지금 열심히 준비한 당신의 것으로도 상대를 충분히 녹일 수 있다는 자신감을 갖자.

데카르트의 코스 매니지먼트는 자율적이고 합리적이다. 페어웨이를 공략하는 신념은 '나는 생각한다. 고로 존재한다'는 말로 자신의 존재를 입증한다. **절대적인 진리를 이용한 구성 요소의 진릿값으로 다른 진**

술을 증명한다. 그는 몸과 마음을 나눈다. 인간은 사유하는 마음이며 몸은 기계이다.

데카르트는 스루더그린의 모든 현상들을 크기, 모양, 운동 등의 경험적인 양으로 집중한다. 세 가지 물질의 연장이 곧 공간을 이루고 있다는 내용이다.

드라이버의 크기, 스윙의 플레인, 파워풀한 임팩트 등은 수차례 반복되는 공간속에서 이루어진다. 공간과 물체는 동일하며 따라서 빈 공간은 존재하지 않는다. 세계는 물체로 꽉찬 공간이며, 세계에는 우주의 시작 때에 주어진 운동량이 계속 보존된다.

물질세계, 페어웨이인 우주는 정신과 상관없이 존재하며 이성적 능력으로 신이 주신 물리법칙인 중력과 양력에 따라 움직이는 거대한 기계라고 생각했다.

데카르트는 이성을 올바르게 인도하고 모든 학문에서 진리를 탐구하기 위한 방법의 서설을 모든 골퍼들의 지적인 활동과 올바른 판단력을 갖추고 있는 양식이라고 선언한다.

"양식은 세상에서 가장 공평하게 분배되어 있는 것이다. 누구나 그것을 충분히 지니고 있다고 생각하므로, 다른 모든 일에 있어서는 만족할 줄 모르는 사람들도 자기가 가지고 있는 이상으로 양식을 가지고 싶어하지는 않으니 말이다. 이점에 있어서 모든 사람이 잘못 생각하고 있다고 볼 수는 없다. 오히려 이것은 잘 판단하고, 참된 것을 거짓된 것으로부터 가려내는 능력, 바로 양식 혹은 이성이라 일컬어지는 것이 모든 사람에게 있어서 나면서부터 평등함을 보여 주는 것이다"라고 동반자들에게 이성을 갖춘 양식의 스윙을 강조한다.

평온을 위한 휴식의 스윙

"내가 바라는 것은 평온과 휴식뿐이다."

평소 침대에서 아침을 맞이하는 수학자의 명상은 병영의 침대에 누워 천장에 붙어있는 파리의 위치를 찾아 좌표라는 천재적인 발상을 하면서 지식의 원천으로 휴식을 찾는다. 그의 이니티얼 포인트는 정확하다. 코스를 읽는 눈은 전체를 알기 위한 첫걸음이다. 이처럼 페어웨이에서도 수학의 공리와 같이 확실하고 명백한 철학의 전체 구조를 떠받쳐 줄 수 있는 토대가 되는 한 점을 발견해야 한다고 보았다.

공략하려는 지점을 향해 코스의 좌표를 설정한다. 오른쪽으로 돌아가는 도그레그 홀인지, 목표 지점에 해저드가 위치하고 있는 지를 정확히 꿰뚫고 있다. 이런 절대 확실한 시작에 도달하려면 지금까지 의심의 여지없이 진리라고 여겨 온 것들을 일단 의심해 보아야 한다.

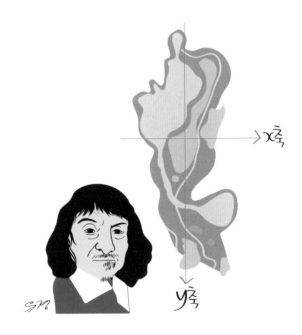

골프가 인문학을 만나다: 동서양 천재들의 필드 리더십

어렸을 때의 무지에 대한 성찰을 깨우쳤던 데카르트는 정말로 진리를 추구하는 사람이라면, 생전에 한번 정도는 가능한 한 모든 것을 깊게 의심할 필요가 있다고 우리에게 가르침을 준다. 내가 가지고 있는 인식 능력은 감각하는 것과 사고하는 것 중 무엇이 진짜인가?

나는 스스로 가짜를 진짜로 받아들이는 것을 하지 않을 수 있는가? 거북이가 먼저 출발하면 아킬레우스도 따라 잡을 수 없을까? 훌륭한 정신을 갖는 것만으로는 충분치 않다. 중요한 것은 그것을 올바른 방향으로 이끄는 것이다.

위대한 질문은 위대한 대답을 얻는다. 문제가 발생하였을 때 긍정적인 질문을 하면 문제를 긍정적으로 받아들인다.

아웃오브바운즈(OB)된 골프 샷에 대한 문제의 발생으로 데카르트가 제시하는 올바른 골프 스윙을 위한 진리 탐구 방법을 유추해 본다.

첫째, 경직된 스윙으로 나의 첫 드라이버 샷이 OB가 났으니 다음에는 어떤 좋은 샷을 할 수 있을까? 속단과 편견을 피하자.

둘째, 경직된 스윙으로 OB가 났는데, 다음 샷은 또 다시 원하지 않은 배드 샷이 나오지 않을까? 어려운 문제를 해결하기 위해서 분석한다.

셋째, 몸이 경직되지 않았다면 예기치 못한 나쁜 샷이 일어날 수 있을까? 자신의 샷을 종합한다.

넷째, 편안한 마음으로 스윙하였다면 최고의 좋은 샷이 나오지 않을까? 문제의 요소들을 다 열거한다.

데카르트는 위기에서 탈출하는 방법으로 신중한 태도와 겸허한 마음으로 현상을 판단한다. 모든 사물을 감각적인 지식부터 의심한다. 내가 보고 있는 많은 사물이 정말 내가 보는 대로 내 밖에 존재하는지 의심을 가진다. 지금까지 **의심의 여지없이 확실한 것이라고 여겨온 것의 토대를 의심하면서 언어를 사용하고, 수리 능력을 연구하여 내성을**

가진 인간으로 내 자신을 속이지 않아야 함을 알려준다.

위대한 수학자 데카르트는 음수에 대한 개념을 구체화하고 음수를 좌표계상에 표현해 낸 해석기하학의 창시자로서 그린의 높고 낮음을 파악하고 핀의 위치를 정확히 파악했다. 직선, 원, 타원, 쌍곡선 등 기하학적 도형도 도식화한다. 귀찮은 수인 방정식의 미지수에 최초로 X를 사용하고 거듭제곱을 표현하기 위한 지수의 사용 등을 발명했다. 의심의 수학자는 다양한 여러 상황에서 적용될 수 있는 보편적인 수학을 만든 혁명적인 수학자인 동시에, 고대 그리스 과학을 모두 집대성하고 유클리드기하학의 모든 규칙을 적용시킨 철학자이자 과학자였다.

도형의 문제 풀이에서 철학의 원리를 터득한 그의 보편적인 수학은 후대에 미적분학이 태동하는 토대가 마련된다. 근대 수학의 근간인 미적분학은 광학, 천문학, 기상학, 음향학, 화학, 건축학, 물리학, 공학, 회계, 전기학, 인공두뇌학, 미생물학, 유전학, 경제학, 골프과학 등에 다양하게 응용되고 있다.

진리를 추구하는 사람이었기에 모든 것을 의심하는 이성의 골퍼는 훌륭한 정신을 갖는 것만으로 충분하지 않고 올바른 방향으로 이끄는 것이 중요하다고 방향의 문을 열어준다.

충동을 이기는
스포츠맨십 스윙을 하라

　'하느님이 우리와 함께 계시다'라는 뜻의 이름을 가진 이마누엘 칸트는 키가 작고 몸이 약했다. 80세의 독신으로 살면서, 모든 사람의 신과 앞으로 있을 모든 사람의 희망인 과학의 본질에 대해서 정확히 제시하고 가야 할 길을 명확히 밝혀준다.

　청교도적인 경건주의를 따르는 가정에서 '나는 해야 한다. 그러므로 나는 할 수 있다'는 의지로, 엄격한 내면 관리와 시간 관리를 소홀히 하지 않으며, 평생을 철학 연구에 몰두한 관념과 비판의 아이콘이다.

　풍부한 사상이 넘쳐흐르는 농담과 재치의 학자는 **'자기와 남의 인격을 수단으로 삼지 말고, 항상 목적으로 대우해야 한다'**라는 생각으로 인간을 이용하지 말고 인격적으로 대하는 인간의 존엄성을 특히 강조한다.

　인간이 본래부터 지닌 선험적 이성을 중시한 합리주의와 인간이 경험함으로써 지식을 얻는 귀납법을 중시한 경험주의의 한계성을 지적한 칸트는 경험에 앞선 인간 인식으로 인간은 대상이 있는 대로 아는 것이 아니라, 아는 대로 그 대상이 있다고 믿는다. 그의 사상은 지식의 보편성과 필연성을 인정하면서도, 인식을 확장하는 선천적 종합 판단을 긍정한 통합의 이론이다.

❋

칸트의 골프 스윙은 짜임세가 있으면서 리듬과 템포가 있다. 목표의 좌측과 우측으로 좌충우돌하는 드라이버의 산만성을 탈피하고 일관된 샷을 구사한다. 아이언은 깎여 내려치는 공허한 스윙에 급급하지 않고 꽉 찬 중력을 이용하여 여유 있게 물 흐르듯 한 스윙을 한다. 그는 스윙은 인식의 대상인 다양한 경험과 인식의 주체인 냉철한 이성을 비판적으로 종합하여 새로운 비판 철학의 스윙 체계를 수립하고 완성한다.

그는 "내용 없는 사상은 공허하고 개념 없는 직관은 맹목이다"라는 말로 경험론의 산만성과 합리론의 공허성을 비판했다. 스윙의 내용면에서는 경험론을 수용하고, 스윙의 형식면에서는 합리론을 취한 통섭의 스윙이다.

칸트는 학문으로써의 형이상학을 인식론에 근거를 두고 이성이 이성 자신을 비판한다. 사상의 대저수지인 비판 철학은 모든 철학의 주제이자 골퍼들이 추구하는 가치로 자리 잡는다.

골퍼에게 인간은 무엇인가라는 질문을 던진다. 순수이성비판은 골퍼로서 우리는 무엇을 알 수 있는가는 사변적이면서 명석하고 확실한 보편적 인식이다. 실천이성비판은 골퍼로서 우리는 무엇을 행하는가라는 명제로 자율적인 실천 의지의 도덕적인 측면이다. 판단력 비판은 골퍼로서 우리는 무엇을 희망해도 좋은가는 실천적이면서도 이론적인 관심이다. 미와 생물을 대상으로 필연과 자유의 조화로움으로 생명은 성립된다는 미학적인 말로 요약할 수 있다. 골퍼는 자신에게 주어진 도덕적 목표를 향해 끊임없이 교육이 되어갈 때 비로소 인간이 된다. 나는 골프를 치고 있고 골프 라운드를 함께 하는 동반자가 있고 자신의 샷을 만들어내려는 희망이 있기에 골퍼로서 나는 행복하다.

칸트의 필드 파트너십은 주관적인 감정이나 상황에 따라 차이가 나는 스포츠맨십이 아니라 모두가 인정할 수 있는 보편적이고 객관적인 스포츠맨십을 추구한다.

'매우 세련된 예술이라 하더라도 사람들을 결합시키는 도덕적 이상을 담아내지 못하면 그것은 기껏 오락물에 지나지 않는다. 그런 예술은 삶에 지친 사람들이 일시적인 기분전환을 할 때만이 필요할 따름이다.'

스포츠맨십은 모두가 합리적이고 타당하다고 생각하는 도덕이어야 하며 이를 지키는 것이 옳다고 생각한다. 이러한 스포츠의 도덕을 스포츠맨십이라고 부른다. 좋은 행위이지만 순수한 동기가 아닌 자신의 감정에 따라 선을 베푸는 것은 옳지 않다고 보았다. 골퍼들을 이중적 존재로 보면서 인간은 마음속에서 충동과 스포츠맨십이 투쟁한다고 보았다. 즉, 옳고 그른 일을 하는 것에 대해서 인간의 마음속에서 충동과 스포츠맨십이 투쟁을 하며, 스포츠맨십이 이기면 선한 행동을 하고 충동이 이기면 그른 일을 하게 된다고 보았으며, 그렇다고 스포츠맨십이 충동을 없애 버려서는 안 된다고 하였다.

결과보다는 동기의 스윙을 하라

칸트의 골프 철학은 '한 가지 뜻을 세우고, 그 길로 가라. 잘못도 있으리라. 실패도 있으리라. 그러나 다시 일어나서 앞으로 나아가라. 반드시 빛이 그대를 맞이할 것이다' 희망을 주는 메시지이다.

스트레이트 스윙은 인투인 스윙이다. 아웃인 스윙은 슬라이스성 구질이다. 구질의 특성이다. 칸트는 외친다. '아웃인 스윙으로의 샷은 거리가 나지 않고 정확도가 떨어진다.' 이를 알고 있으면서도 아웃인 스윙의 오류를 고칠 수가 없다. 하지만 안타깝게도 아웃인 스윙으로는 직구가 나오지 않는다는 사실은 필연적으로 바르게 날아가는 직구가 될 수 없다는 것을 말해주지 못한다. 우리가 즐겨하는 아웃인 스윙은 올바른 직구의 방향성을 보장해 주지 못하고, 오히려 보편적인 인투인 스윙의 직구는 아웃인 스윙의 경험에 의해 만족되기보다는 오히려 혼란한 자극을 받는다.

내적 필연성이라는 경향을 띠는 이러한 인투인 스윙의 보편적 인식은 아웃인 스윙의 경험으로부터 독립하여 그 자체로써 명석하고 확실해야 한다.

골퍼들이여 인투인 스윙을 하자. 아웃인 스윙으로 좌충우돌하지만 실망하지 않고 부단히 노력하자. 스트레이트 볼을 구사할 수 있다. 행위의 결과보다는 행위의 동기를 중요하게 생각하게 한다. 스윙의 결과를 측정하기 전에 스윙의 과정을 살펴보게 한다. 올바른 스윙의 과정은 인투인 클럽헤드의 진입 구간이다.

그는 어떤 결과를 얻거나 어떤 목적을 달성하려는 수단으로서의 명령이 아니라, 명령 그 자체가 목적인 무조건적인 명령을 도덕법칙으로 제시하고 있다. 다시 말하면 상체 스윙으로 스윙의 자세가 샷을 할 때마다 달라지는 조건적인 가언 명령이 아니라, 어떠한 상황에서라도 무조건 따라야만 하는 하체 스윙으로서의 의무 명령인 정언 명령이다. 최선을 다하는 골퍼로서의 정언 명령은 페어플레이이다.

골퍼는 어떤 행동을 할 때는 스스로 생각할 때 다른 모든 사람이 그와 같은 행동을 해도 괜찮다고 생각되는 행동을 해야 한다.

또한 너 자신과 다른 모든 사람의 인격을 언제나 동시에 목적으로 대우하도록 행위 하는 품격의 골퍼이다. 라운드 시 참여하는 모든 골퍼는 지위의 고하를 따지지 않는 평등한 존엄성을 강조한다.

칸트는 인식론의 패러다임을 전환시킨다. 코페르니쿠스적 전환은 우리의 지식에 대한 연구의 중심에서 인간 주체 또는 아는 사람으로서의 전환이다. 이와 같은 전환이 없다면 우리는 우리와 아무 상관없는 사물 자체와 우리에게 그 사물이 어떤 것인지에 대해서 철학적으로 설명할 수 없다.

칸트는 참된 인식이 어떻게 성립하는가를 밝히기 위해 먼저 인간의 인식 능력을 셋으로 나눈다. 첫째 능력은 외부로부터의 자극을 받아들이는 수동적 수용 능력인 감성(感性)이고, 둘째 능력은 감성이 받아들인 지각에 대해서 사유하는 오성(悟性)이며, 셋째 능력은 초감성적인 것에 대해 사유하는 능력인 이성(理性)이다.

직관 없는 사고는 공허하다. 페어플레이를 하기 위해서는 자연이나 외부의 자극을 감각적으로 받아들이고, 오성으로 정리하고 통일시킨다. 오성은 논리적으로 이해하고 판단하는 능력으로, 과학적 의사결정을 위한 필살기이다. 라운딩을 하면서 때때로 캐디의 도움을 받지 못하고 자신의 직관으로 결정해야 할 경우가 있다.

직관이란 판단이나 추리 따위의 사유 작용을 거치지 아니하고 대상을 직접적으로 파악하는 일종의 통찰 능력이다. 처음 가는 골프장에서 야디지북도 없이 티업을 해야 하는 경우이다. 그린은 보이지 않고 도그레그홀로 설계되어

● 칸트—충동을 이기는 스포츠맨십 스윙을 하라

있다. 중간 공략 지점을 어디로 설정해야 할지 막막하다. 하필이면 캐리 오너로 먼저 티업을 하게 되었다. 동반자들도 나의 코스 매니지먼트를 주시하고 있다. 그동안 라운드를 경험 삼아 코스를 공략해 본다.

왼쪽에 벙커가 있는 것 같은데 푸른 소나무를 넘기면 벙커를 피할 수 있는지 없는지 오른쪽은 해저드가 어디까지 연결되어 있는지 코스를 모르는 상태이다.

일단 바람을 측정하고 티그라운드에서 드라이버 샷을 한다. 다행스럽게 생각한데로 볼이 비행되었고, 떨어진 지점은 세컨 샷을 하기에 좋은 지점에 안착되었다. 세컨 샷도 마찬가지이다. 그린의 업다운 상태를 모르지만 세컨 샷 지점에서 타깃을 바라보니 약간 오른쪽이 높은가 싶다. 결정한 스스로의 판단을 신뢰하고 자신 있게 공략하였더니 그린에 떨어져 홀컵 쪽으로 내려간다.

직관의 힘이다.

자신의 본능적인 직관을 따라 예측 불허의 상황 속에서 자신이 원하는 길을 찾아갈 수 있도록 직관을 발휘되었다. 노력의 결과이다. 코스 설계의 방법과 골프 코스를 어느 정도 이해하고 있기 때문에 처음 온 골프장이지만 두려움이 없다.

골프 라운드 시 코스를 알면서도 실패할 때도 있지만 직관은 코스 공략에 많은 도움을 준다. 또다시 전혀 예기치 못한 코스에 직면하더라도 혼란스럽지 않고 잘 공략할 수 있는 능력을 발휘하게 된다.

엘프리다 밀러 카인츠는 "직관의 힘"이라는 책에서 직관은 최선의 결정과 성공의 삶으로 이끄는 안내자라고 말하고 있다. 골퍼들은 캐디만의 조언만을 의지하지 말고 직관의 힘을 길러야 한다. 어떤 결정 상황에서 직관을 활용하기 위해 직관적 지능을 길러야 한다. 직관을 발휘해야하는 동기와 유혹 속에서 감성·이성과 구별되는 인식 능력인 오성과 감정의 끊임없는 싸움을 해야 이길 수 있다. 갈등 속에서 결정의 도구는 직관이다. 직관의 힘은 통찰력을 갖게 하며 결정에 대한 확신과 내적 자유를 준다. 직관의 힘은 최상의 건강 상태로 창의력과 천재성을 준다.

바람으로 인한 코스 전략이나 경쟁하고 있는 동반자에 대한 배려, 올바른 샷을 위한 클럽의 선택, 상황별 현장 여건에 맞는 스윙의 판단 여부 등은 골퍼의 감각, 상상력, 기억, 습관, 애착의 정도와 갈등한다. 이처럼 반복되는 라운드 경험에 시간과 공간의 직관을 통해 사유하는 오성을 추가한다. 이는 골퍼로서 완벽한 샷을 하기 위한 사유의 방법으로 기쁨, 노여움, 욕심, 두려움, 근심을 통달한 완전한 인식의 성립이다.

칸트의 판단은 보편적이며 필연적인 것을 찾아간다. 이처럼 참된 인식이 성립하는데 관여하는 능력은 감성과 오성의 합작이다. 초감성적인 것에 대해 사유하는 능력인 이성은 참된 인식을 낳지 못하기 때문이다.

와인을 마시면서 '좋다'라는 말로 세상을 마친 칸트는 우리에게 이론적이고 실천적인 생각을 남겨주고 갔다. 그의 비판적인 생각은 전부 또는 일부가 사후에 각기 다른 주장을 펼친 학파들에게 영향을 미친다. 그의 도덕적 의식, 양심, 인간의 존엄성을 생각하게 한다.

● 니체　독일의 문헌학자, 망치 든 철학자, 포스트모더니즘,
현대철학의 시작을 연 철학자, 1844 ~ 1900

힘의 의지를 이용한
새로운 도덕의 스윙을 하라

개신교 목사의 아들로 태어났지만 무신론자인 니체는 운명애와 권력
의지를 강조한다. 지성보다 앞서는 건 운명처럼 다가오는 삶의 격정의
순간이다. 세기의 뮤즈이자 팜므파탈인 루 살로메와의 실패한 사랑은
절망과 고독의 망치를 들게 한다.

니체는 **기쁨과 고통의 인생을 긍정적인 시각으로 삶의 가치를 제
기**한다. 고통이 따른다 하더라도 좌절, 비관, 부인할 것이 아니라, 생을
긍정하고 삶을 사랑하는 운명애의 사상이다. 니체의 리더십은 자신의
운명을 달게 수용하고 자기의 운명을 최선을 다하여 보다 높은 가치로
승화, 보상하면서 운명을 사랑하는 운명애의 철학이다. 또한 권력의지
를 강조한다. **권력의지는 운명을 사랑하고 권력처럼 강한 정신적인
의지로 자기 자신을 조정하고, 자신을 다스리며, 자신의 앞을 열어
가며, 어려움을 극복해 나가는 불굴의 정신**이다. 권력의지를 가진 사
람을 니체는 초인이라고 한다.

권력의지로 살아가는 니체, 생의 철학의 아이콘인 그는 잘못된 운명에 좌절하거나 실망하지 않으면서 삶을 외면하거나 부정하는 퇴폐적인 태도를 경멸했다.

❋

니체의 골프 리더십은 초인의 리더십이다. 초인의 드라이버는 자신의 잠재 능력을 최대한 발휘하면서 부단히 자신의 한계를 뛰어 넘는다. 안티 크리스티로서 니체는 인간의 나약함과 언어의 혼란 등 시대의 불운을 역사적 증상으로 진단한다. 기독교 문화가 인간을 병약한 인생으로 만들어 버리고, 심령을 중시하여 육체를 경시한다고 보았기 때문이다. 그의 문제적인 기독교관은 세상과 인간에게 위기가 닥쳐왔다고 보는 회의적인 인생관으로 전이된다. 루터파 목사의 아들이면서도 오히려 신은 죽었다고 선언하고, 기존의 도덕에 대한 투쟁을 선언한다.

인간은 필멸의 존재라는 종교적인 믿음을 거부했던 것은 기독교의 윤리학이 본질적으로 삶에 대한 부정적인 태도를 가지고 있었기 때문이었을까?

니체는 기독교를 삶에 대한 긍정적인 철학으로 대치될 수 있다고 생각하여 새로운 도덕의 스윙을 세운다. 신이 만든 필드에서 무엇을 마땅히 해야 한다는 골퍼의 욕망은 자유롭다. "나는 하고자 한다"는 의욕의 스윙은 힘을 가진 의지의 스윙이다. '힘의 의지'의 철학은 초인의 철학을 통하여 극복된다.

그의 스윙은 주저하지 않는다. 초인은 아무 거칠 것 없는 자유로운 골퍼의 스윙을 한다. 삶에 대한 자발적인 긍정의 관념적인 것을 구체적인 행동이나 형태로 표현하거나 실현한다. 초인은 힘의 의지이다. 그의 샷은 막연한 가능성을 가진 경사면 스윙이 아닌 IP 목표 지점을 정확히 공략하는 초인으로서의 스윙이다. 나는 해낼 수 있다는 진정한 자신감의 스윙이다.

니체는 심리적 갈등의 상황에서도 인간의 도덕적 스윙을 한다. 고뇌하는 삶을 이겨내는 새로운 가치 창출의 스윙을 열어간다. 페어웨이의 현상과 다른 보이지 않는 마음의 변화를 지켜가기 위한 운명애의 스윙을 한다. 니체는 동반자들에게 자유정신의 권리 선언을 한다.

"사나이가 되어라! 그리하여 나를 따르지 말고 너 자신을 따르라! 너 자신을! 우리의 삶도 우리 스스로에 대해 권리를 지녀야 마땅하다. 우리도 또한 자유롭고 두려움 없이, 순진무구한 자기애 안에서 자기 자신으로부터 성장하고 꽃피워야 한다."

고정관념의 지배로부터 벗어나고자 하는 결연한 의지 표현이다. 골퍼들의 습관과 행동은 수많은 오류들과 싸워나가고 있다. 반복적으로 답습되고 있는 스윙의 오류, 불완전성, 전통적으로 짜 맞춰져 있는 듯한 스윙의 스킬들을 가지고, 자신의 스윙을 찾기 위해 자신을 계몽시킨다. 자신의 체형에 맞는 스윙을 찾는 방법이 자신을 해방시킬 수 있다. 전통적인 스윙을 바꾸는 것은 부끄러운 일이 아닌 자유정신으로의 진입이다.

틀 안에 살아가는 사람들은 소극적 안위는 있을지 몰라도 자유와 사랑이 없다. 자유가 없으면 오늘 기쁨도 없고, 미래도 없다. 우리 안에 갇힌 동물들을 보면 생명력이 없지만 야생의 동물들은 강렬하고 날쌔다. 자기 속에 우리를 만들고 살아가는 사람들은 그 안에 갇혀 산다. 우리 안에 갇히면 도망갈 수가 없기에 자신을 포기하고 미래를 놓아버린다.

스스로 감옥을 만들지 말고 황폐한 사람이 되지 말자. 자연과 그린은

골프가 인문학을 만나다: 동서양 천재들의 필드 리더십

자유롭고 아름답다. 필드에서 지인들과 함께하는 즐거움은 무한한 기쁨과 살아가야 하는 삶의 유희를 가져다준다. 때로는 자신을 옭아매는 골퍼가 있다. 자유롭지 못한 골퍼는 스스로 감옥을 만드는 결과물이다.

어느 누구도 틀 안에 갇혀 자유 없이 사는 것을 원치 않는다. 영국 작가 G 엘리옷은 사람은 자기도 모르는 5가지 감옥에 갇혀 살아가고 있다고 한다. 자기만을 아는 이기적 자기 사랑의 감옥, 일어나지도 않는 일에 대한 근심의 감옥, 과거 속에 집착해서 살아가는 과거 향수의 감옥, 가능하지도 않는 무리한 욕심을 가지는 선망의 감옥, 남을 시기하고 질투하는 증오의 감옥이다. 이기적, 근심, 과거 향수, 욕심 선망, 증오의 틀을 깨트리자.

인간이 만들어 낸 최고의 스포츠 선물인 골프를 즐기면서 스스로 감옥을 만드는 불행한 골퍼가 되지 말자.

자연은 공평하다. 자연 속에서는 동반자에게 나누어주려는 선심이 있어야 틀 안에 갇히지 않게 된다.

삶의 예술가처럼 어린아이의 스윙을 하라

망치를 든 철학자는 서구의 오랜 전통을 깨고 새로운 가치를 세우기 위해 비이성과 광기를 찾는 시간에 주력했다.

니체의 인간 이성은 표상하고 사유하는 이성에서 가치를 창조하고 해석하는 포스트 니힐리스트이다. 확실성과 절대적 진리성을 가지고 합리주의를 지향한다. 독단주의의 오류에 투쟁하여, 반독단적인 새로운 가치를 창조하고 해석하여 겸손한 이상을 요청한다. 현실에서 삶을 비방하는 자들을 가르쳐 퇴락한 인간이라고 비판하면서 대지에서의 삶을 주창한다.

영원한 세계나 절대적 가치를 인정하지 않는 니체는 생성의 무죄를 강조한다. 태어난 것도 무죄이며, 어떤 존재가 될 지도 무죄이다. 나는 삶의 예술가가 될 수 있다. 생성의 무죄는 우리의 삶을 놀이하는 어린아이로 만든다. 삶을 예술적으로 정당화 한 니체는 헤라클레이토스의 전통을 받들어, 놀이하는 아이처럼 삶을 너무 무겁다고 판단하지 않고, 삶 자체를 새롭게 놀이판처럼 만들어 간다. 최고의 예술 작품은 나의 삶이다.

그의 드라이버는 최고의 예술 작품이다. 인투인 스윙이 아닌 팔자 스윙이다. 그저 중력에 이끌려 클럽 헤드의 무게가 파도처럼 밀려온다. 탕 하고 찬란한 스루더그린의 전체에 굉음을 울린다.

화려하고 자연스러운 복장과 녹색의 페어웨이는 잘 어울리면서 대지의 기운을 받아들인다. 라운드 내내 어린아이처럼 재잘거리며 어깨춤을 춘다. 스윙의 추임새도 붙여준다. 나이스 샷! 자지러지게 웃으면서 큰소리로 외친다. 티업과 더불어 18홀 내내 웃음으로 마무리 된다. 평생을 철저하게 사유했던 최고의 실존 철학자는 끊임없이 성찰하고 인식하고 노력한다.

골프는 인생의 축소판이다. 변신과 긴장, 요동치는 롤로코스트, 포기하지 않아야 한다. 골프평론가 그랜트 랜드 라이스는 골프에서의 테크닉은 겨우 2할에 불과하다. 나머지 8할은 철학, 유머, 비극, 로맨스, 멜로드라마, 우정, 동지애, 고집 그리고 회화이다. 인간성을 시험한다.

초인의 철학자 니체는 "초인이란 고난을 견디어 나아갈 뿐 아니라 그 고난을 사랑하는 사람이다."라는 실존주의 사상은 3가지 변신을 한다. 필드에서 자기 자신을 찾을 수 있는 자유로운 삶이다.

낙타처럼 가장 무거운 것을 견디는 태도를 가지고 스윙해야 한다고 강조한다. 지금 지고 있는 짐들 중 가장 무거운 것이 무엇인지 묻고, 그것을 견뎌내는 스윙을 한다. 순종하고 복종하고 기꺼이 무거운 짐을 지고 있는 낙타의 스윙을 하자.

다음은 기존 스윙 매뉴얼을 부정하는 사자의 힘이다. 자유 스윙을 상징하는 사자는 정형적인 스윙 형태, 스윙 플레인, 어택 앵글, 경사도에서의 샷의 관계를 파괴하는 힘을 가진다. 강제로 짊어진 짐을 떨치고 자신의 길을 가면서 포효하는 사자의 스윙을 한다.

마지막으로 어린아이처럼 천진난만하게 있는 그대로의 스윙이다. 선입견도 없고 쉽게 잊어버리는 어린아이는 주변 환경, 타인, 나아가 자기자신마저도 있는 그대로 받아들이는 순수한 긍정의 스윙을 한다. **삶을 놀이로 받아들이며 새로운 가치를 창조하는 어린아이의 스윙이다.**

무게를 견딜 줄 아는 낙타로 변신하고, 때로는 자기의 의지를 강조하는 사자로 변신하여 기존의 관습과 규범을 타파했을 때, 자연스러움을 가진 어린아이로 행동할 수 있다는 결론을 내린다.

망각된 인간성을 환기시켜 주는 철학자는 자기 창조의 변신 과정에서 순종과 명령까지 견준다. 어떠한 모습이 인간 본래의 모습인지, 진정한 양식으로 살아가는 삶의 방식에 대한 답을 내놓는다. 허무주의가 일상화되고 평범화된 시대에 공정한 경쟁, 생산적 경쟁, 긍정의 리더십으로 인간 사회의 나아갈 방향을 제시한다.

●하이데거 독일의 철학자, 실존주의, 존재론자, 현상학,
해석학의 선구자, 1889 ~ 1976

존재자는 존재에 입각해서
사유하는 스윙

  평범하고 서민적인 옷차림과 격식에 얽매이지 않는 소탈함은 인기가
넘치고 매력적이다. 성당의 종을 치던 아이에서 술 창고를 지키는 일로
생계와 학업을 꾸려나가는 하이데거는, 후설의 현상학을 접하면서 존재
의 아이콘으로 실존론적 철학을 수립한다.

  그의 지적 동료는 한나 아렌트와 캬를 야스퍼스였다. 야스퍼스는 그
의 평생의 벗이었고 선의의 토론자였다. 제자이자 연인이었던 한나 아렌
트와는 내 삶의 열정이라는 영적인 교감을 가지고 사랑하면서 세기의 역
작 "존재와 시간"을 발표한다.

  근대 철학과 현대 철학을 가르는 기수로서 하이데거의 스윙은
존재의 스윙이다. 형이상학의 토대로 돌아가는 스윙이다. 최고의 스윙
어는 여러 생각을 갖지 않는다. 그는 줄곧 하나의 생각을 심사숙고한다.
존재는 있지 않고 주어진다. 이 존재는 신비의 존재이다. 주어져 있는
것, 이것을 중시하는 태도가 현상학이다. 주어져 있는 그대로 자신을 드

러내는 것을 문제 삼는다. 주어진 문제는 존재의 문제이다. 존재의 문제를 현상학적 방법을 통해서 밝혀 나간다.

"이 사람 마르틴 하이데거 안에 세계 철학사의 모든 지혜가 집결되어 있으며… 그가 남겨놓고 간 어마어마한 작품은 그의 독자들을 지금까지 어느 다른 철학 문헌이 할 수 있었던 것보다 더 깊이 물음의 심연에로 휘몰아 넣을 것이다."

존재와 시간에 대한 유력 일간지의 평이다.

하루아침에 존재와 시간이라는 비범한 작품으로 유명 인사가 된 하이데거는, 키르케고르와 야스퍼스의 실존 철학으로 대비되고, 칸트와 피히테 존재의 변형으로 보기도 한다. 스승인 현상학의 아버지 후설에까지 감탄과 혐오가 교차된다. 어찌하였든 이 책은 20세기 존재론의 틀을 규정지은 고전으로 이해되고 체계적인 연구로 후대에 막강한 영향을 미친다.

※

하이데거는 스루더그린에서 존재와 존재자, 즉 존재하는 것을 발굴한다. 모든 골퍼들은 하이데거와 더불어 페어웨이 숲길을 따라 존재의 이정표를 찾아간다. 골프가 아무리 재미있는 운동이지만 골프 자체로만은 홀로 존재할 수 없다. **골프는 골프를 치는 골퍼 파트너들과 암묵적인 원칙과 맥락을 가지고, 존재자의 위치에서 존재의 고유한 가치를 지닐 때 골프를 즐길 수 있다.**

우리는 골프라는 대상을 받아들일 때 지각하고, 인식하기 전에 이미 골프가 놀이이고 게임이며 스포츠라는 그것을 이해한다. 내 삶의 존재 양식 안에 포함해서 받아들인다. 골프라는 존재란 은닉해 있지만, 비밀스럽게 다가온다. 감추어져 있던 본질을 드러내는 환한 공간이자 시간이다.

인간이란 존재가 밝혀지는 바로 이 열린 터인 페어웨이 안에 있음이며, 존재자로서 존재를 실현하는 것이 자신을 회복함이다. 존재는 자신을 드러낼 특정한 장소를 발견하고 그곳에서 실현되어 특정한 형태를 갖는 존재자가 된다.

하이데거는 골퍼들은 존재자만을 사유할 뿐 존재 자체에 대해서는 망각하고 있다며 존재자는 존재에 입각해서 사유돼야 한다고 주장한다. 존재(sein)란 어떤 것의 존재, 있음을 의미하고, 존재자(seiendes)란 존재하는 그 무엇, 있는 것이다. 이는 골퍼들이 존재라고 부르는 것은 실은 존재가 아니라 존재하는 어떤 것, 골프 게임이다.

존재자는 집중하는 능력, 위기에서 탈출하는 능력, 진지하거나 흥얼거리는 감성 등 골퍼의 본성과 자신일 뿐이다. 도망가지도 못하는 나의 존재에로의 피투성이다. 골퍼는 자신이 선택하지도 만들지도 않은 골프 세계에 자의와 상관없이 던져진 존재로 페어웨이에 던져진 상태이다.

인간과 세계의 유한성을 인정한 하이데거는 아웃오브바운즈 상태로부터 탈출을 요구한다. 경쟁심과 욕심에게 지배당한 상태에서 자신을 회복하라는 의미이다.

존재의 언어로써의 사유하는 스윙을 하라

인간의 언어가 아닌 존재의 언어를 설파한 하이데거는 언어의 주인은 골퍼가 아니라 존재라는 것을 부각시킨다. 이는 존재가 말을 한다는 것이다. 골프는 거기에 응답해야 한다. 존재사유의 핵심이다.

"인간은 자신이 언어를 형성시키고 주인인양 행세하지만 실상은 언어가 인간의 주인으로 군림하고 있다."

골퍼는 자신을 밝히면서 은닉하는 가운데 언어로서 다가온다. 골퍼로서의 존재해야하는 가능성은 항상 언어로의 도상에 있다. 하이데거의 언어는 골퍼의 언어일 수 없다. 이 언어는 골퍼의 소유물이 아니라 골퍼에게 침묵으로 다가오는 존재의 언어이다. 존재의 언어는 골퍼의 자의적 구사하는 조작과는 다르다. 골퍼에게 닥쳐오는 언어는 존재의 집으로 존재가 머물고 존재가 세계 및 사물과 만나는 곳이다.

하이데거의 드라이버는 완벽한 샷을 하기 위해 나는 말로만 '할 수 있어'라는 무언의 목소리보다는 감추어진 '실력 있는 골퍼'로서의 존재가 완벽한 샷의 존재라는 것에 올인 한다. 존재 사유는 자신을 밝히면서 은닉하는 가운데 도래하는 존재의 언어에 응답해야 한다. 존재의 사유란, 존재에 의한 존재를 위한 사유이다. 진정한 골퍼는 인간 존재의 본질을 발견한다. 골퍼에게 본질적인 모습으로 드러내는 언어가 존재의 집이라면, 골퍼로서 존재해야 하는 가능성은 존재의 집을 지켜내는 지킴이가 되어야 한다.

언어가 말한다. 언어가 말을 할까, 인간이 말을 한다. 말은 의사표현의 수단이다. 언어가 말하는 것은 단지 존재 현상의 사실이다. 말하는 것은 언어 자체이지 인간이 아니다고 역설적으로 설파한다.

골퍼로서 존재해야하는 가능성은 골퍼 자신 스스로의 존재감을 가지고 '완벽한 샷이야'하는 낱말을 골퍼 자신에게 가져온다. 존재의 언어에 대한 응답이 곧 골퍼의 본질적 언어이다. 언어란 사물을 본질적으로 존재하거나 존재하지 않게 한다.

그 언어는 본질의 언어이기 때문이다. 하이데거는 골퍼가 사용하는 인간의 언어란, 존재의 진리를 말하는 존재의 언어이기에 '언어의 본질'이 '본질의 언어'라고 강조한다. 언어란 존재의 진리를 드러내 보여주는 것임을 말하는 것으로 언어의 본질이란 '존재의 언어'로 압축된다.

하이데거의 언어로의 도상은 이중적이다. 존재가 자신을 밝히면서 은닉하는 가운데 언어로서 다가오는 과정과 존재의 언어에 육박하여 골퍼의 언어로 가져오는 과정이다. 하이데거는 존재해야 하는 가능성을 향한 존재의 도래를 언어라고 명명한다. 존재는 언제나 은닉과 밝힘의 이중적 구조 안에서 인간에게 도래하므로 언어는 존재 자체가 자신을 은닉하면서 밝히는 사건으로서 규정된다.

대중화된 골프 라운드에서의 언어는 존재의 언어에 응답한 언어이기는커녕 인간 상호간 의사소통의 도구에 불과하다. 극단적으로는 모든 것을 동일화하여 동반자를 이해시키고 지배하는 수단으로 전락하기도 한다. 이는 세상 속에서 나타내 드러내는 언어이기 때문이다.

사람들은 사람마다 각자의 각별한 개성이 있다. 태어나면서부터 존재감을 부여받고 존재는 언어를 통해서 현존한다. 자본주의 자율 경쟁의 시대는 쉽게 자신을 노출시키려 하지 않는다. 노출이 되면 상대방에게 쉽게 보이기도 하고 나를 이용한다는 심리 때문이다. 자기감정을 쉽게 보이지 않으며 자신의 마음을 열지 않으려는 은연중의 강박관념에 살면서 나도 모르게 현실에 적응하면서 쌓아진 산물이며 태도이다.

우리 사회는 이렇게 악순환 속에서 서로 보이지 않는 경쟁 속에서 살아가고 있다. 총성 없는 전쟁이랄까? 집안에서, 학교에서, 사회 속에서 매일 일어나고 있는 현상이다. 필드에서도 마찬가지이다.

상대의 아픔이 나의 기쁨이라는 골프 게임은 보이지 않는 선의의 경쟁이다. 형식적인 언어보다는 마음을 전달할 수 있는 눈빛과 몸짓, 그리고 심장으로 전달했을 때 경쟁 관계에서 동반 관계로 전환되어 나의 진심을 전달할 수 있게 된다. 천천히 전달하자. 존재의 언어를 이용해서 마음의 문을 열수 있도록 표현하자.

언어는 바깥 세계의 정보를 모으는 안테나 역할을 한다. 언어는 눈으로 사물을 보고, 귀로 소리를 듣고, 코로 냄새를 맡고, 피부로 바깥 세계와 접촉한다. 전통적인 언어가 우리 생활에 얼마나 도움이 되는가는 말할 필요도 없다.

라운드에서도 동반자의 함께 얼굴을 바라보며 상큼한 대화를 나누고, 단정한 몸매무세로 향기를 풍기며, 그늘집에서 막걸리 한잔에 인생의 즐거움을 찾아간다. 여기에 파트너와 손을 잡고 걷는다던지 좋은 샷을 하였을 때의 스킨십은 카타르시스이다.

언어는 라운드 중 몸에 닥치는 위험을 감지하고 보호해 주는 역할을 한다. 또한 동반자와 함께하는 느낌을 준다. 인간 안테나의 기능을 가진 언어의 사용은 즐거움 그 자체이다. 급하게 지나치듯 지나가는 전달보다는, 상대방이 나의 마음을 느낄 수 있도록 천천히 내 마음 존재의 언어로 전달하자.

골퍼는 이성적 동물인가? 아니면 언어의 능력을 갖춘 존재인가?

인간은 동물이되 이성을 갖춘 동물로서 존재의 인간이다. 존재는 있음을 의미한다.

하이데거는 인간이라는 개념을 주체, 의식, 자아, 인격, 정신, 의지 등등의 개념들까지 포함하여 거기에 있는 존재자로 현존재라 보았으며, 인간 현존재만의 독특한 존재 방식을 실존이라고 명명한다. 오직 인간만이 실존하고 있을 뿐이다. 실존은 일차적으로 인간이라는 현존재가 존재하고 있다는 그 사실을 지칭한다.

골퍼는 완벽한 스윙을 하려는 골퍼로서 존재하고 그 스윙의 존재가 문제가 된다. 골퍼는 완벽한 스윙을 위한 골퍼로서 존재한다. 골퍼는 골프 스윙을 하려는 골퍼보다는 완벽한 샷을 해내는 골퍼가 되기로 결심하고 노력한다. **골퍼의 존재는 가능한 골퍼로서 언제나 개방되어 있는 할 수 있음**이다. 그리고 골퍼 현존재에게 그 존재함에 있어 문제가 되고 있는 바로 그 존재는 나의 존재이다.

이렇게 하이데거의 실존 개념에는 각자 자기의 존재를 떠맡아 나름대로 자신의 존재를 찾아내야 한다.

스루더그린은 사유의 공간이다. 사유의 공간에서 가장 깊은 사유를 요구하는 것은 우리가 아직 사유를 하지 않고 있다는 것이다. 페어웨이에서, 그린에서, 실존의 사유를 찾아보자. 페어웨이에서 골퍼 혼자만 존재하지 말고 동반자들과 함께 존재하는 골퍼가 되자.

3

● 버트런드 러셀 영국의 수학자, 철학자, 수리논리학자, 역사가, 사회 비평가, 20세기를 대표하는 천재, 1872 ~ 1970

사랑과 연민을 향한
지식 탐구의 스윙

1950년 노벨문학상을 수상한 러셀은 20세기 분석 철학을 대표하는 연민의 아이콘이다. 수학자, 논리학자, 철학자, 역사가, 사회개혁 운동가, 사회주의자, 평화주의자인 러셀은 비트겐슈타인과 같은 걸출한 제자를 배출한 교육자였으며 평생을 반핵, 반전운동가로서 활동한다. **자유연애와 남녀의 평등을 주장하면서 가식 없는 사랑을 추구한 러셀은 4번의 결혼과 염문으로 남녀의 사랑을 강조한 페미니스트였다.**

여러 번의 이혼과 연인들과의 사랑 때문에 부도덕한 사람이라는 칭호를 들었지만, 러셀은 사랑의 감정은 그렇게 단순한 것도 아니고, 그렇게 단순한 도덕 기준에 의해 사라지는 것도 아니라 하였다. 천재들에 있어서 사랑은 창의력과 영감을 주는 비타민 같은 영양제인 것처럼, 러셀은 연인과의 사랑이야말로 성인들과 시인들이 그려온 천국의 모습이라고 찬미했고, 연인과 나눈 그 짧은 사랑마저 세상의 무엇과도 바꿀 수 없는 소중한 것이었다고 고백했다. 그는 책임 있는 사랑을 한다. 사랑은 두 사람의 모든 인격이 융합하여 새로운 공동의 인격을 형성하는 관계이기 때문이다.

"단순하지만 누를 길 없이 강렬한 세 가지 열정이 내 인생을 지배해왔으니, 사랑에 대한 갈망, 지식에 대한 탐구욕 그리고 인류의 고통에 대한 참기 힘든 연민이 바로 그것이다. 이러한 열정들이 나를 이리저리 제멋대로 몰고 다니며 깊은 고뇌의 대양 위로, 절망의 벼랑 끝으로 떠돌게 했다."

❋

러셀의 드라이버 스윙은 사랑으로 고무되고 지식으로 인도되는 스윙이다. 사랑은 이성 외적인 것이지만 반이성적인 것은 아니다. 사랑은 감정과 욕구에 결합되어 있긴 하지만 러셀의 사랑은 이성적으로 접근할 수 있으며 사랑에 대해 깊이 생각하고 성찰함으로써 사랑을 좀 더 성장시키고 발전시킨다. **러셀의 스윙은 사랑스러운 리듬과 템포에서 태어나 강력한 임팩트로 이어진다.**

이어 러셀의 스윙은 통찰의 스윙을 한다. 러셀의 페어웨이는 고귀하고 아름답다. 대자연의 위대함에 순응하며 인간의 온화함이 묻어난다. 돌멩이와 잡목, 형태별로 자신의 모양을 드러내는 나뭇잎과 줄기, 골짜기를 감아 도는 잔잔한 바람에 순응한다.

세속화된 라운드에 순간순간 인간적 통찰을 위한 스윙을 전개한다. 개울가의 평화의 물결로 시작된 라운드는 거리낌 없는 열정으로 상승한다. 내기와 질투의 토양이 아닌 연민으로 사랑이 탄생하는 라운드를 만들어간다.

다수를 따라 악을 행하지 말라는 말씀 속에서 살아온 러셀은 보통 인간을 가리켜 이성적인 동물이라 말한다. 이성적 동물의 스윙은 남다르다. 연민의 스윙이며, 무한한 동경의 스윙이고 탐구의 스윙이다.

감성적인 사랑과 연민과 함께 이성을 더욱 중요시한 러셀은, 이성을 통해 감성을 지키고 추구하는 반면교사로써의 역설이다. 이는 사랑과 연민을 지키는 도구 매체로 이성을 사용하는 철저함을 보인다.

러셀의 골프장에서 친구와의 경쟁은 인간의 본성이지만 우호적인 시선, 따뜻한 사랑, 연민을 가지면서 인간적이고 열정적이다. 선의의 경쟁을 하면서 보이는 것으로만 평가되는 라운드에서 마음을 줄 수 있는 파트너는 친구이다. 몸의 컨디션이 좋지 않는 날에, 마음의 상처가 있는 날에, 사업 실패로 실의 속에 있을 때, 환경이 좋지 않는 실정에 있을 때 친구는 내 곁에서 마음을 의지하게 한다.

아리스토텔레스는 두 육체 사이의 하나의 정신이라고 하였듯이 함께 하는 정신은 우정을 갖게 한다. 우정은 같이 걷는 것이며 어려운 것을 함께 나누며, 친구는 필드의 나를 편하게 한다. 라운드는 경쟁이지만 친구 관계를 더욱 공고히 하면서 우정을 쌓게 한다.

우정은 애정, 충성, 사랑, 존중, 신뢰의 조합으로 골퍼들에게 우정은 라운드 시 필수불가결한 준비물이다. 진정한 친구는 라운드를 거듭할수록 확연해진다. 라운드와 친구는 동의어이다. 오랫동안 함께하고 함께 즐기고 나누기 때문이다. 우정은 함께 하면서 시간을 함께 하고 오랜 시간 지속된다. 라운드는 공유이며 신뢰 속에서 이루어져야 한다. 우정은 마음 깊숙이 담겨 있는 존중이다. 우정은 솔직한 모습을 보이며 나에게 웃음을 가지게 한다. 우정은 라운드 속에 담겨져 있는 코스를 공략하게 하는 보이지 않는 나침판이다.

우정은 몇 번 클럽으로 홀을 공략할 것인가를 서로 개진하는 것이고 로스트볼을 함께 찾는 것이 우정이다. 18홀 내내 같이 파안대소하고 서로의 뒤통수를 치면서 장난치는 것이 우정이다. 스윙 중 화를 내게 하다가도 풀게 하는 것이 우정이며 아픈 부분을 쓰다듬어 주는 것이 우정이다. 친구는 골프장의 나침판이다. 친구를 위해 추억을 가지고 희생해 준다. 친구와의 라운드는 오랜 세월 기억하게 하고 세월이 지날수록 더 아름다워진다. 시간이 흐를수록 더 가까이 느껴진다.

러셀의 친구와의 라운드는 자연과 인간애에 폭넓은 관심을 가지게 하면서 행복에 도전한다.

선비형 골퍼들의 비판과 방해에도 굴복하지 않는다. 러셀의 마음에는 무시되는 비기너들과 하수들의 아픔을 안고 있기 때문이다. 내기 골프에 멍드는 골퍼들, 실력의 차이로 인한 과도하게 지출되는 비용, 사이렌 골퍼와 음주 골퍼들 그리고 진상 골퍼들에게는 흔들리지 않고 강력한 경고음을 보낸다.

러셀은 티그라운드에서는 사랑의 스윙을 하고 페어웨이에서는 지식의 스윙을 한다. 그리고 그린에서는 사고의 퍼팅을 한다. 라운드의 평화를 위해 사랑을 스윙하고 지식을 스윙한다.

"가장 두려워해야 하는 건 사고에서의 도피이다."

고수들조차도 어려워하는 경사 그린의 순수한 자태를 뽐내는 홀컵에 차분함과 부드러움을 던진다. 고수는 사고의 퍼팅을 하고 하수는 성급함의 퍼팅을 한다.

러셀에게 배우는 우리의 인간학은 지식이 없는 사랑과 사랑이 없는 지식은 훌륭한 삶을 만들어 낼 수 없다.

경쟁에서 탈출하는 행복의 스윙은 비움의 스윙이다

러셀은 자신의 시간을 만들면서 나쁜 것은 버리고 좋은 것은 취하는 사단취장의 철학자이다. 해야 할 일과 좋아하는 일에 대하여 구분하고, 신념의 완성을 위해 자투리 시간을 잘 활용하는 일을 게을리 하지 않았다. 경쟁에서 탈출하는 비결은 소소한 자신의 시간을 갖는 일이다. 사소하고 즐거운 일에 집중함은 지친 몸을 힐링시키기도 하지만 경쟁의 시간에 몰두해 있는 눈을 돌려, 해야 할 일에 대한 진지함을 이어가게 한다. 강력한 샷을 한 이후에는 페어웨이를 걸으면서 자신과 대화를 한다. 행복은 끊임없이 쟁취해야하는 것으로 한없이 약한 인간이지만, 한없이 강하고 위대한 인간이 되기 위한 의지이다.

취미 생활이나 좋아할 일에 대한 열정은 자신의 본성을 찾아가고 자신의 행복을 위한 중요한 수단 매체이자 열쇠이다. **수학자로서 수학연구에 비하여 우표 수집 같은 취미 생활은 시간의 낭비라는 일반적인 사고는 던져버린다.** 본업과 여가를 동등하게 분배하는 생활은 수학 연구에서 진전을 보지 못할 때에 위안이 되고 모티브가 되는 성과를 얻었다고 러셀은 생각한다. 어떤 취미에 몰두하는 것은 드러나지 않는 신념에 헌신하는 것과 같다.

골퍼들은 성공하기 위해 경쟁한다. 골퍼들은 경쟁하여 성공한 이후에는 따라오는 권태 또한 이겨내야 한다. 인간의 욕구는 무한정하다. 시도하고 또 시도하고, 할 일이 없는 것을 참을 수 없으니 다른 자극을 찾아 나선다. 보기플레이에서 싱글플레이로 진입하기 위해 부단히 노력한다. 경쟁은 쳇바퀴처럼 계속되고 욕심으로 점철된다. 러셀은 바로 이와 같은 경쟁이 행복한 인생을 방해하는 중요한 저해 요소라고 지적한다.

땅을 아흔아홉 마지기를 가진 부자가 단 한 마지기밖에 가지지 못한 가난한 농부에게 "자네가 가진 한 마지기 땅을 나에게 주면 나는 백 마지기가 되니 차라리 내게 주게나"라고 하는 욕심은 사람의 욕망은 끝이 없다는 것을 잘 나타낸다. 골퍼의 욕심은 화를 자초하고 끊임없는 근심과 걱정에 시달린다. 일반적으로 골퍼들은 경쟁 골프에 혈안이 되고 고수의 실력으로 더 많은 권익을 추구하고 고수라는 것을 과시하려 한다.

이기려는 욕심에 **스포츠맨십은 망가져 버리고 내기 골프는 인면수심**이다.

러셀의 행복은 비거리를 내려는 욕심의 드라이버가 아닌 비움의 드라이버이다. 욕심의 올가미를 벗어 던진다. 권태, 걱정, 질투, 죄의식, 피해망상, 공포를 비운다. 페어웨이의 행복이 나의 곁에서 떠난 이유는, 페어웨이 안에 볼을 보내야만 한다고 생각하기 때문이다. 라운드 경쟁에서 나의 샷은 왜 아웃오브바운즈가 일어나는지, 동반자들과 비교하여 실력이 떨어지는지, 자기만의 경쟁 속에서 갇혀 있기 때문이다.

불행은 아무 이유 없이 불행하다고 생각되면서 자기 집착으로 귀결된다고 러셀은 강조한다. 내가 최고라는 자기도취나 공격적인 과대망상, 열등적인 자기 비하 등의 감정은 불행의 테두리 안에 가두어 행복이 머물지 못하게 만든다.

그는 행복하기 위해 반드시 버려야 할 것으로 자기 집착을 버리는 것으로 정한다. 자기 집착은 나를 중심으로 세상을 바라보는 것이다. 이러한 자기 집착은 여러 불행의 요소를 낳을 수밖에 없는데, 대표적인 것이 쓸데없는 걱정이다.

러셀은 사람을 상하게 하는 것은 과로가 아니라 걱정이나 불안이다. 불행했던 과거에서 벗어나 행복해진 비결은 "내가 가장 갈망하는 것이 무엇인지 알아내서 대부분은 손에 넣었고, 본질적으로 이룰 수 없는 것들에 대해서는 깨끗하게 단념했기 때문이다"라고 말한다. 이는 과도한 관심과 몰입에서 벗어나 단념을 선택하고 집중했기 때문이다.

러셀은 300야드를 보내려는 집착을 버리고 200야드를 보내는 선택이 충분히 행복해질 수 있다는 믿음을 준다.

"가능한 한 폭넓은 관심을 가진다. 그리고 당신의 관심을 끄는 사물들과 사람들에게 적대적인 반응보다는 우호적인 반응을 보여라."

연민의 아이콘은 설파한다. 경쟁의 부작용이 삶을 불행으로 이끈다. 스코어에 집착하여 경쟁하게 되면 강력한 스트레스에 이어 불행한 골퍼가 되어버린다. 스코어 경쟁에만 집중하는 것이 불행의 지름길이라면, 우리들은 러셀의 경고를 심각하게 받아들여야 한다.

행복하게 서로 사랑하는 동반자끼리의 깊은 친밀감과 굳센 일체감을 맛보지 못한 사람은 라운드를 즐길 수 없다. 골프가 최상의 운동이 되려면 연민을 가진 골퍼로서 자기 집착을 버려야 한다. 러셀은 자신의 경험을 발판으로 행복해지기 위한 비결로 우호적인 시선, 따뜻한 사랑, 열의 등과 같은 삶의 자세를 열창한다.

비트겐슈타인 오스트리아의, 언어 철학자, 논리학, 수학 철학, 심리 철학, 20세기의 가장 위대한 철학자, 1889 ~ 1951

세상을 그리는 언어로 스윙하라

20세기의 가장 위대한 철학자 비트겐슈타인은, 우아한 복장을 즐겨하며 언사는 약간 말더듬이에 높은 톤의 어투와 민감하지만 겉으로 드러내지 않고 심중으로만 생각하는 학생이었다.

예술가와 지식인을 존중하는 집안 분위기에서 성장한 연유로 탁월한 지적 통찰력과 고상함을 지니게 되었으며, 논리 실증주의와 일상 언어 철학에 영향을 끼쳤고, 매우 까다로운 성품으로 선생이라는 별명이 붙었다.

천재성이 번득이며 열정으로 가득 찬 비트겐슈타인은 언어와 분석 철학의 아이콘이다. 심리적으로는 매우 직선적이고 비타협적인 다혈질의 성격을 지니고 있었고, 자신을 포함한 모든 사람들에게 매우 엄격하였다. 가족들의 연쇄적인 자살로 불안정한 20대를 보낸 비트겐슈타인은 청년 시절 줄곧 자살 충동에 시달렸고, 러셀로부터 천재로 인정받은 후에야 마음의 안정을 찾는다.

논리학, 수학 철학, 심리 철학, 언어 철학에 업적을 남겼으며, 고전 음악과 여행을 통해 얻은 깨달음은, 기존의 철학은 말할 수 없는 것을 말하려고 함으로써 문제를 일으키고 있다는 것이다.

'언어란 세상을 그리는 그림'이라는 생각은 언어와 세상의 논리 구조로 정확하게 일치하는 선험적 방법론이다. 자연과학, 스윙, 파워 등은 실제 세계를 설명하기에 의미가 있지만 자아, 도덕, 멘탈 등은 경험 가능하지 않기에 심리, 공감, 갈등 등을 말로 설명할 수가 없다. 이점에서 비트겐슈타인은 말로 할 수 없는 것에 대해서는 입을 다물어야 한다고 주장한다.

"언어는 세계를, 명제는 사실을, 이름은 대상을 지칭한다"는 것으로, 이러한 것들이 실제 대응 관계에 있음을 나타낸다.

✳

분석 철학의 대가는 그림의 드라이버를 만들어 간다. 골퍼들은 최상의 샷을 위해 각오와 심중을 다한다. 집중력은 삶을 통해 끊임없이 신비하게 드러나지만 라운드 중에는 말로 답변하거나 설명할 수는 없다. 골퍼가 자신의 마음속으로 '나는 할 수 있다'는 자아의 욕구는 의미로 보지 않으며 프리 샷 루틴으로 '좋아'하고 외치는 언어만이 의미를 갖는다.

과학적 지식만이 유일한 사실적 지식이며 전통 형이상학 학설은 무의미하므로 거부해야 할까? 생각도 일종의 언어이고 자아 성찰도 내 삶의 새로운 한 부분이다. 그리고 언어는 만물의 척도이다. 언어가 세계와 대응하고 있으며, 언어가 세계에 존재하는 것들을 가리킨다. 한 문장에 하나의 세계가 조립되어 있다는 명제는, 언어와 세계의 논리적 구조가 동일한 전제 속에서, 언어는 세계를 그림처럼 기술함으로써 의미를 가진다는 뜻이다.

사람들은 살아가면서 자신만의 교훈이나 철학을 가지고 산다. 삶의 도움이 되는 여러 가지 격언과 속담, 선배들이 들려준 예화 등을 생각하면서 생활의 지표로 삼고 살아간다. 가정에는 가훈이 있고 회사에는 사훈이나 경영 방침 등이 있다. **개개인도 철학을 가지고 있으며 소신을 자신의 마음속에 새기면서 살아간다.**

골프는 멋진 교훈을 주는 게임이다. 그 첫째는 자제, 즉 여하한 불운도 감수하는 미덕이라고 하였다. 또한 상대 및 코스와의 사이에서 행해지는 삼각 게임으로 플레이어의 최대의 적은 코스도 상대도 아닌 바로 자신이다. 특히 멘탈 게임으로 자기 암시가 매우 중요시되는 운동이다.

육체를 만들기 위해 온전한 정신을 만들고 생활 속에 혼을 찾아야 한다. 생활 속에서 마음을 집중시켜 주는 것은 암시 단어이다. 암시 단어는 어려운 난관에 봉착했을 때 생각을 집중시키는 효과를 준다. 암시 단어를 기억하고 되새기면 닥친 문제를 해결하고 다시 도약할 수 있는 힘을 얻는 시너지이다. 특히 아웃오브바운즈가 되었다든지 스윙 자세가 유난히 헝클어져 있을 경우에는 더하다. 끝없는 추락을 하지 않기 위해 스스로 마음을 추스르면서 자기를 격려하는 암시 단어를 외친다.

내가 즐겨하는 암시 단어는 무엇일까. 자신 있어! 나는 할 수 있어! 라고 외쳐본다.

나눔과 배품, 그리고 쌓아올린 덕은 닦은 데로 가고 볼을 친 데로 간다지만 비기너 골프의 볼은 생각대로 가질 않는다. 연습장에서 연습한 데로 볼이 맞아야 하는데 그렇지 않고 악성 샷만 나오니 이를 극복하기 위해서는 자기 최면을 걸어야 한다. 자기만의 암시 단어를 생각하여야 한다.

나의 골프 인생 암시 단어는 침착하자, 집중하자, 유연하게 즐기자 등이다. 낸시 로페즈는 자기 암시로서 퍼팅을 시도할 때 '또 하나의 구멍'으로 자기 암시를 한다. 오르막 퍼팅에서는 진짜 홀 뒤에 내가 넣을 구멍이 또 하나 있다고 생각하고, 내리막 퍼팅을 할 때는 홀 앞에 또 하나의 구멍이 있다고 암시하며 퍼팅을 한다.

어려운 난관에 봉착했을 때 탈출구는 자기만의 암시 단어를 외쳐 마음을 집중시키자. 암시 단어는 긍정적인 인생을 살아가기 위해 반드시 필요한 에너지이다.

언어를 구성하는 명제들은, 사실적 그림이 아니라 사실이 될 수 있는 논리적 그림으로, 의미 있는 명제이다. 의미가 없는 명제는 참의 스윙이 아닌 거짓된 스윙이다. 언어가 골프 게임을 표상하고 골퍼는 언어로 의미의 그림을 그린다. 그림은 실제 대상과 대응된다. 골퍼는 언어라는 그림을 통해 대상과 만난다. 우리는 언어를 통해 세계를 이해한다.

골프는 언어이고 라운드는 문장이며 골퍼는 이름이라는 생각은, **말해질 수 있는 것은 명료하게 말해질 수 있고, 말해질 수 없는 것은 말해질 수 없는 것일까?**

철학이 인간의 고민을 해소해 주고 삶의 길을 열어주는 역할을 할까? 언어를 잘못 사용함으로써 오히려 사람들을 혼란에 빠트리게 할까? 비트겐슈타인은 언어로 표현할 수 없는 것은 진리가 될 수 없다고 판단했다. 철학자란 건강한 인식을 얻기 위해서 자기 안에 박혀있는 다양한 사고의 오류를 고쳐야 하는 사람이다.

언어 체계 전체를 보는 단어 용법에 의한 스윙

하나의 언어에는 반드시 하나의 존재가 대응하지는 않는다. 언어는 세계에 의해 미리 정해져 있지 않고 골퍼들이 만들어 나간다. 언어란 골퍼들에 의해 구체적인 상황에 의해서 의미가 결정된다. 비트겐슈타인의 오리 토끼를 보고 오리일까? 토끼일까? 이는 보는 사람의 마음에 따라 결정된다. 여기에 오리와 토끼를 동시에 인지하지는 못하고 하나만을 선택해야 하는 것처럼 우리는 한쪽을 버리지 않으면 안 된다. 보는 사람의 세계에 따라 다르다는 것이다. 슬라이스 홀에서의 굿 샷은 볼이 떨어져 있는 위치에 가서야 만이 굿 샷을 확인할 수가 있다. 굿 샷인지 배드 샷인지 언어란 관념적으로 미리 주어지는 것이 아니라 언어란 사용에 의해서 의미가 결정된다는 경험적인 방법론이다.

비트겐슈타인은 언어는 환경, 문맥, 상황에 따라서 달라지고 사용과 실천에서도 드러난다. 언어 게임은 공을 가지고 하는 배구, 축구, 테니스, 골프 등과 같은 게임이 다양한 것처럼 그 기능과 용도에 따라서 다양하다.

18홀을 돌면서 매 홀마다 언어의 사용이 달라진다. 시작하면서는 천천히 조심스럽게 스윙하고 중간 부분에서는 차고 오르는 강함으로 스윙하고, 마무리는 스코어를 까먹지 않도록 지키고 안정되는 언어의 스윙을 한다.

라운드를 하면 할수록 어떤 본질이 있는 것이 아니라 마치 가족처럼 서로 유사한 점이 있다는 뜻으로 언어를 놀이에 비유한다. 놀이는 유희이며 언어는 서로 상대가 있어서 주고받는 소통의 맥락에서 의미가 확보된다.

비트겐슈타인은 라운드를 자신만의 언어로 자연을 표현하고, 동반자와 소통하며, 페어웨이와 그린을 나타낼 뿐 아니라, 끊임없이 언어 게임을 한다. 라운드는 언어와 언어활동의 게임이다. 동일한 언어 사용자의 언어 게임이 활발하면 동반자 모두 게임을 즐길 수 있으며, 라운드는 거대한 언어의 경연장이 된다. 또한 바둑판같은 페어웨이의 무늬를 보면서 자연 언어를 연상하게 한다.

캐디가 볼(포어)하고 외칠 때 내포하는 볼의 의미를 간파한다. 언어 게임은 단어 의미와 문장 의미에서 일어난다.

비트겐슈타인의 언어는 놀이와 같이 다양하게 존재한다. 놀이를 하는 방식은 반드시 하나로만 정해져 있지 않고, 여러 합의에 의해 다양하게 존재한다. 동반자들은 끊임없이 전후 상황과 맥락을 해석하고 사유하고 반응하고 문답해야 한다.

철학이라는 학문은 어떠한 사물이나 현상에 대한 학문이 아니라, 그러한 것들을 연구하는 학문에서 사용되는 언어를 연구하는 학문이라고 생각한다. 비트겐슈타인은 논리 실증주의자들이 명료하고 논리적인 이상적인 상태의 언어를 추구하는 것을 비판했다. 인간은 언어 놀이에 따라 언어에 수많은 의미를 부여한다. 라운드의 샷은 자신의 삶을 돌아보게 할 수도 있고, 완벽한 샷을 위한 기도로 언어가 사용될 수도 있고, 노래로도 사용될 수 있다. 혹은 적절한 상황에 따라 가벼운 농담으로도 사용될 수 있을 것이다. 이렇듯 **언어는 여러 언어 놀이에 의해 많은 생각과 의미가 달리 규정될 수 있다.**

비트겐슈타인의 언어는 유기적으로 연결되어 있다. 1차적으로 임의의 단어, 낱말의 의미는 언어의 사회성이나 언어 외적인 요소를 고려할 필요 없이 낱말 자체로 결정되어 있지만 2차적으로는 언어란 다양한 언어 게임에 의해서 결정된다. 언어에는 사회성도 있으며 공동체 생활양식에 언어가 영향을 미친다.

비트겐슈타인의 언어는 한 의미로 고정되어 있는 것이 아니라 그 언어가 언어 체계 전체에서 어떤 역할을 수행하느냐에 따라 달라진다. 따라서 하나의 언어를 제대로 이해하기 위해서는 해당 언어를 둘러싼 언어 체계 전체를 이해해야 한다.

단어의 의미를 그 단어의 용법이라고 주장한 비트겐슈타인은 단어의 의미는 고정되어 있는 것이 아니라 그 단어가 어떤 맥락에서 사용되느냐에 따라 달라진다는 것이다.

이를 골프 라운드에 적용한다. 언어는 규칙에 따라 움직이는 일종의 활동이다. 활동은 라운드이다. 골프의 규칙을 알고 라운드에서 어떻게 사용되는지를 알아야 그 의미를 알 수 있다. 단어가 어떤 맥락에서 어떤 규칙으로 사용되는지를 아는 것은 용도와 맥락에 따라 같은 말이라도 의미가 다르다. 낱말이란 골퍼가 사용하는 장비이다. 이는 드라이버이며 아이언이다. 그리고 퍼터이다. 드라이버는 어떻게 쳐야 하는지, 아이언은 어떤 샷을 구사하는지, 퍼터가 어떤 역할을 하는지를 알기 위해서는 각 장비 전체를 사용하는 위치와 역할을 이해해야 한다. 골프 게임에서 드라이버는 올려치고 아이언은 내려치고 하는 것을 모두 스윙이라 칭한다. 하나의 단어이지만 여러 뜻을 내포하면서, **골퍼들은 장비에 따라서 해석이 다름을 알고 있다. 낱말의 의미란 언어 안에서의 그 사용이다.**

각 아이언별로 길고 짧고 사용해야 할 때와 해야 하는 역할 등도 알아야 한다. 라운드의 완벽한 샷을 위한 마음 자세와 샷을 위한 장비들이 서로 어떤 관계를 맺고 있는지도 알아야 비로소 골프 라운드에 대해서 알 수가 있다.

◆레오나르도 다빈치
이탈리아의 화가, 조각가, 발명가, 건축가, 기술자, 해부학자, 식물학자, 천문학자, 지리학자, 음악가, 1452 ~ 1519

우주 질서 담은
척추 중심 바디 스윙

　모든 일은 단 한 번 만에 일어나지 않는다. 눈에 보이는 하나의 일이 일어나기까지는 눈에 보이지 않는 수많은 일들이 있었기에 가능한 것이다. 경이로운 천재 중의 천재, 다빈치의 시대를 앞서가는 사물을 보는 눈이다. 70가지의 발명품과 6,000쪽의 프리노트, 전쟁을 야만적이고 미친 짓이라며 살인 무기를 발명한 천재 예술가.

　보이지 않는 일을 인식하기도 어렵고 예측하기도 쉽지 않는데, 500년 전의 천재는 자연 현상에서 벌어지는 수많은 전조 과정을 메타인지하고 있다. **과학적 탐구와 실험들을 주변 사람들에게 놀이하듯 보여 주면서 사유의 자신을 만들어간다.**

　서자로 태어났지만 화가이자 작가, 발명가, 기계공학자, 해부학자, 사상가이기도 했던 다빈치는 조각, 건축, 토목, 수학, 과학, 음악 등 수많은 수식어를 붙여도 부족함이 없는 천재로서 자신이 가진 소질 중에서 그림을 가장 취약한 분야였다고 생각하는 르네상스를 대표하는 예술가이다.

사생아라는 출신 성분 때문에 두려움이 삶을 지킨다는 울타리 속에서 살아간다. 준수한 용모와 호감을 주는 언변에 비해, 늘 혼자서 고독 속에서 지내왔다. 때로는 침착하지 못하고 변덕이 심하고, 자신의 작품에 만족감을 가지지 못했지만, 광적인 호기심은 어릴 때부터 특출했다. 다빈치는 스스로 지식인이 아니라고 생각했던 연유는 당시 지식인들은 책을 통해 지식을 얻었던 것에 반하여 자연 현상을 관찰하고 탐구함으로써 새로운 세계에 도전했기 때문이다. "무슨 일이든지 시작을 조심하라, 처음 한 걸음이 장차 일을 결정한다"고 실행의 실마리에 단초를 둔다.

500여 년을 앞서가는 시작의 첫걸음이다. 그의 스케치북에는 그의 습작 그림들과 설계도와 도면들, 과학적인 도표들, 그리고 그의 생각을 적어놓은 글들이 적혀있다. 채식주의자이면서 평화주의자는 자연을 사랑했다. 사물이 가진 보편적인 진리를 그냥 지나치지 않고 상상력을 가지고 접근했다.

다빈치는 속을 훤히 들어다 볼 정도의 투시경과 혜안의 스윙으로 난코스에 아랑곳하지 않으며 거슬러 올라간다. 시대를 앞서갔던 그의 스윙은 장비의 설계와 제작에서 천재적인 재능을 발휘하였으며, 권위에도 굴하지 않는 창조성을 가지고 과학의 시대를 연다.

오만한 성격에 맞는 자유로운 회화를 중요시했던 다빈치는 젊어서부터 한마디로 노인의 삶처럼 자유로운 삶의 방식으로 살았다. 노인은 나이가 들어 늙은 사람이지만 경륜이 있어 세상을 보는 눈이 넓고 깊어 어른으로도 불린다.

노인은 남의 시선을 의식하지 않지만 다 자라서 자기 일에 책임을 질 수 있는 사람이다. 반대로 자유로운 삶이다. 세상 속에서 유유자적하면서 남의 시선을 의식하지 않고 자신의 인생을 즐길 수 있는 사람이 얼마나 될까?

✳

골퍼들은 초보 시절과 보기플레이 시절을 거쳐 고수가 되기까지 스스로 남의 시선을 의식하지 않기 위한 연습을 차근차근 진행한다. 무상, 무소유는 사자 꿈을 꾸게 한다. 욕심을 버려야 자유를 얻는다. 우리는 태어나면서부터 예의, 규범, 질서의식 등 제약을 받고 살아간다. 돌보아야 하고, 간섭해야 하고, 간섭당하고, 많은 것이 요구되는 가족의 울타리와 사회의 공간 안에 있다.

노인의 나이가 되면 공간에서 벗어나 자신의 생각과 의지대로 살아간다. 노인은 어느 때부터인지 자유인이다. 빨간 바지의 노인이 되자! 젊은 사람들과 함께 에스프레소 커피를 마시자! 멋쟁이 노인이 되자!

필드에서도 노인처럼 자신만의 샷과 리듬으로 자연을 향유하면서 자유스럽게 라운드 해보자. 스코어에 연연하지 않고 내기에 굴복하지 않고 스포츠맨십에 비굴하지 않는 자유를 향한 노인의 마음을 가지자.

표현이 자유로워 초창기에는 세간의 이목을 끌지 못했지만, 결국 풍부한 상상력으로 최고 예술가의 정체성을 보여준 다빈치의 천재성은, 자유를 가진 유연한 플레이어이기 때문에 가능했다. 우리도 젊었을 때부터 이렇게 살아보자.

레오나르도는 피렌체와 밀라노 그리고 앙부아즈에서 창작 활동을 한다. 1400년대에 이미 헬리콥터와 탱크, 태양 에너지, 계산기 같은 현대의 발명품들을 생각해 냈으며 해부학과 토목 공학, 광학과 수력 공학에 매우 깊은 지식이 있었다. 정체성이 없는 소년 시절을 보내면서 일을 벌려 놓고도 마무리를 제대로 하지 못하는 사상가였지만 6,000쪽의 프리노트는 집념의 결과로써 인간이 만든 최고의 창조적 기록이다.

그가 창조해 낸 '인체 비례도'는 척추를 중심으로 좌우로 대칭되는 균형성과 안정성을 유지하면서 몸의 꼬임을 필요로 하는 골프 스윙의 기본이다. 194센티미터의 키에 기골이 장대하게 생긴 다빈치는, 드라이버의 특성을 제대로 발휘할 수 있는 파워의 진원지이며 용기까지 겸비한 멋진 골퍼였다. 다빈치는 천지인이다. 천지인은 볼이 양력에 따라 하늘을 비행하도록 한다. 플레이어의 파워에 의한 볼의 타격은 역학적인 딤플에 의한 공기의 소용돌이 현상으로 재생되는 볼을 보며 즉흥시로 인생을 찬미한다. 그의 카리스마적인 언변은 초록의 페어웨이 분위기를 압도하는 페어플레이였으며, 호감과 대인의 기질을 가지고 승마와 검을 잘 사용하는 다재다능한 스포츠맨이었다.

　　다빈치의 어드레스는 놀랍게도 너무 정확하다. 정사각형 안에서 다리를 벌리고 두 팔을 올려 황금 비율의 인간을 표현하듯이 팔과 다리의 조합은 뛰어난 안정성을 가지고 있다.

　　어드레스에서 피니시에 이르기까지 7단계의 자세를 흔들림 없이, 원과 네모 안에서 척추를 중심으로 연결되는 바디 스윙은 우주 전체의 질서가 담겨있는 스윙이다. 티그라운드에서의 드라이버는 공학자로서 강력하다. 194센티미터의 장신으로 장착된 강력한 엔진은 스윙의 독창성에서 뿜어내는 파워로 350야드를 훌쩍 넘긴다. 라운드를 하면서 생각과 동시에 느낄 수도 있다는 것은 대단하다. 우주는 엄청나게 큰 예술품이다. 모든 것이 제자리에 꼭 맞게 들어가 있다.

골프는 치밀한 계산으로 과감한 스윙을 해야

　　자연에 존재하는 모든 사물은 내 머릿속에 들어 있는 커다란 그림의 일부이며, 스루더그린이고 코스 매니지먼트 전략이다. 페어웨이에서 아이언은 왼손잡이, 간단한 백스윙에 다소 급한 임팩트에 팔로우 스루이지만, 스윙에 집중하고 끊임없이 관찰하고 생각해서 터득한 철저하게 계산된 스윙이다.

힘은 단지 정신적인 에너지, 보이지 않는 동력일 뿐, 그 이상도 이하도 아니다. 생명이 있는 주체는 힘을 생성하여 충돌을 통해 생명이 없는 주체에게 전하는 것이며 속도를 늦추면 강해지고 속도를 올리면 약해진다. 천천히 부드럽게 스윙하는 다빈치의 아이언은 식물학자로서 섬세하고 아름다웠으며, 해저드와 벙커의 자연 섭리를 이용한 샷의 다양성은 코스의 지형을 고려한다. 빛이 비추는 방향과 강약에 따라 윤곽선의 위치가 달라지듯 자연 속에 숨겨진 비밀을 꿰뚫는 스윙이다.

다빈치는 좌뇌와 우뇌 모두 능숙하게 사용하는 능력이 탁월한 천재이다. 다빈치 머리가 좋은 것은 플레이할 때 두뇌의 좌우를 모두 사용한다는 점이다.

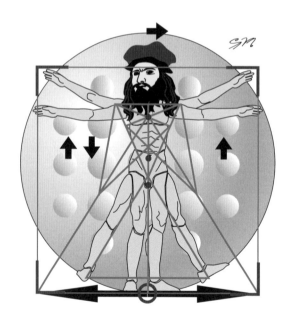

그린에서의 퍼팅은 탁월한 음악가로서 조화를 가진 연주자이다. 그린에서의 심리적 갈등을 봉합하면서 최선을 다하고, 걱정스러운 일에도 웃음 지을 줄 알며, 고통으로부터 힘을 끌어 모을 줄 아는, 반성함으로써 더욱 강한 인간으로 성장한다.

골퍼로서 소심함은 짧순이일지언정, 호연지기로 그들의 심장은 굳고 단단해질 것이며, 행동을 결단한다. 또한 죽을 때까지 가능성의 신념에 따라 상상력을 지키며 채우기 위해 홀컵을 향해 다가간다.

다빈치의 천재성은 라운드에서도 나온다. 골프는 과학이다. 과학은 앎이다. 예술과 과학, 논리와 직관이 다 그렇다. 비행기를 발명하는 것이건 골프를 치는 것이건, 즉 골프는 지식의 또 다른 형태이다

다빈치는 실천한다. 알고 있는 것으로 충분하지 않다. 이론과 실천, 두뇌와 손과 가슴, 논리와 감각, 좌뇌와 우뇌, 왼손과 오른손, 이성과 감성의 조화로움과 연결 지점을 찾는다.

행동의 절박함에 의하여 감명을 받는다. 행동하지 않는 의지는 부족하다. 다빈치는 외친다. 나는 적용해야 한다. 나는 행동해야 한다고…

다빈치의 골프 철학은 자연의 법칙을 주의 깊게 관찰하여 코스 매니지먼트 한다. 치밀한 계산 끝에 과감하고 결단력 있는 행동을 한다. 생각과 행동 사이의 괴리로 고민하지 않고 계획대로 실행한다.

비록 자연과 본질이 이성과 사고력에 따라서 시작되며, 경험과 함께 끝날지라도 깨달음의 성취를 하기 위해, 우리들은 습작을 게을리하지 않고 부단히 행동해야 한다. 자연은 이성을 연구하며 나아가기 위하여 경험과 함께 시작되고 나에게 통찰과 사랑을 준다.

왼손으로 스케치를 하고 오른손으로 해부를 하는 다빈치, 스푸마토의 대가는 왼손으로 붓을 쥐고 오른손으로 물감을 문지른다. 왼손으로 그림을 그리고 오른손으로 글을 쓴다. 오른손으로 라틴어를 쓰고 왼손

으로 그리스어를 쓴다. 오른손은 드라이버를 올려치고 왼손은 아이언을 내리친다.

그의 IQ와 EQ를 더해 본다. 205+200=연결점을 찾아본다.

초록의 자연에서, 클럽하우스에서, 라커룸에서 다빈치를 만난다.

티그라운드에서, 페어웨이에서, 그린 주변에서, 그린에서 다빈치의 무한한 탐구를 한다.

이론이 없는 실천을 좋아하는 사람은 야디지북 없이 라운드하는 골퍼와 같다. 그는 거리가 얼마인지 어느 방향을 향해야 할지 알지 못하게 된다. 충분히 생각하고 계획을 세우되, 일단 계획을 세웠으면 꿋꿋이 나가야 한다.

시간을 낭비하지 않고 뜻있게 보낸 하루가 숙면을 가져오듯이 다빈치처럼 훌륭하게 보낸 인생이 행복한 죽음을 가져온다.

**셰익스피어** 영국의 극작가, 시인, 세계 최고 극작가,
언어의 마술사, 1564 ~ 1616

골프는 티샷에서
퍼팅까지 '인생 항로'

최고의 창의력을 가진 천재, 셰익스피어는 이렇게 말했다. 골프는 인생의 반사경, 티샷에서 퍼팅으로 끝내기까지의 과정이 바로 인생항로다. 동작 하나하나가 바로 그 인간됨을 적나라하게 드러낸다.

극작가로서 언어 창조자로서 2만 개 이상의 단어를 만들고 1,200명이 넘는 캐릭터를 우리에게 준 창조적소수자, 그는 36편의 각본과 154편의 소네트를 지어냈으며, 이 작품들은 50개 이상의 언어로 번안되고 각색되었다. 고전과 역사, 종교, 예술, 정치, 의학, 수사학, 군사, 천문학 등 방대한 범위의 지식을 가진 것처럼 골프 스윙도 자신은 잘할 수 있다는 자만 속에서 우월감으로 다져진 다재다능한 골퍼이다.

타고난 언어 구사 능력과 무대 예술에 대한 천부적인 감각, 다양한 경험, 인간에 대한 심오한 이해력, 사유하게 하는 여백 등은 극작가의 대가처럼 골프 장비도 자유자재로 사용한다. 드라이버, 우드, 아이언, 퍼터 등 골프의 모든 장비를 통달하면서 스윙의 기교를 창작하고 비행하거나 낙하하는 기술과 광범위한 심리의 탁월성은 모방할 수 없는 골프 게임의 관찰자이다. 초보로서는 셰익스피어는 골프 지식을 제대로 배우지를 못했지만 풍족한 소년 시절에서 얻은 체험적 지식은 그에게 창의적인 자산이 되었다.

언어의 마술사는 사랑, 결혼, 젊음, 욕망, 배신, 투쟁, 시기, 질투, 죽음 등 인간 세속의 근원적 소재로 사유의 삶은 무엇인가를 생각한다. 세상에서 좋고 나쁜 것은 다 생각하기 나름이다. 상황을 어떻게 보느냐에 따라 득이 될 수도 있고 실이 될 수도 있다. 인간학박사는 시련을 극복하기 위해서는 객관적으로 사물을 본다.

앞일에 어떤 기대를 가지고 바랄까?
희망은 우리에게 어떤 이미지를 줄까?
살아가면서 희망이 없다면 어떻게 살아갈까?

셰익스피어는 희망은 산과 같다고 했지만 희망은 나이에 따라, 성장기마다 다르다. 사람에 따라 다르기도 하고 시기에 따라 달라진다. 희망은 어떤 목표를 향해 나가는 수단이 되고 나를 긍정적으로 살고 움직이게 하는 나침반이다.

✾

골퍼로서의 희망은 무엇일까?
원하는 데로 볼을 보내는 바람이다. 볼은 생각하는 데로 가는 게 아니라 치는 데로 간다. 생각하는 데로 날아가면 얼마나 좋을까? 미리 포기하는 자, 가망이 없다고 포기하는 인생은 미래가 보이지 않는다. 희망이 없음은 스스로의 미래를 포기하는 것이며 좌절하면서 낙담을 하게 한다.

골퍼로서의 희망은 새로운 도전 의식을 부여한다. 강한 동기를 유발시킨다. 일정한 타수를 유지하면서 어느 목표를 향해 정진하는 것은 연습 없이는 불가능한 일이다. 희망은 삶의 의지를 굳건하게 만드는 약이며 도전을 하게 하면서 효과적인 감정을 유발시켜 필드에서의 생명력을 일으킨다. 희망은 삶을 건강하고 바람직하게 지탱시켜 준다. 희망은 삶의 방향과 가치관을 제시해 준다. 기다리고 있는 산은 묵묵히 있지만 단단히 마음먹어야 산을 정복할 수 있다. **희망은 인생의 나침반이며, 골프는 인생의 항로이다.**

셰익스피어의 드라이버는 강렬했다. 시대적으로 봉건적인 질서가 붕괴되는 사회 격변을 겪으면서 다양한 계층의 사람들과 교류했던 습작기는 선배 골퍼들의 기술을 모방하여 자신의 기술을 찾기 위한 모색의 과정이었다.

도시를 탈출하여 숲속에서 시련과 고통을 겪고 사랑을 시작하는 드라이버를 가지고 있다. 셰익스피어의 장타는 산천초목의 골짜기와 러프, 언덕과 나무 숲, 벙커와 해저드, 코스의 곡선이 우리에게 주는 온갖 기쁨을 시험하듯이 장엄하게 서있는 페어웨이 속으로 용서와 화해의 울림으로 날아간다. 특히 그는 아이언이라는 검을 잘 사용했다. 그의 아이언은 부드러우면서도 강했다.

집중력이 뛰어난 아이언은 섬세함까지 곁들인다. 부드러우면서도 강한 스윙, 강하게 때릴 때는 히터로써 강하게, 부드럽게 유연한 리듬을 탈 때는 스윙어로써 코스 공략에 허점이 없다. 비기너로서 좌충우돌하지만 스킬이 숙련되면서 그의 존재감은 돋보이며 가능성 있는 골퍼로서 자리를 잡게 된다.

페어웨이를 걸으면서 코스를 읽고 동반자의 마음을 꿰뚫는 그의 플레이는 분위기를 압도한다.

일관된 아이언 샷은 어느 누구도 넘보지 못한 원칙이 있다. 코스 매니지먼트의 황제이다. 경사지 있는 샷은 경사도에 따라 어깨를 균형 맞추면서 짧은 샷이 나온다는 것을 인지하고 한 클럽 더 큰 클럽으로 하프 스윙을 한다. 다운 블로우 타법으로 스윙의 디벗을 떠내는 강력한 샷은 황홀감과 경이로움을 준다.

창의적 소질도 남달라 인간적 관찰의 눈이 뚜렷해지고 기법이 숙련되어 창의적인 소수자로 거듭난다. 이 시기의 그의 생각은 낭만과 사랑의 극치를 보인다. 화려한 낭만이 온화한 해학에 감싸여 아름다워 보이며, 수많은 언어로써 그만의 독특한 목가적 감성 세계이다. 부단한 연습과 완벽한 샷에 대한 열망으로 드라이버와 아이언을 섭렵하면서, 샷의 크기를 조절하고 일정한 거리로 최고의 샷을 치는 골퍼가 된다.

자신을 다스릴 때 일관된 샷이 나온다

좋은 일도 나쁜 일도 모두 당신 생각이 그렇게 만드는 것이다. 그의 골프 스윙은 마음에서 우러나온다. 생각의 스윙으로 정신이 육체를 지배하는 투혼이다. 비록 보기플레이지만 게임에 임할 때는 자신감을 갖고 출발한다. 천진스럽게 동반자와 언쟁하고 화합하고 소통한다. 잔디 위의 푸근함을 마시고 재담과 익살, 넘치는 해학 등은 천부적으로 타고난 엄친아다.

그린 주변의 플레이는 탁월의 경지로 고스트 아이콘이다. 아플 때 우는 것은 삼류이고 아플 때 참는 것은 이류이고 아픔을 즐기는 것이 일류 인생이라고 하였던가? 이처럼 골프도 인생의 반사경처럼 반복된다. 인간에 대한 따뜻한 관심과 공감을 자아내게 하는 탁월한 능력은 스윙을 하는 내내 변화하는 바람의 세기를 간파하고, 비상과 안착을 반복

하는 완벽한 샷이 예정되어 있다.

2.6의 빠른 그린스피드와 브레이크는 개의치 않는 듯 홀컵을 향한 퍼팅볼은 탕 하는 타감과 함께 자연스럽게 빨려 들어간다. 짧은 퍼팅을 놓침으로 발생하는 분노나 선악의 갈등은 인간 군상이지만, 이기고 지고의 문제가 아닌 구멍을 향한 메움의 진리는 원숙한 통찰을 통해 완성미를 더해간다.

골퍼로서 셰익스피어는 강력한 무기를 가지고 있다. 자신을 이기고 다스릴 수 있을 때 일관된 샷이 나온다는 사실이다. 행동은 가장 강력한 설득력이다. 만약 오늘 가장 설득력 있는 행동으로 시작한다면 내일은 가장 설득력 있는 결과를 얻게 될 것이다.

골프 게임에서 변덕스러운 생각과 역동적이고 트러블적인 환경은 대다수 골퍼들에게는 불가항력적이지만 셰익스피어에게는 문제가 되지 않는다. 트러블 샷을 쳐내는 셰익스피어의 샷은 어느 누구도 넘볼 수 없이 기묘하고 환상적이다. 스윙은 눈으로 보지 말고 마음으로 보라. 특정한 시간과 공간의 존재를 깨닫자. 생각의 차이로 삶이 바뀌는 것처럼 샷도 바뀐다.

"이 세상은 모두가 하나의 스루더그린이요, 남자든 여자든 모두 자연속의 미물에 불과하지. 그들은 매 홀을 들락날락하며 살아있는 동안 화내고 즐기는 여러 역을 하게 되지."

셰익스피어는 페어웨이의 현장감과 삶의 현장을 잇는 가교의 중심에 있다. 나라가 안정되고 국력이 신장되던 시기에는 대중을 위한 희극으로 지지를 받았고, 암울한 시대적 배경으로 인한 시기에는 문학적 감수성으로 4대 비극과 같은 위대한 걸작들을 탄생시킨다.

셰익스피어는 시대적 갈등 속에서 인간을 최고의 가치로 생각하였듯이 긴장과 승부의 경쟁 속에서 희망을 주는 진정한 광대로서 최고의 플레이어이다.

산은 희망이다. 험한 언덕을 오르려면 처음에는 서서히 걸어야 한다. 말없는 산은 올라가는 사람에게만 정복된다. 단단히 마음먹고 떠난 사람들은 모두 산꼭대기에 도착할 수 있다.

우리 인생의 옷감은 선과 악이 뒤섞인 실로 짜여진 것처럼 라운드는 불확실하지만 두려워 할 필요는 없다. 현실의 공포는 마음에 그리는 공포만큼 두렵지 않기 때문이다.

교향곡 스윙으로 골프 스윙하라

"높은 수준의 지성이나 상상력이 천재를 만드는 것이 아니며, 두 가지를 모두 가진 것 또한 천재를 만드는 것이 아니다. 사랑, 사랑, 사랑, 그것이 천재의 혼이다."

음악의 신성은 사랑을 우리에게 가져다준다. 걸음마 시절부터 음악가 누나를 지켜보고 자랐으며 세 살 때 클라비어 연주를 터득했고, 다섯 살 때 작곡을 시작한 모차르트는 여섯 살 때부터 10년 동안 유럽 각지 음악 여행길을 다녔다. **자연 속에서 떠오르는 영감을 자신만의 타고난 흥과 리듬으로 절대 음감 악보를 써내려간다.** 630여 곡을 만들어낸 악마의 손길이 있는 작곡가는 끈기와 사랑의 아이콘이다.

다른 사람이 뭐라고 칭찬하든, 비판하든 전혀 개의치 않는다. 나는 그저 내 자신의 느낌에 충실할 뿐이다. 괴팍하고 자유분방한 천재이다. 궁정음악가로 음악인의 길에 들어선 모차르트는 신동의 이미지를 벗고 아버지의 헌신과 자신의 열정으로 전설의 즉흥 연주 실력을 갖게 된다.

뛰어난 작곡가의 생각은 초록의 공간에서도 빛을 발휘한다. 그의 곡은 음악 자체만으로도 깊은 감동을 안겨주며 영원히 불멸의 작품으로 남아 세상의 모든 페어웨이에 그의 천재성을 빛내주고 있다.

바이올린, 비올라, 첼로, 더블베이스, 오보에, 클라리넷, 파곳의 하모니는 실로 장엄하고 깊이가 있다. 20여 곡의 오페라, 50여 곡의 교향곡, 50여 곡의 협주곡, 소나타, 환상곡, 변주곡, 독주곡, 실내악 등등 그 밖의 소품을 만들어 거의 모든 장르에 걸친 작품들을 소화해 낸다.

❄

비기너에게 골프음은 순음이지만 모차르트에게 골프음은 가락이며 화음이다. 좋은 생각과 좋은 리듬으로 함께 시작하고, 천천히 동작을 설정하고, 코일링과 체중 이동, 좋은 마무리, 동반자와의 파트너십, 날씨 기후 등을 고려한 하모니이다. 복잡한 골프 게임은 생각보다 가파르기까지 하다. 준비하여 필드에 서면 막상 자신이 작아지는 모습에 구력 있는 골퍼라 하더라도 어쩔 수 없다. 자신의 존재가 보이지 않는다. 하지만 노력하면 할수록 꿈은 다가온다. 골프에서 퍼펙트 게임의 완성은 쉽지 않다. 완성을 이루기 위해 부단히 노력하는 길밖에 없다.

스포츠를 떠나 살아가는 일에 있어서도 세상에 존재하는 이해할 수 없는 일들과 고통스러운 현상이 비일비재하다. 삶속에서 스포츠는 떼어낼 수 없다. 함께 가야한다면 어떻게 다루고 즐기기는 것이 관건이다. 자신의 삶을 사랑할수록 상대를 위해 사랑과 연민을 자유롭게 표현한다.

다양한 사회 문화 현상을 올바르게 직시하고 의미 있는 세상을 창조하는 사람은 행복한 삶을 살아갈 수 있다.

골프의 대중화 시대가 열리면서 골프를 조금이라도 접한 사람들은 골프는 혼자서 하는 운동, 나 자신과의 싸움이라는 것을 잘 알고 있다.

골프는 다른 스포츠와는 달리 심판 없이 나의 양심이 심판이 되어 판단하며 혼자서 이겨내는 운동이다. 하지만 혼자 플레이를 하며 스코어를 관리하지만, 혼자 플레이를 할 수 없는 게임이기도 하다. 동반자가 있기 때문이다. 동반자 없이는 팀을 만들 수 없고, 팀이 이루어지지 않으면 플레이를 할 수 없다.

심판은 없지만 남과 함께 하는 공동체 스포츠이다. 골퍼들은 미완에서 완성을 이루기 위해 많은 노력을 한다. 골프 라운드는 건강한 삶을 위해 소통하며 성숙한 발전을 위한 계기로 삼아야 한다. 완벽함은 없지만 다가가기 위해 노력하면 성취감을 이룰 수 있다. 지칠 줄 모르는 노력가는 음악을 통해 신의 영광을 노래하기 위해 한 목숨 바친다.

노력은 반드시 보상받는다. 누구보다도 음악을 사랑했고 누구보다 열정적으로 노력한 모차르트는 골퍼로서도 그의 스윙 장르는 아주 다양하다. 물질과 정신은 나뉘어져 있지만 그의 스윙은 유기적으로 연결되어 있다.

고전적인 모차르트의 정신은 진실하고 솔직하다. 물질은 투명하고 깊이를 가지고 있다. 그는 절도와 균형의 골퍼였다. 서로 얽혀 아름다운 선율의 조화를 이룬다. 오른

쪽으로 회전하는 페이드와 왼쪽으로 감아 도는 드로우, 그리고 찬란한 태양을 향해 날아가는 직구를 구사한다.

다양한 스윙으로 눈이 밝아지는 스윙을 보여주었지만 그의 확실한 진가는 인투인 스윙에서 드러난다. 특히 오페라 스윙에서는 음악적으로 전무후무한 성과로, 극과 음악이 일치하는 시공을 가르는 스트레이트의 이념을 본격적인 예술 작품으로 구현한다.

그의 오페라 스윙은 동반자의 벨칸토 창법 일변도의 기교적인 발성에 자신만의 좀 더 호소력 있고 가사와 감정의 전달이 용이한 스윙 창법을 구사한다. '피가로의 결혼', '돈 조반니' 등의 음악으로 인간의 심리를 묘사한 모차르트의 통찰력과 천재적인 창작 기법은 내면적인 예술성을 창조한다.

모차르트의 스윙은 교향곡 스윙이다. 아다지오와 알레그로 그리고 미뉴에트이다. 백스윙은 느리게, 다운스윙은 빠르게 스윙의 리듬과 템포는 3/4박자이다. 이처럼 그의 교향곡은 골프 스윙의 기초를 전수한다.

풍부한 표현력과 우아한 감성을 지닌 모차르트의 드라이버는 군더더기가 없는 리드미컬한 자신만의 스윙을 구사한다. 오랜 시간을 포기하지 않고 음악에 전념한 스윙이었다. 타고난 재능보다는 자신이 해내려는 일에 미친 듯이 몰두하는 능력으로 남다른 끈기와 집중력을 가지고 있다. 그의 스윙은 기초적인 실력과 스스로 다져진 자신감으로 자신만의 세계를 만들어가면서 독보적인 슬로거가 된다.

나를 사랑하지 않는 사람이 나의 음악이나 재능을 사랑한다는 것을 나는 믿을 수 없다. 스스로의 자신감이다. 음악에 대한 사랑이다. 그의 스윙은 리듬을 타는 스윙이다. 언어가 끝나는 곳에서 음악은 시작되듯 삶의 시작에서 골프는 시작된다. 음악의 신성답게 그의 골프는 진정성을 가진다.

골프는 열정에 넘치더라도, 격렬하든 아니든, 혐오감의 원인으로 표현되지 않아야 한다. 그리고 골프가 가장 위기 상황에서도 함께하는 사람은 고통스럽지 않아야 하며, 사람들을 기쁘게 하고 매료시켜야 한다, 사랑에 의하여 골프는 삶의 동반자로 항상 남아있게 된다.

위기를 극복하는 클래식 스윙

유럽 클래스의 작곡가 모차르트는 우리에게 최고의 아이언 검을 선사한다. 흘러나오는 리듬과 템포는 신의 경지에 올라 있다. 모차르트의 검은 대부분 작품성과 음악성 그리고 완성도가 찬사를 받는다. 그린에서의 그의 스윙은 찬란한 빛이 더욱 돋보인다. 그의 퍼터는 본능과 직관의 퍼터이다. 감각적인 스윙이다.

"우리는 본능적으로 많은 것을 알고 있다. 나는 머릿속의 완성된 스코어를 그저 오선지에 옮기고 있을 뿐이오."

그동안 지내 온 세월과 경험 덕분에 좋아하는 것과 싫어하는 것, 도움이 되는 것과 도움이 되지 않는 것, 진실과 거짓을 구별할 수 있다. 홀컵을 향한 타고난 본능은 10.8센티미터의 홀컵을 향해 자신의 음악성을 가감 없이 소화해낸다. 우리는 자신의 직관을 믿어야 한다. 물론 직관에 충실하다고 해서 반드시 성공하는 것은 아니다. 그러나 이러한 실수 덕분에 경험이 더 풍부해지고 육감이 더 발달되고 다음에는 좀 더 나은 선택을 할 수 있게 된다.

세계 음악사에 영

원히 기록될 음악의 천재는 스루더그린을 클래식으로 장악한다. 바람처럼 왔다가 가는 외로운 길 떠나는 나그네를 대접하는 그리스 로마의 정신을 이어받은 모차르트는 라운드에 지치거나 외로운 골퍼들에게 휴식을 가르쳐 준다.

힘을 얻는 멜로디, 더불어 함께하는 좋은 멜로디를 클래식으로 가져다준다. 말이 없지만 멜로디로 그의 클래식은 위기를 극복하게 해준다. 여유와 안정으로 조화와 어우러짐의 미덕을 준다. 사랑으로 공감하게 한다.

그의 클래식 스윙은 페어웨이의 공간과 여백을 밝혀준다. 규칙이 있고 자극적이지 않는 선율은 동반자에게 뇌의 활동을 촉진시켜 지능을 향상시켜 준다. 그의 스윙은 훈련과 연습으로 만들어졌다. 부단히 집중하고 끊임없는 노력의 결과이다.

"사람들은 내 음악이 쉽게 만들어진다고 생각하는 우를 범한다. 그 누구도 나만큼 작곡하는데 시간을 보내고, 작곡에 대해 생각하지는 않을 것이다. 내가 거듭 연구해보지 않았던 음악의 거장은 없다."

갈증에 목마르고 변덕이 많은 우리에게 많은 것을 시사해준다.

죽음이란 존재의 진정한 목적지이다. 요절한 천재의 자장가가 되어버린 레퀴엠은 미완성이라는 아쉬움에도 불구하고 많이 연주되고 대중적 인기가 높은 역사상 최고의 걸작으로 평가받는다. 레퀴엠은 죽음을 앞둔 두려움과 구원에 대한 간절함에 몸서리치게 하지만, 대단한 힘으로 또는 극적인 절정으로 소리 없이 강하게 페어웨이로 날아간다.

모차르트는 36살의 생을 마감하면서, 자유를 갈망한 감수성의 플레이어로서 일관되고 선명한 화음의 스윙을 하고 있다.

♠ 아인슈타인 독일의 이론물리학자, 천재 물리학자,
상대성 이론, 1879 ~ 1955

요점과 깊이로 호기심 스윙하라

말도 제대로 하지 못하는 지진아였던 아인슈타인은 삶은 자전거 타기와 같다. 균형을 잡으려면 계속 움직여야 한다. 달걀을 좋아한 에그헤드는 아들에게 보낸 편지에서 끊임없는 실행을 주장한다.

유년 시절 미적분을 혼자서 공부하는 미완의 대기에서 모든 것이 기적이다 할 정도로 IQ 180의 천재성을 발휘한 이면에는 어머니의 포기하지 않는 긍정성에 있다.

"어떻게 이렇게 놀라운 일을 생각해냈니, 다음번에는 무슨 일을 하지 기대되는 걸…"

"너에게는 남과 다른 특별한 능력이 있다. 남과 같아서 어떻게 성공하겠니…"라고 용기를 줬던 어머니의 가르침 덕이다.

엉뚱하면서도 의문투성이였던 아인슈타인은 머리 스타일에서도 독특했으며 반유대주의 사고에 군대식 전체주의 교육에 대한 저항의식이 강한 반항적인 성격이었다. 홍차와 카페 헤이그만을 즐겨하고 파이프 담배를 달고 살았던 골초 인생이었지만, 유클리드기하학 규칙 성과 정리에서의 논리는 과학적 탐구와 철학적 탐구의 혁명을 일으키게 하여, 지성과 지혜의 아이콘으로서 후일 그가 능력을 펼치게 된 원동력 이 되었다.

"천재 오빠를 둔 동생의 두개골은 단단해야 해요."

팽이로 동생의 머리에 구멍을 내려고 한 적도 있는 아인슈타인은 독 일의 주입식 교육에 반감을 가져 학풍이 자유로운 스위스에서 공부를 하였으며, 대학 시절에도 자신이 좋아하는 과목을 제외하고는 출석을 거의 하지 않는 괴짜 학생이었다.

동물행동학자 데스몬드 모리스가 우려하는 것처럼, 남자 천재들은 창조적인 행동과 혁신을 통해 기존의 낡은 개념을 파괴하는 위험한 반 란을 즐긴다. 창조적 파괴이다. 새로운 가능성을 위한 위험한 행동은 여 성 편력이다. 많은 여성 편력의 사랑과 이상한 남편이었던 아인슈타인은 골프 스윙에서도 요점과 깊이를 강조한다. 코치에게 이것저것 여러 가지 한꺼번에 가르치지 않고 핵심을 똑바로 가르쳐 달라고 앙탈을 부린다.

✳

많은 사람들은 골프 스포츠가 운동 중에 가장 즐겁기도 하지만 가장 어려운 운동이라고 한다. 라운딩 하다보면 에피소드가 많이 발생한 다. 드라이버로 고생하던 골퍼가 드라이버가 잘 맞았는데, 그날은 별 탈 없어 보였던 아이언이 잘 맞지 않는다. 드라이버만 정복하면 다 될 줄 알았는데, 아이언이 안 맞으니 짜증이 난다. 아이언을 다 정복 했다 싶으면 숏 게임이 안 되는 걸 어찌하겠는가… 해결책은 없을까?

골퍼들은 골프와 함께하면 할수록 갖가지 문제가 발생하는 것을 알 수 있다. 해결책을 찾으려면 보다 지혜롭게 문제에 접근해야 한다. 지엽 적으로 생각하면 안 된다. 골프는 과학이다. 과학적인 골프를 쉽게 재미

있게 즐겁게 즐기는 방법은 폭넓게 생각하는 골퍼가 되어야 한다.

'골프 못 치는 놈이 고급 샷만 연습한다'는 속담이 있다. 연습도 고집스럽게 하지 말고 다양하게 폭넓게 해야 한다. 코칭법부터 재미있게 쉽게 가르쳐야 한다. 천재물리학자도 골프의 어려움을 간파한다. 골프 볼을 코치에게 던지면서 하나라도 똑바로 가르쳐 달라는 물리학자의 항변이다.

어려운 문제에 봉착했을 시 자신이 바라는 해결책은 쉽지 않다. 삶을 살아가면서 발생되는 많은 문제를 해결하는 방법도, 눈앞의 문제에만 급급하지 말고 다양한 각도에서 바라보고 광범위하게 접근하는 자세가 중요하지 않는가?

폭넓게 생각하기 위해서는 스스로 찾아서 읽고 배우고 노력하는 방법이다. **울타리 안에서 울타리 밖을 보고 울타리 밖에서도 안을 보아야 한다.** 여러 접근 경로를 생각하고 경우 외의 수를 살펴야 한다. 외고집을 버려야 한다.

스윙 자세만을 생각하지 말고 감정 기복과 왜 어려움이 발생되었는가를 살펴보고 해결책을 찾아야 한다. 짜증은 도움이 되지 않는다. 불만스러운 행동은 본인에게도 마이너스이지만 동반한 파트너에게도 악영향을 미친다. 상대는 쾌재를 부르고 있을지도 모른다. 상대의 아픔이 나의 기쁨이라는 것을….

스트레스를 받지 않도록 짜증과 부정적인 생각을 버리고 자신의 스윙에 대하여 신뢰하면서 경직된 스윙 자세와 고조된 감정을 컨트롤 하자. 라운드가 잘 안 풀릴 수도 있다고 폭넓게 생각하면서 평화로운 마음의 평상심을 찾아야 한다.

사랑에 빠지는 것은 사람이 하는 가장 미련한 짓이 아니라, 마치 중력처럼 책임을 물을 수 없다. 사랑에 중력이 있듯이 시공간에는 중력파가 있다. 그의 골프 스윙은 중력의 변화에 따라 시공간에 발생하는 파동인 중력파의 스윙을 한다. 중력파는 눈에 보이지 않는 중력장과 시공간, 그리고 에너지의 관계를 상상력으로 경험적 한계를 뛰어 넘는 연구의 시금석이 되었다.

일반적인 물리학자의 계산은 입자에서 파동까지, 골프 스윙도 수치로 음을 조율하듯 먼저 리듬에 맞춘 장중하게 Largo(느리게)하게 하라고 주문한다. 중력장에서 내려오는 동반자의 클럽 헤드와 양팔은 Allegro(빠른)의 다운스윙 속도를 내지만 아인슈타인의 느낌은 Lento(느린)한 다른 속도로 내려오는 것처럼 느끼고 있다. 스윙어의 스윙 스피드는 타인에게는 빠르게 보이지만 플레이어의 생각에는 천천히 스윙되어지는 것처럼 느껴진다. 비기너 골퍼들의 스윙은 빨라진다.

자연의 법칙은 누구에게나 똑같다. 빛의 속도 역시 누구에게나 똑 같음으로, 같은 시공간에서 플레이어의 클럽 헤드와 양팔은 같은 속도로 움직여도, 동반자는 다른 속도로 이동하고 있다고 본다. 심지어 똑같은 속도로 움직이는 클럽과 양팔도 서로 다르다고 보는 것이다.

아인슈타인은 에너지와 질량의 상관관계에서 질량은 빛을 매개로 엄청난 에너지를 만들어낸다. 이어 태양에너지와 핵에너지의 원천을 설명한 특수상대성이론으로, 움직이는 물체의 길이는 짧아지고 움직이는 물체의 시간은 더 천천히 흐른다는 사실을 가르쳐 준다. 이렇게 아는 것과 보이는 것의 차이는 시간과 공간도 관측자에 따라 변한다는 사실을 수학자는 견지한다.

곡률 공간으로 중력 스윙 하라

아인슈타인의 드라이버 스윙은 더욱 놀랍다. 등속직속운동을 토대로 중력장에서 질량의 에너지를 발생시킨다. 플레이어의 스윙 공간은 휘어진 공간이다. 휘어진 공간은 에너지를 가진 공간이다.

골프 코스의 휘어진 지면 위의 모양에 반응하여 골프공이 굴러가듯이 시공간의 구부러진 경로에 따라 굴러간다. 모든 물질은 그 주위의 공간을 휘게 한다. 몸통을 코일링하게 휘어진 클럽 샤프트는 에너지를 갖게 된다. 골프의 비거리는 이 에너지에서 나온다. 이처럼 스윙의 공간을 휘게 하면 공간은 에너지를 갖게 되듯이 중력장의 에너지로 강력한 코일링을 한다.

빛이 태양의 중력에 의해 꺾어지는 것을 이용하여 일반상대성이론을 검증한 아인슈타인은 태양의 질량만큼 내려앉은 곡률 안에서 지구가 태양 주위를 돈다는 것을 알아낸다. 지표 위의 중력장에서 내려오는 클럽 헤드의 에너지는 클럽 헤드의 질량만큼 공간에 곡률 공간이 만들어져 스윙의 궤도를 회전한다.

클럽 헤드는 스윙의 공간에서 자유 낙하를 하지만 골퍼의 체중에 의하여 발생한 시공간의 곡률에 따라 구부러진 경로로 움직여진다. 아크형 골퍼에서 지렛대형 그리고 넓이형 골퍼에 이르는 체중이 많이 나가는 골퍼일수록 곡률도 커진다. 골퍼의 질량만큼 스윙의 곡률 공간은 헤드의 질량과 균형을 이루며 원만한 스윙의 궤도를 형성한다.

수학과 물리학에 심취한 아인슈타인은 세상은 악한 일을 행하는 자들에 의해 멸망

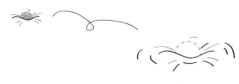

하는 것이 아니라, 아무 것도 하지 않고 그 악한 자들을 다만 지켜보기만 하는 사람들에 의해 멸망할 것이다는 생각으로 연구의 삶을 추구했다. 생명체의 사고는 주로 환경에 의해 결정된다고 보는 수학자는 자연을 숭상한 실재적인 골퍼였다.

자신의 드라이버 샷이 페어웨이 한가운데로 안착할 것인가 아니면 OB지역으로 넘어갈 것인가의 가능성은 존재하지만, 볼을 가격하는 순간 어느 한 상태만이 존재한다. 골퍼가 볼을 가격하기 전에는 타구의 방향을 예측하기 어렵지만, 골퍼의 체형에서 다운스윙으로 이어지는 스윙의 형태에서 볼의 방향성을 예측할 수 있다.

완전한 스윙은 실재성에 바탕을 둔다. 실재성은 인투인 스윙이다. 인투인 스윙은 직구를 치기위한 스윙이다. **일정한 핸디캡과 골퍼의 확률로 볼의 방향성을 측정할 수 있다는 양자론은 불완전하다.** 신은 세계를 가지고 주사위 놀이를 하지 않는다며 사물은 관찰 여부에 상관없이 그 자신의 내재적 특성에 따라 존재해야 한다고 생각했다.

아인슈타인의 실재성은 현대 물리학의 새로운 축으로 양자역학 세계를 구축하는 단초를 제공한다. 일반적으로 양자계의 상태는 여러 가지의 가능성이 잠재되어 있는 중첩 상태이다. 이 중첩 상태에 대한 측정을 하면 양자계는 그중의 어느 한 상태로 옮아가고 다른 한 상태는 소멸이 된다.

완벽한 이론을 추구한 물리학자는 유약한 영혼들이 터무니없는 자기중심적 사고에 빠지는 것을 경계하면서 성공의 스윙을 알려준다. 성공(S)은 노력(E)에 지혜(W)를 더하고 침묵하는 여유(R)를 가지는 것이 성공이라며 성공의 방정식인 S=E+W+R을 홀 속 세상으로 퍼팅한다.

"나는 삶의 영원성이 미스터리로 남은 지금 그대로에, 그리고 내가 현 세계의 놀라운 구조를 엿볼 수 있음에 만족하며, 또한 비록 작은 부분이기는 하지만, 자연에 스스로를 체화한 이성의 일부를 이해하는 데 전력 투구해 온 삶에 만족한다."

생물학적인 천재들처럼 전두엽이 발달하지는 않는 아인슈타인은 실수를 많이 하라는 가르침을 준다. 뇌의 크기가 크지 않았기에, 특별한 재능이 없었기에, 오로지 열정적으로 호기심을 좇아 따라갔을 따름이라고 강조한다. 실수를 한 번도 하지 않은 사람은 새로운 것을 한 번도 시도하지 않은 사람이다. 머리 크기와 지능 지수는 비례하지 않을까?

천재과학자는 직관의 스윙을 한다. 나는 한 번도 이성적인 사고를 통해 퍼펙트한 스윙을 한 적이 없다. 직관은 신이 준 선물이며, 이성은 성실한 하인이다. 우리는 선물을 잊어버리고 하인을 숭배하는 라운드에 살고 있다. 골퍼에게 최고의 선물을 준 아인슈타인은, 성공한 골퍼보다 가치 있는 골퍼가 되라는 교훈과 함께, 지혜는 학교에서 배우는 것이 아니라 평생 노력해서 얻는 것임을 알려 준다.

실험의 행동으로 스윙하라

"예술은 슬픔과 고통을 통해서 나온다. 위대한 예술은 언제나 고귀한
정신을 보여준다."

평면에서 입체 여러 면의 특성을 한 번에 나타낸 피카소는 동심을 나
타냈다. 화가 지망생이었던 아버지의 조수 노릇하면서 그림을 배웠으
며, 말을 배우는 것보다 그림을 먼저 그리는 것으로 천재화가는 습작을
시작한다.

20세기 입체파 화가 피카소는 매우 신화적이고 전설적인 이력을 갖
고 있다. 처음으로 내뱉은 단어가 연필로써 그는 8세에 이미 천재성을
세인들에게 인정받았으며, 12세 때 라파엘로만큼 그리고 15세 때 이미
대가의 실력으로 성장하였다.

네가 내 꿈을 이루어 달라는 부친의 열망에 부응한 듯 화가로서 광기
의 과정을 거처 40세엔 대단한 부자로, 65세엔 화가로선 보기 드물게 억
만장자가 되었다. 그는 어머니와 많은 여성을 사랑한 광적인 사랑의 화

신으로서 작품 활동에 전념하여 다양한 장르의 5만점이나 되는 작품을 남겼다.

평생 동안 끊임없는 열정과 실험 정신으로 미의 새로운 분야를 개척해 온 입체파 화가 파블로 피카소는 광기와 해체를 통해 평생 동안 거의 모든 주제를 다루었으며, 할 수 있는 **모든 양식을 실험하면서 현대 전위미술의 선구자**가 되었다.

피카소의 창조 리더십은 새로운 세대에 새로운 문화를 추구했으며, 새로운 정신과 새로운 개념을 창조해서 새로운 미술계의 혁명가로 새로운 미술을 찾았다. 해야만 하는 일을 하지 않고 내일의 일로 남겨두는 것은 변명일 뿐이다. 철저한 창조 혁명가는 자기 학습과 창조의 의지 속에서 회화 1,885점, 조각 1,228점, 도자기 2,280점, 스케치 4,659점, 판화 작품이 약 3만여 점 등을 그려냈으며 하루 평균 7개 이상의 다작을 완성한다.

❋

사람은 감정의 동물이다. 감정이 있기에 카타르시스가 있고 삶의 희로애락이 뚜렷하다. 골프는 멘탈이다. 심리적으로 겉으로는 드러나지 않으면서 외부로부터 감정이입이 가장 두드러지게 나타나는 스포츠이다. 골프는 이 세상에서 플레이하기는 가장 어렵고, 속이기에는 가장 쉬운 게임이다.

필드 라운드를 하다보면 18홀을 돌면서 감정 기복이 심하게 나타난다. 호쾌한 드라이버 샷에 의한 전율, 허공 속에서 잔디 뗏장을 뜨는 짜릿한 감촉, 놓치기 쉬운 짧은 숏 퍼팅, 동반자의 예기치 못한 언행 등 승부사 기질이 있는 골퍼들에게는 더할 나위 없이 흥분된다. 승리하는 골퍼는 변화해야 한다. 진화해야 한다.

구력이 짧은 골퍼들은 골프를 하다보면 일정한 형태로 변하는 자신의 스윙 폼에 흥분을 가진다. 수시로 변하는 스윙의 자세에 골퍼들은 어떤 스윙 자세를 만족해야 할까? 종착역은 어디일까? 조금씩 다져지는 스윙으로 단단한 실력을 갖추면서 스스로 목표를 진단해 본다.

퍼펙트 골프 스윙의 기준을 어디에 두고 무엇을 믿고 의지해야 하나? 골프에서 영원할 수 있는 것은 변화이다. 변화는 끊임없이 이루어지면서 지속된다. 변화하는 골프이기에 골프는 무궁무진하다. 정복을 하려는 욕구가 발생한다.

혹자들은 10년 정도 골프를 해야 어느 정도 골프를 알게 된다고 한다. 10여 년 동안 골프를 해야 만이 겨우 골프의 재미를 느낀다고 하는 말은 아니다. 그만큼 오랫동안 골프의 진수를 맛볼 수 있다는 얘기이다.

아이언 삼년이요, 우드 삼년이고, 퍼팅 삼년이다. 이만큼 골프는 변화무쌍한 과정이 반복된다. 변하는 나의 스윙 자세, 조금씩 만족하면서 변화에 수긍하자. 변화는 갑작스럽게 찾아오지 않는다. 꾸준하게 찾아온다. 지속적으로 찾아오는 변화의 성질을 이해하고 긍정적인 마음으로 받아들이자. 당황하거나 주춤거리지 말고 그대로 받아들이자. 변화는 골퍼들이 통제할 수 있는 도구가 아니다. 나의 통제권 밖에 있는 골프이기에 매료되고 희망이 보인다. 내가 쉽게 통제할 수 없기에 도전하려는 욕구가 동기부여되고 충족된다.

피카소는 당시 여타 골퍼들과는 달리 자연을 연상하면서 자신의 스윙을 구상하였고 카페, 사창가 등을 배회하는, 잡기에 능한 바람둥이 골퍼였다. 광기의 바람둥이 골퍼는 보이는 스윙보다는 생각하는 스윙을 한다.

매사 "나는 항상 내가 할 수 없는 것을 한다, 그렇게 하면 그것들을 할 수 있게 되기 때문이다"라는 생각은 유년 시절 사실주의와 고전주의를 바탕으로 청색 시대, 장밋빛 시대, 입체주의를 가져오게 하였으며 초

현실주의로 진화된 예술성은 고독의 예술을 화합의 예술로 승화시킨다.

행동은 모든 성공의 기본 열쇠이다. 생각을 행동으로 옮긴 그는 실험의 아이콘이다. 피카소의 끊어지지 않는 실험은 라파엘로처럼 그림을 그리기 위해 4년이라는 시간을 소비하고 아이처럼 그림을 그리기 위해서 평생을 소비했던 것처럼 드라이버 4년, 아이언 3년, 퍼터 8년, 초현실의 창조적인 실험 속에서 열정의 세월을 거친다.

푸른색이 주조를 이루는 드라이버 청색 스윙은 아웃사이더의 고독한 스윙이다. 침울한 감성으로 사회에서 격리되어 궁핍하거나 절망에 빠진 사람들을 대변하는 스윙이다.

희망을 쏘는 놀라운 표현의 스윙

고독 없이는 아무것도 이룰 수 없다. 나는 나 스스로 고독을 지켜왔다. 스루더그린에서 시적인 섬세함과 개인적인 우울함이 놀라운 표현을 발사한다. 청색 스윙은 누구도 범접할 수 없는 포커 페이스 스윙이다. 비기너들의 아웃오브바운즈나 쓰리 퍼팅의 불행을 감내한다. 절망의 파동을 파란 하늘과 푸른 초원으로 승화시키며, 고수의 페어웨이 색채 특성으로 완벽하게 스윙한다.

그의 스윙은 간결하게 2박자에 맞춘 스윙이다. 고전적으로 고르고 가지런하면서 조화롭다. 판단력이 분명한 스윙을 추구하면서도 때로는 현대적인 사물을 실제 모습과 다르게 4박자, 3박자로 보여주는 추상적인 스윙도 한다.

행복과 사랑으로 가득한 장밋빛의 아이언 스윙은 좌절감이 사라진 희망의 스윙이다. 감상적이고 로맨틱한 스윙이다. 보이는 스윙이 아니고 보이지 않는 이면의 신비로운 스윙을 전개한다.

피카소는 스스로 경기를 결정하고 집행한다. 스스로 페어플레이를 엄격히 지켜내면서 강렬한 스윙을 구사한다. 함께 라운드 하는 동반자의 다양한 샷과는 대조된다. 실수투성이의 비기너들의 스윙과는 별반 차이가 없지만 멘탈 붕괴는 일어나지 않는다. 비기너는 인간이기 때문에 완벽하지 못하다. 단순히 게임을 이기려는 승부욕이 아닌 골프에 대한 진정한 사랑과 열정에 훨씬 애착을 가지고 있다.

피카소는 비기너들에게 승부욕을 잊게 해주면서 심리적인 안정과 행복의 세계를 던져준다.

입체파, 큐비즘의 결정적 이름을 남긴 피카소. 그린에서 파피 콜레의 테크닉을 구사한다. 연상의 현실감을 가지고 연상한다. 그린 위에 잔디를 생각하고 잔디의 색깔에 이질적인 잔디 결을 연상한다. 시각에 따른 경사도를 연상하고 경사도 위에 브레이크 포인트를 연상한다.

그린 스피드와 브레이크 포인트, 진자 운동의 타격감은 시각을 통하여 계산할 수는 없지만 할 수 있다는 자신감과 안정된 심리에서만이 가능하다. 피카소의 눈과 마음이 지각한다.

피카소는 그린을 입방체처럼 분석, 분해해서 홀 컵과 볼의 위치를 파악하고 브레이크 포인트를 재구성한다. 그린의 원근과 잔디 결을 살피면서 내리막과 오르막의 경사도를 측정한다. 진자 운동으로 리듬을 가지며 템포를 유지한다. 거리를 측정하고 그린 스피드를 측정하여 순간적인 타법으로 퍼팅한다.

피카소의 스윙은 파괴의 스윙이고 창조의 스윙이다

창조의 모든 행위는 파괴에서 시작된다. 피카소의 스윙은 파괴의 스윙이고 창조의 스윙이다. 이는 상상력의 스윙으로 페어웨이를 완전하게 장악한다. 피카소의 스윙은 스윙의 다양한 면을 보여주면서 동반자의 마음이 알고 있는 것을 통해 스윙을 완성한다.

함축적으로 담겨있는 큐비즘 스윙은 사실적인 여타 고수 스윙과는 다르다. 하지만 어떤 스윙이 우리에게 정석 스윙인지 비기너들이 닮으려고 하는지 알 수가 없다. 외형적 모방을 하는 스윙을 피카소는 완전히 파괴하고, 기하학적인 도형으로 해체하여 형태를 구분하지 못하는 새로운 형태의 스윙이다.

영감은 존재한다. 그러나 **영감은 일하는 우리들을 찾아내어야 한**

당신이 상상할 수 있는 모든것이 현실이다

다. 피카소의 스윙은 보이는 것과 담겨져 있는 것을 함께 측정할 수 있도록 하는 반성적인 스윙이다.

굵직굵직한 잣나무의 자연 속에서 호쾌한 드라이버 샷을 하고 페어웨이를 거닐 때면 문득 예기치 않는 생각들이 떠오른다. 정리해야 할 것과 새롭게 만들어야 하는 삶의 분비물들이다. 라운드 중에 생각이 많다 보면 결정의 혼란도 오고 우울함도 온다.

그래서 골프는 케멜레온 운동이다. 심난한 마음이나 괴로움을 이겨낼 수도 있고 좋은 새로운 방향으로 바꾸어 주기도 한다. 친구도 있지만 스스로 결정할 수 있도록 메시지를 주는 뜻하지 않았던 영감의 편지이다. 보이지 않는 메시지는 나에게 중요한 결정권을 준다. 살아가면서 결정을 내리지 못하고 단순이 지나쳐버리는 행위들은 모든 사람들에 발생하는 흔한 일상적인 현상이다.

골프장에서의 이러한 메시지는 생각을 되돌리게 하며 중대한 결정을 내리게 한다. 선한 사람의 최고의 미덕은 영감 속에서 혼자만의 가치를 가지고 자신의 삶을 즐기는 것처럼, 성내지 않고 질투하지 않으며 더불어 정직과 신뢰 속에서 배려하며 살아간다. 생명력은 변하지 않는 영원함인 것처럼, 치열한 생존 경쟁에서 불화를 회복시켜 주는 메시지는 불현듯 찾아오는 영감의 편지이다.

골퍼들은 영감을 가지고 사는 시대의 파수꾼이다. 골퍼들은 자연 속에서 자신을 존재를 결정하며 사회를 지켜나가는 보루이다. 좋은 동반자는 파트너가 자신의 삶을 결정하게 하는 영감을 떠오르게 하는 분위기를 조성하는 골퍼이다. 동반자의 마음을 편하게 하면서 잘못됨을 용서하고 잘함은 칭찬하는 용기의 소유자들이다.

골퍼들은 필드에서 영감을 얻는다. 또한 동반자들과 함께 영감을 나누기도 한다. 필드에 입장하면 평소 부족했던 부분이 있다하더라도 결국 포기하지 않고 필드 위의 자신을 깨닫는다. 자신의 일에 대한 포트폴리오는 자신을 사랑하게 한다. 골퍼들은 그린 위에서 삶을 즐기기에 남은 일을 잘 마무리하기 위해 영감을 계속한다.

피카소는 물질적으로 가난하지만 영적으로는 풍성한 시대를 살았다. 그늘집이 창의력을 준다고 믿은 피카소는, 무지막지한 작업량을 소화해낸 원동력은 그늘집과 숱한 여성과의 사랑이었다고 동료들은 재잘거린다. 그늘집에서 시를 써서 가장 강력한 내면의 세계를 표현한다.

인간 다양한 심리를 드러낸 인물상, 신체의 곡선을 탐구한 여성상과 누드 드로잉, 인간 사고의 깊이를 드러내는 남성의 얼굴, 기하학적인 색면, 황소를 좋아하고 부엉이와 두꺼비 등 폭넓은 관심과 예상 밖의 재치로 현실과 꿈을 표현했던 해학의 피카소, 그리는 실력을 얻기까지 40년의 시간이 걸렸다고 노력의 대가를 요구한다.

탐식과 탐미, 탐애를 추구했던 피카소는 유년 시절에서 말년에 이르기까지 **"나는 나의 시대를 그렸을 뿐이다"**라고 고언하면서 기교와 독창성을 설명한다.

20세기를 넘어 21세기 미술을 지배한 피카소는 시각 미술, 영화, 건축 등 모든 장르에 경계를 뛰어 넘어 영감을 주는 세기의 스윙어다.

피카소 스윙은 고정관념에 사로잡힌 현대인의 스윙을 뛰어넘는 새로운 세계의 스윙이다. 피카소 스윙은 미개 예술이라고 치부되는 가면 조각의 페르소나를 성찰하게 하는 혁신적 창조의 스윙이다. 피카소 스윙은 시대의 우여곡절과 희망과 좌절을 가장 치열하게 그려낸 피투성이의 스윙이다.

세기의 천재는 말한다. 저급한 예술가는 베낀다. 그러나 훌륭한 예술가들은 훔친다.

4

사마천 중국 전한시대의 역사가, 사기의 저자.
기원전 145 ～ 기원전 86

귀신도 피하는
결단의 스윙을 하라

강철 장군으로 불리며 동양 최고의 역사가이자 중국 역사의 아버지 사마천은 천문과 달력에 밝고, 고전에도 통달한 아버지를 두었다.

"사람은 누구나 한 번 죽지만 어떤 죽음은 태산보다 무겁고 어떤 죽음은 새털보다 가볍습니다. 이는 죽음을 사용하는 방향이 다르기 때문입니다."

사대부에게는 죽음보다도 더한 치욕적인 궁형을 당한 사마천의 삶은 가희 극적이며 연민을 느끼게 한다. 자존심과 명예를 짓밟혔지만 비웃음에 굴하지 않고, 옥중에서도 저술을 계속하여 불세출의 역사가로 불린다. 이면에는 실명을 당하고도 춘추시대 국어라는 책을 쓴 좌구명이라는 역사가를 정신적 지주로 삼았기 때문이다.

결단을 가지고 행하면 귀신도 겁을 먹고 피한다. 그는 용기의 슬러거로서 결단과 집념의 아이콘이다. 기원전 99년 흉노전에 패전했지만 이릉 장군의 충절과 용감함을 찬양한 사마천은 이릉을 두둔한 죄로 한무제에게 사형이라는 최고형을 선고 받는다. 사마천은 운명의 갈림길에서 선택할 수 있는 3가지 방법 중 사회적인 매장과 구차한 목숨을 구걸하는 더러운 형벌인 궁형을 선택한다. 사마천은 지혜로운 자였으며 통찰의 역사가였다. 욱하는 감정과 충동을 자제할 줄 아는 골퍼였다.

"어리석은 자는 일이 다 된 다음에도 그 일이 어떻게 성사되었는지 모른다. 그러나 지혜로운 사람은 일이 시작하기도 전에 그 일을 통찰한다."

치욕적인 환관의 하수 골퍼에서 역사를 창조하고 인간의 존재를 말한 사마천은 최초의 통사를 완성한 집념의 고수 골퍼로 승화된다.

✳

첫 라운드는 결단과 집념 속에서 이루어 낸 결실이다. 열매는 맺어야 하고 과실을 익어야 제 맛을 내듯, 비기너들은 임전무퇴의 실행을 준비한다. 7번 아이언으로 똑딱이부터 하프스윙, 3/4 스윙, 풀스윙을 마치고 드라이버를 교습받기까지 이래저래 3개월이 훌쩍 지났다.

연습장에서만 볼을 때리다가 초록빛 잔디의 필드에서 볼을 친다는 초심자는 설레는 마음으로 잠을 설치고 준비한 장비들을 챙겨 약속 장소로 나간다. 복장을 갈아입고 코치의 조언을 들으며 첫 라운드이다. 일명 왕초보의 머리올리기이다. 신입 회원 처음 신고식이란다.

첫 홀에서 티업을 하는데 집중할 수가 없다. 우여곡절 끝에 드라이버 스윙을 한다. 탑볼이다. 동반자들이 지켜보고 있는데 창피하다. 이 위기를 벗어나야 하는데 벗어날 수가 없다. 머리가 띵하다. 다음 홀에서는 만회해야지 하는 마음을 갖는다.

그런데 1홀과 마찬가지로 엉망이다. 살짝 약이 오르려고 한다. 그래도 미련을 버리지 않는다. 잘 쳐보겠다는 생각이다. 하지만 생각과는 정반대로 샷이 되지 않는다. 찍어치랬는데 볼이 퍼올리려만 하니 잘 되질 않는다.

코치에게 3개월이나 레슨을 받고 나름대로 열심히 연습을 했는데, 어처구니가 없다. 창피하다. 도망치고 싶다는 생각을 하는 사이 어느덧 전반 9홀을 지나 18홀이 지나버렸다. 어쨌든 18홀의 머리올리기가 끝났다. 안도의 한숨과 멍한 감각 상태에서 몸을 씻고 골프장을 빠져나오면서 코치하는 왈 '이제부터 새로운 시작입니다' 조크한다.

또 다른 시작입니다. 인생은 시작의 연속이다. 변화 속에서 도전, 끊임없이 변화하고 매순간 새로운 인생을 시작하는 게 우리 내 삶입니다.

새내기 골퍼들이여! 인생을 살면서 목적한 바를 달성하기 위해 매일 새로운 인생을 시작할 용기가 필요하듯 골프에서도 끊임없이 새롭게 시작한다. 어떤 변화나 목표에 도달하지 못하였다고 좌절이 아니라 한발 뒤로 물러나 사마천처럼 다시 시작하여야 한다.

사마천의 스루더그린은 방대하다. 중국 최초의 임금인 황제에서 무제에 이르는 3000년간의 역사와 인물을 14년 동안 붓으로 작성한 130권의 분량이다. 게임의 구성은 형식적으로나 내용적으로 인물 중심으로 그려진다. 그는 객관적인 골퍼이자 문학적인 골퍼이다. 유려하고 생동감 있는 문장 속에 무수한 인간 군상의 인생 역정을 깊이 있게 나타낸다. 왕에서 서민까지, 성자에서 악인까지, 역사의 주연에서 조연에 이르기까지 참으로 다양한 인물들을 편견 없이 등장시켜 인간이 어떠한 존재인지를 주목하게 하고 성찰하게 한다.

사마천은 살아있는 지식의 통로를 개척한다. 역사 현장을 다니고 천하를 여행하는 체험의 골퍼였다. 주요 사적지를 직접 현장 답사하고 각지의 전승과 풍속, 중요 인물들의 체험담을 채록하고 전국 각지 발길이 미치지 않는 곳이 없을 정도로 스스로 소양을 키워나간 골퍼이다. 참으로 곧게 난 길은 굽어보이는 법일까? 탁월한 재능과 예리한 관찰력, 가혹한 인생의 체험까지 겪은 사마천의 완성도는 심지 깊은 정신에 엄정한 객관성까지 가진 필력의 골퍼로 우리에게 감명을 준다.

화식열전에서 적자생존을 나타낸다. 무릇 보통 사람들은 자기보다 열배 부자에 대해서는 헐뜯고, 백배가 되면 두려워하고, 천배가 되면 그 사람의 일을 해주고, 만배가 되면 그의 노예가 된다.

사마천은 골퍼들에게 세상 사물의 이치를 표현하면서 인간의 이치를 가르쳐 준다. 많은 골퍼들은 스코어 앞에서는 낮춰지고 금전 앞에서는 비굴해 진다. 라운드의 이치를 알면 승부의 이치를 알고, 승부의 이치를 알면 자연히 돈의 이치도 알게 된다. 하수들은 심리적인 동요를 일으키고 중수는 지혜를 써 경쟁하고, 고수는 때를 노린다. 이것이 라운드에서 경쟁 게임이다.

아버지의 분사와 이릉 사건을 통해 인간의 운명에 대한 큰 의문을 품게 된 사마천은 인간의 종합적 가치와 인과관계의 불합리성을 발견한다. 지지(知止)라는 교훈도 준다. 자기 분에 지나치지 않도록 그칠 줄 알아야 한다는 교훈이다. 초심을 잃지 않고 미세한 징조에서 대세를 볼 수 있어야 통찰하는 골퍼이며 지혜로운 골퍼이다.

육불치를 이겨내는 스윙

사마천은 최상의 스윙과 품격 높은 라운드를 위해 골퍼들에게 주문한다. 라운드 중에 불치의 병에 걸리지 않아야 한다. 죽은 사람도 능히 살릴 만한 명의인 편작이지만, 편작의 신비로운 의술로도 도저히 고칠 수 없는 환자가 있다고 강조한다. 사기 편작열전에 어떤 명의도 고칠 수 없는 6가지 불치병 환자를 강조하는 육불치 골퍼이다.

먼저, 교만하고 방자하여 내 병은 내가 안다고 주장하는 골퍼는 고칠 수 없다. 내 스윙의 오류는 내가 안다고 하면서 주관적인 판단만 중요시하고, 코치의 정확한 판단과 충고를 따르지 않는 교만한 사람은 교정이 불가능하다는 뜻이다. 전체 스윙을 보지 못하고 부분별로만 교정하는 자투리 교정은 전체 스윙을 제한하게 된다. 또한 골퍼의 올바른 교정을 방해하는 교만함은 교정 후에도 예후가 좋지 않고 연습 기간도 오래 걸리게 된다고 주지시킨다.

이론형 골퍼나 교사형 골퍼들은 일반적인 레슨을 무시하거나 자신의 골프 지식만을 맹신하는 경향이 있다.

이어 자신의 몸을 가벼이 여기고 돈과 재물을 더욱 소중하게 여기는 골퍼는 고칠 수 없다. **건강과 체력은 세상에서 무엇과도 바꿀 수 없이 소중하다. 돈이나 물질, 명예에 쫓겨 몸을 가벼이 부린다면 이것 또한 불치라는 지적이다.** 진시황이 불로장생하였는가? 죽어서 가져갈 수만 있다면 좋겠지만, 돈도 명예도 죽어서는 아무 소용이 없다. 공수래 공수거이다.

물질만능의 내기 골프 아니면 재미가 없어! 시장 경제의 물질에만 치우쳐 시간이 없다는 핑계로 건강을 소홀히 하고 있는 골퍼는 조속히 깨닫고 바로잡아야 한다. 열심히 일해 돈도 벌고 지위도 높일 수 있지만 건강을 잃으면 모든 것은 무너진다.

재물보다는 몸이 재산이다. 또한 음식을 제대로 가리지 못하는 골퍼는 고칠 수 없다. 옷은 추위를 견딜 정도면 적당하고, 음식은 배고픔을 채울 만하면 적당한 것인데 지나치게 음식을 탐하고 편안한 것만 쫓는 골퍼는 어떤 명코치도 고칠 수 없다는 것이다.

식탐은 체형을 변화시키고 음주 골퍼는 탈수 현상 등 페어플레이를 저해시킨다. 완벽한 스윙을 구사하지 못한다. 코치가 지시한 섭생이 기본 실천이 되지 않는다면 명약도 명코치도 소용없다. 골프는 신사 숙녀의 운동이다. 몸을 단정히 하면서 중용과 적절함을 가져야 한다.

사마천은 계속하여 설파한다. 음양의 평형이 깨져서 오장의 기가 안정되지 않는 골퍼는 고칠 수 없다. 리듬과 템포의 밸런스가 무너지는 골퍼는 완만한 스윙을 할 수가 없다. 음양의 평형이 문란하고 이것이 장부를 장악하여 혈맥의 소통에 문제를 일으키면 기 또한 불안정해져 배드샷의 허탈은 깊어진다. 따라서 이것이 우선 교정되지 않는다면 드러난 문제점의 개선은 어렵다. 특히 **경사지의 샷에서는 균형을 잡을 수가 없다. 호흡 고르기도 힘이 든다. 훌륭한 골퍼의 기력은 지속적으로 일정하게 유지되어야 한다.**

다음은 몸이 극도로 쇠약해져서 도저히 스윙을 할 수 없는 골퍼는 고칠 수 없다. 어떤 처방을 하더라도 처방을 받아 들일만한 기본 체력이 없다면 잘못된 스윙을 고치기 힘들다. 본인의 체력이 저하되어 있다면 반드시 체력을 먼저 올릴 수 있도록 운동해야 하고 이를 위한 음식 섭취와 체력 훈련에 집중하여 스윙이 가능한 몸으로 만드는 것이 우선이다.

마지막으로 동료의 말만 믿고 코치를 믿지 못하는 골퍼는 고칠 수 없다. 선무당이 사람 잡는다. 일반적으로 골퍼들은 레슨을 잘 받지 않는다. 왕초보 시절에 3개월 정도 잠깐 레슨을 받은 이후에는 거의 골프 선생이 없다. 혼자 하는 운동이다 보니 폭이 넓지 못하고 외고집을 부리다 경륜 있는 지인의 말에는 현혹된다.

정작 프로의 도움은 받지 않는다. 오래 볼을 오래 쳤다는 연유만으로 올바른 처방을 내릴 수는 없다. 잘 안 되는 스윙을 억지로 교정하려는 욕심에 잘못된 지적에 빠지는 오류에 봉착한다. 골퍼 본인의 아집과 주관에 의해 코치를 평가하고 믿지 못하는 경우는 본인의 병을 쾌유시켜 줄 수 있는 좋은 코치를 만나기가 힘들다.

교정은 원리를 알고 고쳐야지 신비의 힘으로는 고칠 수가 없다. 또한 교정 방법이나 교정 기간을 불신하는 경우에도 예후가 미비하거나 큰 성과가 없는 것은 마찬가지이다.

완벽한 라운드와 골프를 즐기는데 있어서 스트레스를 받게 하는 골퍼들은 육불치에 해당하는 골퍼들이다. 인간은 신이 아니기에 불완전한 삶을 살아가며 실수를 반복하고 있다. 연습장이든 현장이든 시공을 초월하여, 비기너들은 일불치 내지 육불치에 해당되지 않는지 점검하고 교정을 위한 노력을 게을리하지 않아야 한다.

여섯 가지 불치는 병명이나 병의 상태보다 골퍼의 마음과 생활 자세가 반듯해야 한다. 중병은 말할 것도 없고 가벼운 병이라 할지라도 골퍼 스스로의 자세가 올바르지 않다면 진땀나는 샷이 나오고 실패에 이른다. 최선의 선택은 편작처럼 위대한 코치를 찾아가 해당 불치를 교정하고 부단한 연습을 하는 것이다.

공자 중국 춘추시대의 노나라 정치가, 사상가, 교육자, 시인, 유교의 시조, 노나라의 문신, 기원전 551 ~ 기원전 479

강인한 의지로 미래를 보는 스윙을 하라

공자는 73세를 일기로 우여곡절과 영욕이 교차된 인생으로 불우한 환경을 이겨낸 인의 아이콘으로 의지의 교육자이다. 공자는 고대 중국 춘추시대의 정치가이자 사상가이며 작가이자 시인이다. 정치적으로는 삼황오제의 이상과 주나라 주공단의 철학을 따르면서 노나라 문신으로 활동하였으나 뜻을 이루지 못하고 전국을 주유천하하고 말년에 고향으로 돌아와 후학 양성으로 생을 마감한다.

공자는 노나라 무관인 숙량흘의 아들로서 70대의 나이에 친구의 딸과 야합하여 태어난 서자였으며 9척 6촌의 큰 키 때문에 꺽다리라고 불렸다. 3세 때 아버지가 죽었으며 어머니 안징재도 소경이 되어버린 생활 형편으로 공자는 어려서부터 거칠고 천한 일에 종사하면서 곤궁하고 불우한 소년 시절을 보냈다.

사생아로 태어난 공구(공자)는 놀기를 좋아했다. 무사였던 아버지와 달리 제사 지내는 흉내를 내며, 예부터 내려오는 전통적 종교 의례 ·

공자―강인한 의지로 미래를 보는 스윙을 하라　　167

제도·관습 등 글과 지식을 통달하면서 야심에 찬 정치가로, 사상 가로 변신한다.

동양 최초의 소피스트는 어떻게 난공불락의 스루더그린을 공략할까? 공자의 스루더그린을 공략하는 정신은 배움의 정신이다. 철저한 학구열로 코스 매니지먼트를 한다. 주나라 봉건제를 수립한 주공단을 멘토로 만날 수 있는 모든 사람에게서 배웠다. 노자에게서까지 배움을 청한 공자는 "15세에 배움의 뜻을 두었고, 30세에 섰다"고 술회한다. 서른 살에 학문의 기초로 인간으로서 우뚝 선 공자는 먹고 살기 위해 시작했던 향학열은 노나라에서 가장 박식한 사람으로 우뚝 선다. 그는 인간학의 아카데미를 열어 학습을 강조하고 동시에 생각하라. 그리고 배운 것을 실천하라고 주문한다. 이어 몸과 마음을 닦고 집안을 화목하게 하고 그 덕을 펼쳐서 나라를 다스리고 결국 온 천하에 평화를 이루는 도덕을 스윙한다.

※

공자는 자신의 스윙을 만들어 간다. 강인한 의지로 미래를 보는 스윙을 한다. 40고개를 넘어서는 어떤 일에 미혹됨이 없는 불혹의 스윙을 구사하고, 50고개를 이르러서는 바람도 거스르지 않는 하늘의 뜻을 이해하는 지천명의 스윙을 구사한다. 60에는 순리의 스윙을, 70에는 법도에 어긋남이 없는 유교적인 합리주의스윙으로, 인간을 사랑하고 자연을 사랑하는 스윙으로 세상을 이롭게 한다.

공자가 아카데미의 길을 선택했던 것처럼 라운드 중에 중요한 결정을 해야 할 때가 많다. 자신 있는 골퍼일수록 자신의 샷을 인정하고, 상황에 대한 예리한 판단력을 가지며, 어려운 상황에서 원하는 대로 탈출하는 지혜와 재치가 있다. 주체는 골퍼 자신이기에 모든 것을 스스로 선택하고 결정해야 한다. 누구도 자신의 샷을 대신해 줄 수는 없다.

의사 결정을 내려야 할 때에도 스스로 해야 한다. 이렇게 중요한 결정을 올바르게 하기 위해서는 먼저 자신을 친구로 만들어야 한다. 설사 약간의 잘못이나 무능함이 존재한다 하더라도 참아주고 인정해 주어야 한다. 어려울 때 좋은 친구는 짜증나는 언쟁이나 질타를 하는 방관자가 아니라 바람막이가 되어주고 버팀목이 되어주는 친구이다. 어떤 결정을 내려도 지원하고 인정해 주는 친구는 자신이다. 잘못했다고 하더라도 자책하지 않아야 한다. 어리석은 행동은 그 행동 자체의 잘못이지 자신이 아니다.

라운드 중에는 자신의 샷에 대하여 긍정적이고 신뢰가 전제되어야 한다. 샷에 대하여 결정을 하지 못한 갈팡질팡하는 샷은 스윙 전체의 리듬감과 균형을 깨트리기 때문이다. 자신을 친구로 만드는 골퍼는 자신만의 고유함을 가지고 있다. 또한 라운드 중의 자신만의 고유함이란 평소 연습한 자신만의 샷을 활용하여 현장 상황에 맞게 조화를 이루는 골퍼이다.

공자는 군자를 화이부동(和而不同)하는 사람이며 소인을 동이불화(同而不和)하는 사람이라고 말했다. 이는 **군자는 다른 사람들과 조화를 이루면서 자신의 색깔이 있지만 소인은 남들과 똑같아 지려고만 하지 조화를 이루지 못하는 경우**이다. 다시 말해 군자는 자신의 빛깔로 세상과 조화를 이루는 사람이다. 소인은 자신의 빛깔도 없고 남들과 조화도 이루지 못하는 사람을 말한다. 동반자와 화합하면서 자신의 샷을 구사하는 골퍼는 자신에게도 만족과 힘을 준다.

자신의 고유함을 가진 골퍼는 결정을 내려야 하는 대목에서 자신의 길을 찾을 수 있는 최선의 길을 능숙하게 처리한다. 자신의 고유함을 찾는 방법은 배울 수 있는 기술이 아니다. 평소 훈련되고 쌓아진 토대다. 타이거 우즈는 좋은 샷을 할 수 있는 이유 중의 하나는 언제나 같은 루틴을 따르기 때문이다. 나의 루틴은 결코 변하지 않는 나만의 유일한 것이다. 그것은 내가 최상의 샷을 할 준비가 된 상태에서 매 순간 평정심을 유지 할 수 있도록 한다고 하였다.

스포츠 심리학 측면에서도 선수들이 최상의 운동 수행을 발휘하는데 필요한 이상적인 상태를 갖추기 위해서는 자신만의 고유한 동작이나 절차가 있어야 한다고 한다. 선수들이 습관적으로 수행하는 습관화된 동작이다. 이처럼 훈련된 동작이나 습관은 자신만이 가지고 있는 강점이며 골퍼들은 자신의 강점을 위기에 봉착했을 시 잘 활용해야 한다.

자신의 강점은 잘 아는 골퍼는 다음에 일어날 일을 예측하고 장애물이 무엇인지를 자신의 눈에 보이게 한다. 약점에 집착해 올바른 판단을 하지 못해 실패하는 골퍼보다는, 자신을 신뢰하고 자신의 색깔을 가진 골퍼가 성공한 샷을 하게 될 확률이 높다.

공자에게도 선택과 집중의 시간이 다가온다. 갈림길로서 갈등의 시간이다. 천하를 평화롭게 만들고자 하는 인에 기반한 도덕정치는 부국강병책으로 천하통일을 노리는 당시 제왕들에게는 무용지물이었다.

학문적 이상을 실현하기 위해 10여 년이 넘게 공을 들인 주유열국의 기간은 성인인 공자로서도 참기 어려운 고달픈 시간이었다. 실현될 수 없는 정치 상황을 깨달은 공자는 제후와 군주들을 설득하는 일을 단념하고 세상의 움직임, 변화의 기미를 통찰하는 시간을 갖는다. 시기하고 조롱, 생명의 위협까지 받게 되는 위험 상황 속에서도 시대적 책무를 직감한다.

"다시 태산에 올라보니, 진정한 군자의 뜻이 어찌 천하보다 작기만 하랴! 두려움을 떨치고 세계로 나가보자. 더 많은 것을 보고 배우고 깨달아 돌아오자."

공자가 보는 스루더그린의 세계는 미래를 보는 눈이다. 공자의 필살기인 심상은 큰 스윙을 루틴 한다. 눈앞에 급급하지 않고 원대한 목표인 교사의 길을 택하면서 교육을 통해 자신을 수양하고 군자를 길러 그들과 더불어 수기안인을 실현하려 한다.

인생의 동반자로서 파트너십은 후학 양성이다. 미래 세대에 남은 희망을 걸면서 교육자로서의 삶은 걸출한 대학자를 무수히 배출한다. **육경에 통달한 70명의 학자와 학식이나 덕망, 재능이 출중하여 역사에 길이 이름을 남긴 열 사람의 제자인 공문십철이다.**

사상가 공자는 중국의 오래된 전통적 경전인 육경을 가르쳤다. 공자가 교육에 활용한 경전은 역, 시, 서, 예, 악, 춘추이다.

무한 보편의 인을 학습시키는 육경의 스윙은 세계의 법칙을 보게 하는 스윙이다. 18홀 내내 어떠한 방해가 있다하여도 흔들리지 않는 초심으로 끊임없는 자기반성과 통찰로 이어가게 하는 스윙이다.

인을 기반으로 하는 예의 스윙

인류의 영원한 스승으로 추앙되고 있는 공자의 드라이버는 인의 스윙이다. 인간이 취해야 할 모든 행동의 궁극적 지향점인 인으로 군자교육을 스윙한다. 어질 인(仁)은 박애, 도, 덕, 선 등의 뜻을 지니고 있는 인도주의로써 심오한 휴머니즘이다.

골퍼로서 명분을 바르게 하고, 골퍼답게 동반자답게 자신의 본분을 지킴으로 스포츠맨십과 페어플레이를 다한다. 여기에 약자를 보호하고 내가 싫고 할 수 없는 것은 다른 사람에게 강요하지 않는다. 공자에게는 자신이 하기 싫은 것, 자신이 할 수 없는 것을 동반자에게 강요하는 것은 인이 아닌 억세고 모질은 마음이다.

골퍼는 품격을 가지고 성인과 군자가 되기 위한 노력을 게을리하지

않고 범인과 소인, 악인이 되지 않아야 함을 강조
한다. 라운드 중에 인을 이루기 위해서 예에 엄
격하고 절도를 가지고 엄숙·온화·원만한 성
품으로 행동한다. 동반자들에게 무리하
지 않도록 주문한다. 이는 때와 장
소에 맞게 말하고 처신하는 것을
평상의 생활로 꾸준히 떳떳하게 항
상 지속하는 중용의 스윙이다.

　골퍼는 각자의 능력과 이해 정도에
따라 가장 적합한 방법의 성품이 있다.
공자의 드라이버는 현실적이고 현세적
이었으며, 실용적이며 합리적, 상식적이다.

　공자는 인을 지향하고 예에 정진하고 실천하는 군자 스윙을 요구한
다. 군자 골퍼는 덕을 생각하고 보편적이며 비상대적이다. 소인은 이익
만을 생각하며 비보편적이고 상대적이다. 동반자에게 해를 끼쳐서라도
자신의 이익을 행하는 악인에 대하여 패널티를 준다.

　공자가 생각하는 아이언의 길은 덕의 스윙이다.

　덕이란 골퍼에게 필요한 훌륭한 자질이며 인격이다. 덕은 동반자들
에게 감화를 미친다. 리더가 덕으로써 동반자들과 함께 하면 이에 따라
동반자들의 덕도 높아져 라운드는 저절로 평화로워진다는 것이 공자의
리더십이다.

　공자의 리더십은 동반자들에게 인을 터득하게 함으로써 학식과 함께
인격적인 덕을 겸비하는 군자 골퍼가 되도록 하고, 라운드 세상은 내기
골프의 투쟁이 아닌 나눔의 골프, 평화의 골프로 이루어진다는 것이다.

　공자는 골퍼로서 내면적 도덕성인 인을 가지고 제도적인 라운드 규

범으로 예의 스윙을 한다. 골퍼로서 참다운 사랑과 인간됨이며 라운드의 행위와 규범이다. 골퍼의 편협한 생각이나 승부욕을 극복하기 위해, 스포츠맨십인 동반자들과의 예를 지켜야 함을 강조한다.

공자는 극기복례의 퍼팅을 한다. 나를 이기고 예로 돌아가는 퍼팅이다. 인은 이기심을 억제하고 예를 실천하는 퍼팅이다. 예는 인을 기반으로 하여 자신을 실현할 때 정당하여진다.

"예가 아니면 보지도, 듣지도, 말하지도, 행하지도 말라."

손해를 보지 않고 피해야할 언행은 방자함과 놀기와 주색을 즐기는 일이다. 시기심과 경쟁 속에 휩싸인 골퍼들에게 교훈을 준다. 동반자에게 예를 실현하라. 동반자에게 예는 인을 바탕으로 한다. 동반자에게 예의를 갖춘 사랑과 약자에 대한 사랑하는 마음이 담긴 예절이다.

"人而不仁이면 如禮何인가?"(인이불인 여예하)

사람이 어질지 못하면 예의가 무슨 소용이겠는가? 공자의 사상은 현실적이고 상식적인 듯하면서 심오하다. 또한 골퍼로서 자율적인 예의 근본을 강조하며 정직한 마음을 알게 한다.

모든 사람이 더불어 잘살 수 있는 대동사회로 가는 지혜를 준다. 자신의 신분과 지위에 따라 맡은 바 역할을 다하고, 리더는 군자다운 인격을 닦고서 구성원을 편안하게 하는 공자의 사상은, 도덕성을 회복하게 하는 인의 사상이다. 인의 사상은 충서의 사상이다. 충서는 성실과 신뢰의 인간관계 속에서 자기가 하기 싫은 일을 남에게 강요하지 않는 자신을 낮추는 일에서 출발한다.

'어진 사랑은 곧 사람이니라' 사랑할 줄 모르면 사람이 아니다. 공자에게서 발현된 인자인지의 사상은 맹자의 성선설과 순자의 성악설로 나뉘어 발전하게 된다.

맹자 중국 전국시대 추나라의 유학자. 인의왕도론. 성선설.
기원전 372 ~ 기원전 289

인의 뜻을 가진 의의 스윙을 하라

공자를 숭상하고, 공자의 사상을 발전시켜 유교를 후세에 전하는 데 큰 영향을 미친 맹자는 성선설을 주장한 의의 아이콘이다. 성선설은 내성에 속하고 왕도 정치는 외왕으로 군자는 수기치인, 성왕을 요구하고 인과 의로써 덕의 정치를 만든다. 인이란 사람으로서의 덕이다. 왕도 정치에 의한 인의 실현은 수오의 마음으로 내적인 수양과 외적인 실천의 발현이다.

거처는 마음을 변화시키고 수양은 몸을 변화시킨다. 맹모삼천지교의 현모의 손에서 성장한 맹자는 전국의 혼란 시대에 인의의 도를 강조하였으며, 인의예지의 사단을 확립한다.

✻

군자 골퍼가 품어야 할 4가지 스포츠맨십이다. 사람의 본성에서 우러나는 네 가지 마음씨는 스루더그린을 장식한다. 먼저 인에서 우러나는 측은히 여기는 마음으로 곤경에 처한 골퍼를 측은하게 여기는 마음을 가진 골퍼이다. 두 번째는 의에서 우러나는 부끄러워하는 마음이다. 이는 알까기나 의롭지 못한 일에 대해서 부끄러워하고 미워하는 마음이다. 세 번째는 예에서 우러나는 사양하는 마음이다. 동반자를 공경하고 사양하는 마음이다. 네 번째는 지에서 우러나는 시비를 따지려는 마음이다. 페어플레이로 옳고 그름을 판단할 줄 아는 능력이다.

호연지기를 지닌 대장부의 스윙으로 인간과 인의에 의한 왕도 정치를 역설한 맹자는 인의 뜻을 지닌 의의 스윙이다. 맹자는 보편적인 인애의 덕을 주장하고, 인애의 실천에 있어 현실에 적합한 태도를 결정하는 의의 덕을 사랑했다. 인은 마음의 스윙이며, 의는 길의 스윙으로써, 의는 인의 실천에서 지켜야 할 덕으로 준엄성을 가진다.

인의 스윙이나 의의 스윙은 부동심의 스윙이다. 어떤 이익이나 유혹에도 흔들리지 않는 부동심은 최고의 골퍼가 가져야 할 필수적인 덕목이다.

맹자는 부동심으로 고수가 되어도 자만하지 않아야 하고 하수가 되어도 마음이 흔들리지 않는 부동심을 지니라고 권고한다. 이는 어떤 위협과 유혹에도 마음이 굴하지 않는다. 강인한 부동심의 드라이버를 갖기 위해서는 호연지기의 내성을 갖추는 골퍼가 되어야 한다. 골퍼로서 도덕적으로 올바른 것을 실천하려는 호연지기를 길러야, 역경이나 유혹에 흔들리지 않고 거리낌 없이 뜻하는 바를 실행할 수 있다고 보았다. 부동심은 대장부의 스윙이다. 대장부의 스윙은 의리의 스윙이다. 의리의 스윙은 생명력의 스윙이다. 이는 자기 향상을 위한 끊임없는 노력과 자기 격려의 스윙이다.

맹자는 도덕 정치의 요순을 자기 향상의 멘토로 삼아 대장부의 큰 뜻을 실현하고자 노력했다. 시련을 극복하고 유혹을 물리치는 군센 신념의 골퍼로서, 인의 뜻을 가지고 의를 실현하는 최고의 골퍼였다.

맹자는 물질적 풍요나 사회적 지위보다는 세상의 이치에 즐거움을 둔다. 군자삼락으로 군자의 세 가지 즐거움을 밝힌다. 부모님이 모두 살아계시고 형제들이 무고한 것이 첫째 즐거움이요, 하늘을 우러러 부끄럽지 않고, 사람들을 굽어보아 부끄럽지 않은 것이 두 번째 즐거움이며, 천하의 영재를 얻어 가르치는 것이 세 번째 즐거움이다. 이렇게 가르침을 준다. 천하의 왕이 되는 것이 대장부의 낙이 아니라 의의 실천을 강조한 맹자는 성인으로 패기가 있고 자신감이 넘치며 당당한 성품을 보인다.

자기 수련으로 경영의 스윙을 하라

"자신의 마음을 온전하게 발휘하는 자는 자신의 본성에 대해 알게 된다. 자신의 본성에 대해 알게 되면 하늘을 이해하게 된다."

골퍼의 자연적 감성을 중요시한 맹자는 만물이 모두 내게 갖춰져 있다고 고언을 한다. 신이 골퍼에게 준 자연 속에서 하나의 작품을 연출한다. 원형으로 만들어진 관람석의 중앙에는 무대가 만들어져 다른 종의 거위와 새들이 자유스럽게 움직이며 춤을 춘다. 주롱새공원의 새들은 리드하는 사람의 주문에 맞추어 연출을 한다. 상당 시간 훈련된 결과인 것 같다.

유독 빨갛고 노란 호화스러운 빛깔 모양의 새들은 사이드에서 중앙으로 중앙에서 사이드로 자유롭게 날아다닌다. 관람객을 무서워하지 않고 진행자의 멘트에 의해 여러 가지 형상을 그리면서 제스처로 사람들과 어울린다. 골퍼들은 오감을 가지고 바람과 소리를 들으면서 마음의 안식을 찾는다. 새들의 향연은 개인주의와 상업주의에 찌든 골퍼의 영혼을 따뜻하게 하고 소통의 에너지를 준다.

그린 정책의 환경 도시 한복판에서 새들의 부드러움과 아름다움을 느낄 수 있음은 도시 소음 공해와 오염에 반해 이곳을 찾는 이들의 마음을 정화시킨다. 하찮은 미물일지라도 골퍼의 마음을 편안하게 하고 함께 공유함은 이종의 동물 세계에서도 따뜻한 사랑을 가지게 한다.

맹자의 스루더그린은 자연을 가공하여 만든 작품이다. 각종의 공원을 만들어 새들의 몸짓이 연출되듯 라운드에서도 사람들의 몸짓이 연출된다. 골퍼들은 세상의 지배 속에 설계된 코스와 규정된 룰에 의해 자연스러움과 부자연스러움이 공존한다.

비기너들이어 자연 속의 라운드를 즐기자. 동반자와 함께 호흡하자.

한 발자국 한 발자국 필드를 내딪으면서 땅을 사랑하고, 자연을 사랑하고, 동반자를 사랑하고, 동반자를 위한 호흡을 하자. 많은 사람들 앞에서 장기 자랑하고 어깨동무하면서 나보다도 동반자를 우선시하는 심성을 가지자. **동반자와의 배려는 가지고 있는 자신만의 에너지를 감지하고 소통할 수 있게 한다.** 치열한 경쟁 사회의 구성원들에게 잠시나마 친구가 되고 인간미를 나눌 수 있는 라운드가 된다.

대가를 바라지 않는 그들의 몸짓, 표정은 우리를 휴식하고 새로운 시너지를 만들어준다. 작지만 소홀하기 쉬운 데서부터 남에게로 눈을 돌리고 나보다는 남을 위하자. 남의 슬픔과 아픔을 감싸주는 리더가 되자.

백성을 사랑하고 인정을 베풀 것을 강조한 맹자는 경영의 기초를 들려준다. 스루더그린의 자연스러움과 골퍼의 의연함이 조화를 이루면서 맹자는 고수로 가는 골퍼의 수련법을 가르친다. 첫 홀에서는 먼저 바람과 풀의 비유로 백성을 사랑하고 인정을 베풀면서 동반자들에게 스스로 모범을 보인다. 페어웨이의 바람은 군자의 덕이고 페어웨이의 풀은 소인의 덕이다. 풀은 바람이 불면 반드시 바람에 따라 눕게 된다. 최고의 고수는 자신을 먼저 수양한다.

자신이 반듯해야 남을 바르게 할 수 있다. 리더가 잘하면 아랫사람도 따르게 된다. 리더는 아랫사람의 귀감으로 말과 행동, 말투와 외모를 비롯한 모든 희로애락의 표현까지 직접적인 영향을 끼친다.

두 번째 홀에서는 호연지기이다. 골퍼로서 크고 강한 자신감을 가져야 한다. 의연함이다. 리더는 정기를 바탕으로 업무에 임하면 자신에게 최선을 다할 수 있으며, 일을 처리하는 데 있어서도 스스로를 존중할 수 있다.

세 번째 홀에서 자신에게 엄격하라고 주문한다. 하수는 자기 밭은 돌보지 않고 내버려둔 채 남의 밭에 가서 풀 뽑으라며 참견한다. 남에게는 엄격하면서 자신에게는 관대하다. 고수는 그렇지 않다. 자신에게 엄격한 리더는 아랫사람에게 환영과 추종을 받을 것이다.

네 번째 홀에서는 핑계 요인을 멀리하라는 것이다. 노인을 위해 나뭇가지를 꺾는 것은 쉬운 일이지만, 이 일을 할 수 없다면 인정의 눈높이를 낮추어 소인배들처럼 거절할 핑계 거리를 찾지 못하게 한다. 항상 핑계를 대거나 운명을 탓하는 골퍼는 목표를 실현할 수 없다. 반면에 목표를 달성하고 성공을 이룬 골퍼들은 기회를 찾기 위해 적극적이며 위기에 처했을 때 바로 물러서거나 핑계를 대지 않는다.

다섯 번째 홀에서는 평생 학습을 권장한다. 자신을 충전하라! 군자가 일정한 방법에 따라 깊이 연구하는 것은 스스로 깨달음을 얻기 위함이다. 고수는 항상 공부하는 자세로 끊임없이 자신을 발전시킨다. 지식경제 사회에서는 하루가 다르게 발전하고 변화한다. 실력을 쌓고 단련하지 않으면 자유경쟁 사회에서 살아남을 수가 없다.

여섯 번째 홀에서는 끝까지 포기하지 않는 가르침을 준다. 모든 일은 우물을 파는 것에 비유할 수 있다. 계속 파내려가도 물이 나오지 않으면 그것은 쓸모없는 구덩이일 뿐이다. 고수는 어떤 일이든 포기하지 않는 보편적인 진리를 가지고 있다. 하수는 힘들 때 길가에 앉아 쉬고 있을 뿐이다.

일곱 번째 홀에서는 강한 책임감을 강조한다. **천하를 태평하게 하려면 지금 이 세상에서 나 말고 또 누가 있겠느냐! 고수로서 최고의 리더로서 갖추어야 할 중요한 직업윤리는 책임감이다.** 고수의 정신 세계인 책임감으로 무장되어 있다. 나보다는 동반자를, 개인보다는 조직의 이익을 먼저 생각한다. 책임감 있는 리더는 성실하고 진지하고 훌륭한 인간성과 직업윤리를 지니고 있다.

여덟 번째 홀에서는 높은 이상을 가지라고 주문한다. 생각의 크기만큼 무대가 넓어진다. 원대한 목표 의식을 가지고 자신의 목표 지점을 정확히 아는 것이다. 자신의 이상을 비춰줄 등불이 있는 넓은 무대를 찾아 능력을 아낌없이 발휘해야 한다.

아홉 번째 홀에서는 결단하라는 것이다. 우유부단한 사람은 성공할 수 없다. 취사선택을 해야 한다. 어떤 문제가 생겼을 때 결정하지 못하고 생각만 반복하면 기회를 놓치게 된다. 지식과 경험이 풍부한 사람은 결정 및 선택 능력이 뛰어나다. 선택 능력은 지식과 경험에서 파생된다.

무의 뜻을 따라
무위의 스윙을 하라

　　중국 철학의 아버지이자 태상노군으로 불린 노자는 무위의 아이콘이다. 중국에서 우주 만물을 최초로 생각한 노자는 우주의 진리를 도라 명명하며, 우주 만물이 이루어지는 이치를 설명한다. 무위자연이라는 말은 사람이 우주의 근본이며, 진리인 도의 길에 도달하려면 자연의 법칙에 따라 살아야 한다는 것이 노자의 무위자연 사상이다.

　　"도는 걸어 다녔기 때문에 만들어진 것이고 사물은 그렇게 불렀기 때문에 그렇게 구분된 것이다."

　　만물은 도에서 나온 것이며 도가 만물의 근원임을 설명한 노자는 도가 모든 개체들에 선행하는 절대적인 원리로 설명한다.

　　세속의 모든 풍속·문화는 인위적인 것에 얽매이지 않고, **사람의 가장 순수한 양심에 따라, 있는 그대로의 모습을 지키며 살아갈 때 도에 이를 수 있다.** 도는 성질이나 모양을 가지지 않으며, 변하거나 없어지지 않으며, 항상 어디에나 있다. 우리가 눈으로 볼 수 있는 여러 가지

형태의 우주 만물은 도가 밖으로 나타난 모습이다. 모든 우주 만물의 형태는 그 근본을 따지면 결국은 17가지 진리에 도달하게 된다는 것이 노자의 사상이다.

✹

노자 스윙은 무와 무위의 스윙이다. 무에서 유를 창조하는 스윙이다. 무는 인식론으로써의 스윙 철학이라고 할 수 있으며, 무위는 실천으로써의 스윙정치학이다. 스루더그린의 세계에서는 무용지용의 스윙을 강조한다. 만물의 본체를 무에 두고 유보다는 우위에 두었다.

노자의 심리 체계는 통일적이며 동태적이다.

발뒤꿈치를 들고 오래 서 있을 수 없으며, 강풍은 아침 내내 불 수 없고, 폭우는 하루 종일 내릴 수 없다. 오묘하고 웅장한 자태를 드러내는 페어웨이에서의 그의 드라이버는 만물이 고정되거나 영원하지 않다는 것을 파악하고 있다. 동태적인 유연함마저 지닌다. 화 속에 복이 있고 복 속에 화가 엎드려 있는 상대적이지만 대립적이지도 않는 관계, 무위의 스윙이다.

요즈음 시대는 강하지 못하면 살아남지 못하는 세상인가? 필드에서도 사회에서도 강한 골퍼만이 득세를 하는 세상이다. 남녀노소에 관계없이 개성 강한 골퍼가 시대를 점령하고 독선과 아집의 사회 문화 정체성 속에서 살고 있다.

진정한 이 시대의 자화상은 무엇일까? 내 주변에는 매사를 부드러움으로 온화하게 베푸는 골퍼보다는 원칙에 의존하여 강하게 결정하는 골퍼들이 많아지면서 갈수록 이해관계에 집착해진다.

세상은 강한 골퍼와 부드러운 골퍼로 나누어진다. 욕심이 많은 세상일수록 강한 골퍼들이 득세를 하고, 인심이 후한 편한 세상은 부드럽고 온유한 골퍼들이 많은 세상이다. 강하게 부르짖는 골퍼들은 여기저기에서 부러지고 넘어지고 라운드의 질서가 깨트려진다. 버너드 다윈은 스포츠 경기 중 골프만큼 플레이어의 성질을 드러내는 것이 없다고 토로한다. 그것도 최선과 최악의 형태로 나타나게 한다.

최선의 파트너십과 최악의 이질감으로 나타난다. 노자는 최상의 선은 흐르는 물과도 같다고 했다. 자타가 인정하는 강함이란 흐르는 물처럼 유하면서 파워를 겸비한 사람이다. 골프 스윙에서도 부드러우면서 일정한 템포를 가지고 있어야 한다. **리듬과 템포는 강함을 수반한다. 부드러운 스윙은 부상을 방지하면서 풀스윙의 일관된 흐름을 유지할 수 있다.**

코스를 공략하려면 다루는 솜씨에 따라 희로애락이 달라진다. 거칠게 다루면 거칠어지고 부드럽게 다루면 흐르는 물처럼 유하게 흘러간다. 부드러운 스윙은 체력적으로나 기운을 증강시키면서 자신만의 스윙으로 유도할 수 있다. 부드럽게 시작해 부드럽게 끝내면 스윙의 완성을 통해 겸양의 의미도 알게 된다.

골프 고수는 겸손하다. 겸손한 골퍼는 고수로 가는 지름길이다. 경쟁 사회 속에서 지식보다는 지혜가 더 절실하게 필요한 아쉬운 대목이다. 마음의 정성을 담아 드리는 선물을 싸는 보자기는 한낱 사각 천 조각이지만 필요한 용도로 정성스럽게 포장하면서 전달하는 사람의 소중한 물건이 된다.

강한 골퍼들이 득세하는 시대 속에서 자그마한 역할이지만 보자기처럼 자기 쓰임을 찾으면서 우리 비기너들도 유연하게 사물을 바라보는 골퍼가 되자.

노자의 스윙은 약자를 위한 스윙이다. 최고의 선은 물과 같다는 상선약수의 스윙으로 강한 것보다 약한 것을 더 신뢰한다. 노자의 스윙은 약자의 실천이며 고수를 이기는 비결이다. 위무위로써 서두르는 법이 없이 꾸준히 몸을 낮추면 반드시 이긴다는 가르침을 준다. 강함보다는 약함을, 동(動)보다는 정(靜)을, 만(滿)보다는 허(虛)를, 진(進)보다는 귀(歸)를, 교(巧)보다는 졸(拙)을, 웅(雄)보다는 자(雌)를 더 높은 가치로 본다. 이는 보이지 않는 것, 버린 것, 돌보지 않는 것을 조명하고 있다.

노자의 스윙 철학은 근본을 높이고 말단을 줄이는 숭본식말 스윙이다. 본래 상태인 도나 자연으로의 회귀하는 귀본의 철학이다. 본은 도이며 자연이다. 사람은 땅을 본받고, 땅은 하늘을 본받고, 하늘은 도를 본받고, 도는 자연을 본받는다는 체계가 노자의 세계이다.

자연을 궁극적 가치로 하여 자연으로 돌아갈 것을 주장한다. 도는 하나를 낳고 하나는 둘을 낳고, 둘은 셋을 낳고, 셋은 만물을 낳는다.

노자의 스윙은 도의 스윙에서 출발하여 만물의 스윙을 갖추고 있다. 이는 비워야 채워지는 스윙이다. **그린에서의 홀인은 누구도 예측할 수 없다. 좀 더 유리하거나 스킬을 이용하여 홀인하려 하지만 쉽지 않다.** 그린 경사도나 빠르기 등 모든 어려움을 파악하고 결정하고 실행해야 한다. 이때 필요한 것은 스스로 헤쳐 나가는 힘이다. 어려움을 헤쳐 나가는 방법을 모르고 타수를 줄여 나갈 수가 없다. 실패를 극복할 줄 아는 사람만이 성공의 귀중함을 안다.

발돋움하려고 발을 곧추세우면 발밑이 불안해진다 하였다. 세상의 가장 큰 죄는 욕망에서 비롯되고, 최대의 화는 족함을 알지 못한 데서 오며, 최대의 과오는 이익을 탐내는 데서 기인한다.

스코어를 줄이기 위한 탐욕은 큰 화를 부른다. 기본을 지키고 자신의 마음을 비우면 과욕을 버리고 그치는 것이 가능하여 쓰리 퍼팅의 재앙을 막고 스코어를 지키게 된다. 욕심은 더 큰 탐욕으로 발전하고 사람을 추하게 하는 근본임을 깨달으며, 비움은 독립된 개체로써 스루더그린을 준수한다. 군자 골퍼는 안정성을 가진 유연함으로 자연을 리드한다.

경계의 사이에서 경영의 스윙을 하라

해와 달을 품은 사람 노자의 골프 경영은 경계를 허무는 마음이다. 가장 훌륭한 지적인 활동은 도처럼 행동하는 것으로, **이는 경계에 서서 대립 양면을 살펴보는 행동이다. 해와 달과의 관계 속에서 달과 해를 교차하는 동시에 포착하는 능력을 주문한다.** 따로 따로 분리된 대립의 관계가 아닌 창조적인 상생의 관계로 경계 없이 넘나드는 긍정의 통찰이다.

마음을 함께하는 동반 라운드는 즐겁지만 마음을 열지 않는 라운드는 무미건조하다. 함께하는 골퍼들에게 솔직한 사랑은 거짓이 없다. 있는 그대로 받아들이는 사랑은 이해의 문제에서 탈피한 무소유의 참모습을 보게 한다. 어린아이의 천진난만한 사랑처럼 골퍼들의 사랑도 아무 조건 없는 사랑이면 이 세상이 얼마나 평온하고 아름답겠는가?

아름다운 골퍼는 이러한 사랑을 받아들일 줄 아는 골퍼이다. 비록 세상이란 세파 속에서 가식과 허울 속에서 살아간다지만 라운드에서만큼이라도 솔직하게 사랑하고 사랑을 받아들이자.

질투, 언쟁, 승부욕, 멘탈 붕괴 등으로 라운드가 즐겁지 못하는 불상사가 벌어지고, 부정적인 에너지가 일어나더라도, 크게 심호흡을 하고 동반자에게 함께 따뜻한 에너지를 솔직하게 나누자. 흥분된 동반자의 마음을 풀어주고 산만한 분위기를 일으켜 세우는 정직한 충고는 라운드를 재미있게 하고 스트레스를 풀어주는 행복한 시간이 된다.

잘못한 것이 있으면 인정하자. 잘못을 인정하면 정직해 진다. 정직한 파트너는 사랑을 줄 수 있다. 솔직한 사람은 문제를 해결하려는 의지가 있는 사람이다.

라운드 중에 뻔뻔하지 말고 사랑이 찾아오면 솔직하게 받아들이자.

누구에게나 인간의 결함과 불안전함이 있는 골퍼이지만 파트너십
으로 채워주면서 솔직해지자. 솔직한 표현은 어두운 마음을 열게 하
고 받아들이게 하는 마법을 가지고 있다.

사랑의 선물은 솔직하게 받아들이는 것이 선물에 대한 최고의 보답
이다. 사랑을 받을 가치가 있는 사람은 누구에게 인정받을 수 있는 소중
한 자산을 가지고 있는 사람이다. 솔직한 골퍼는 매너 있는 골퍼로서 분
위기를 반전시켜 주는 그라운드의 영웅이다.

노자는 스루더그린에서 행해지는 언어, 개념, 인식의 상대성을 강조
하고, 서로 대립되는 경계를 허문다. 경쟁과 스코어, 원칙과 배려, 스포
츠맨십과 페어플레이, 동반자와 파트너 관계를 주목한다. 특히 강하고
단단함, 높음과 채움에 대비하여 약함과 부드러움, 낮음과 비움으로 채
우면서 겸손함을 강조한다.

노자는 고수의 욕심으로 인하여, 스포츠 경쟁을 빌미로 하수들에게
여러 가지 피해를 주는 헛된 마음을 품지 않는다. 리더는 여러 가지 복
잡한 룰과 규칙을 시행할 것이 아니라, 골퍼들이 자발적으로 그리고 자
율적으로 게임을 하게 만든다. 군자 골퍼는 지나친 욕심을 버리고 자연
에 맞춰 자연스럽게 살아가는 것이 오랫동안 즐기며 행복할 수 있다.

노자의 정치 철학은 소국과민(小國寡民)이다. 이는 **내기 골프가 아**
닌 작은 마음으로 배려하라는 말로써, 노자는 부드럽고 약한 것을
소중히 여기고, 무위(無爲)와 무욕(武慾)을 가지라고 권고한다.

작을수록, 자연에 순응할수록 채워진다. 노자는 불필요하게 자신을
남과 비교하거나 과도한 경쟁이 발생하지 않아야 파트너와의 관계가 돈
독해질 수 있다는 소국과민의 인간관계를 들려준다.

첫째, 진실함이 없는 아름다운 말을 늘어놓지 말라. 허세 골퍼의 가
식은 금방 밝혀진다. 동반자 비위를 맞추거나 사람을 추켜세우거나 머

지않아 밝혀질 사실을 감언이설로 회유하면서 일회성으로 인생을 살아가려는 사람은 신뢰받지 못하여 생명력이 없다.

둘째, 말 많음을 삼가라. 잔소리형 골퍼는 싫다. 차라리 18홀 내내 말이 없는 편이 좋다. 말없이 성의를 보이는 것이 오히려 신뢰를 갖게 한다. 말보다 태도로써 나타내 보여야 한다.

셋째, 아는 체하지 말라. 지식형 골퍼가 너무 많다. 아무리 많이 알고 있더라도 너무 아는 체하기보다는 잠자코 있는 편이 낫다. 지혜 있는 자는 지식이 있더라도 이를 남에게 나타내려 하지 않는 법이다.

넷째, 돈에 너무 집착하지 말라. 돈은 인생의 윤활유로써는 필요한 것임에 틀림이 없지만 인생의 전부는 아니다. 스코어와 돈에 집착한 채 돈의 노예가 되는 것은 파트너를 잃어버리는 안타까운 노릇이다.

다섯째, 다투지 말라. 승부욕이 강해 남과 다툰다는 것은 손해다. 어떠한 일에나 유연하게 대처해야 한다. 자기의 주장을 밀고 나가려는 사람은 이익보다 손해를 많이 본다. 자연은 진실하고 거짓이 없다. 아무리 머리가 좋고 재능이 있어도 인간관계가 좋지 않으면 게임도 실패하고 인생도 실패한다. 욕심을 버리고 자연의 순리대로 살아가자.

마음을 비우면 무위의 경지에 오를 수 있다고 강조한 노자처럼 자유로운 존재가 되어 맑은 영혼의 길에서 물 흐르듯 순리대로 살아가는 노자의 리더십은 비움과 낮춤의 지혜이다.

골프가 인문학을 만나다: 동서양 천재들의 필드 리더십

◈ 장자 중국 전국 시대 송나라 철학자. 도가의 대표적 인물.
만물일원론 주창. 기원전 369 ~ 기원전 289

쓸모없음이 쓸모 있는
무용지용의 스윙을 하라

노자의 사상을 계승한 장자는 만물 일원론을 주창했다. 상대주의, 시각주의를 나타내는 장자는 어려운 개념을 쉽게 풀어나가는 이야기꾼의 아이콘이다. 모든 의견은 각자의 견지에서 나오는 것이므로 이른바 보편타당한 객관적 기준이 있을 수 없다. 장자는 나비가 되어 훨훨 자유로이 날아다니는 꿈을 꾼 이래, 본인이 나비의 꿈을 꾸는지, 나비가 장자의 꿈을 꾸는지 모른다. 모호한 실재 세계의 모습이다. 우리의 판단은 각자의 처지에 따른 것이기에 자신의 견해를 절대화할 수는 없다.

전성하려면 타고난 그대로 살아라. 오리발이 짧다고 잡아 늘이고, 학의 목이 길다고 짧게 줄이면 오히려 제 구실을 못한다. 있는 것을 다르게 개조하거나 없는 것을 인위로 만들어내면 자연의 상태가 파괴되고 형평이 깨져서 자연과 만유는 다 같이 피해를 보게 마련이다. 그러므로 장자는 인위를 가지고 자연을 파괴하지 말라고 외친다. 오리발이 짧지만 짧은 건지, 학의 목이 길지만 긴 건지, 그 기준은 어디까지나

서로 다른 사물 간의 비교를 통해 이루어진다. 만물의 조화이다.

장자가 말하는 도란 도라 말할 수 있을 것은 도가 아니다. 고로 노자의 노선을 따르면서 한마디로 절대 진리는 말이나 문자로 나타낼 수 없다는 것이다.

❈

장자의 스루더그린을 보는 눈은 독선에 빠지지 않고 전체를 본다. 높은 곳과 낮은 곳을 바라보며 시시비비를 따지는 분별지를 초월한다. 고요 속에 머무는 좌망의 호흡을 가진다. 그리고 마음을 비우는 심재의 영상을 그린다. 나를 잃어버린 오상아의 상태에서 페어웨이와 그린을 바라본다. 누구나 자연의 순리에 따르면 그것이 곧 양생이 되고, 처세의도가 된다.

개인의 주체적 수양 공부와 내적인 깨달음을 강조한 장자의 드라이버는 무용지용의 드라이버이다. 비거리가 나지 않는다고 쓸 데가 없다는 무용의 관점을 좀 달리 생각하여, 방향성을 주어 정확도 있는 샷을할 수 있다는 지용의 지혜이다.

또한 조삼모사의 스윙을 피하라고 권한다. 정신과 마음을 통일하면서, 모든 것이 같음을 알지 못하는 우물 안의 심리에서 탈출하라고 말한다. 먼저 선수를 쳤다고 영원토록 고수가 아니다. 장자는 비기너도 고수가 될 수 있다는 여유를 가지고 있다.

진정한 하수는 무능한 고수의 한계를 극복할 수 있는 것처럼 부단한 훈련을 통해 균형적 스윙을 만들어 간다. 명분이나 사실에 있어달라진 것이 없는데도 기뻐하고 화내는 충동의 절제를 요구한다.

군자 골퍼는 모든 시비를 조화시켜 균형이 잡힌 자연에 몸을 쉬게 하면서, 자기와 만물 양편 다 통하는 양행의 도를 실천한다.

장자의 스윙은 태약목계(呆若木鷄)의 스윙이다. 나무로 깎아 만든 닭인 태약목계는 느리고 둔한 사람을 의미한다. 하지만 장자는 태약목계를 오히려 사람을 칭찬하는 말로 대신하면서, 태산이 무너져 내려도 놀라거나 당황하지 않는 경지이며, 이 경지에 도달하면 일격으로 상대를 제압해 승리를 쟁취할 수 있다는 가르침을 준다.

장자는 타고난 이야기꾼으로 상상력과 유머감각이 있는 골퍼였다. 문학적 감수성과 생동감으로 화려하고 다채롭게 삶을 관찰한다. 명상은 깊이 생각하다, 궁리의 뜻으로 쓰인다. 중국에서는 조용히 생각하다는 용어로 번역되고 있다.

현대인들이 골퍼를 즐기는 이유 중의 하나가 스트레스 감소, 휴식과 자기 개선을 하기 위해서이다. 비기너들은 골프 라운드를 대자연의 섭리를 거스르지 않고 순응하면서 몸소 체험하고 있다. 동반자들과 담소 속에서 걸으면서 스스로 궁리하고 결정한다. 결정은 짧은 시간에 이루어지고 평소 생각되어진 대로 진행된다.

안타깝게도 결정은 순식간에 이루어지기에 평소 명상의 훈련을 하지 않는 골퍼는 낭패를 보기가 쉽다. 이러한 명상은 누가 대신 해줄 수가 없다. 명상은 일반적으로 개인이 스스로 할 수 있는 내부 호출, 개인 연습이다. 명상은 자신의 일부 또는 모든 것, 특히 보이지 않는 마음의 상태이다. 주의를 기울어 방법을 아무도 가르쳐 주지 않는다.

명상하는 방법을 배울 수 있다면 세상살이가 그리 어렵지는 않을 것이다. 명상가들은 명상이 삶에서 가장 큰 예술 중 하나라고 한다. 다른 사람에게서 배울 수 없기에 자신만의 아름다움일수도 있겠다. 명상의 기술과 방법은 자신이 터득해야 한다. 자신의 생활환경과 태도, 성격, 여건 등으로 결정되어질 것이다.

비기너 골퍼들은 명상의 시간을 얼마나 하고 있을까? 필자는 명상을 골프에서 평소 찬찬히 찾아보라고 권하고 싶다. 잠자고 일어나는 시간에, 열심히 일하는 시간에, 일을 마무리하고 들어가는 저녁 시간을 통해 짬짬이 자신의 명상을 해야 한다. 하루를 마무리하는 명상의 시간을 가지면 더욱 좋겠다.

내면의 소리를 경청하고 자신의 마음을 정리하며 다음날을 준비하는 명상의 시간… 절망의 나락에서 희망의 심천으로 도달할 때까지 명상하자. 고요한 침묵 속에 천둥과 벼락이 쳐도 묵묵히 이겨내는 힘인 명상을 즐기자. 명상은 불안한 세태를 정화시킬 수 있는 에너지이다. 에너지는 맑고 깨끗할수록 내가 원하는 것을 이루어 낼 수 있다.

명상은 뇌를 통하여 이루어진다. 우리 몸에서 일어나는 정신적, 육체적 작용을 컨트롤하는 뇌를 통해 연습되어야 한다. 우리의 뇌는 평소 집중하고, 가장 많이, 오랫동안 한 생각을 습관적으로 하기에 부정적인 언행을 개선시키는 명상을 통해 만들어가야 한다. 라운드에서 승리하는 길은 스루더그린에서의 혼란스러움을 명상의 훈련을 통해 천천히 스윙하는 골퍼이다.

태약목계 스윙은 페어웨이를 어떻게 공략하여야 할 것인가를 논하는 처세술적인 스윙이다. 리더는 경쟁을 느긋하게 받아들이고 어떤 상황에서도 냉정함을 유지하고 차분해야 한다. 또한 조급하거나 자신의 능력을 과시하거나 자만하지 않고 흥분하지 않는다.

경쟁자와의 고조된 감정은 스윙의 기본을 망가뜨려 일관성 없는 샷을 유발시킨다. 경사도에 따라 스윙이 달라진다. 드라이버는 어퍼스윙으로 아이언은 다운스윙으로 클럽의 형태에 따라 스윙한다.

골퍼들은 자유를 생각하며 구속이 없는 상태에서 자기 마음대로 행동할 수 있는 스윙을 생각한다. **골퍼에게 이런 절대적인 자유는 현실적으로 불가능하다.** 스윙의 오류와 멘탈로 인한 구속은 여전히 존재한다. 지속적으로 어려움과 난관에 부딪힌다.

힘이 있다고 마냥 거리만을 낼 수가 없다. 아웃오브바운즈가 있기 때문이다. 바람을 따라 순항하는 것처럼 양력과 중력의 이치를 깨달으며 볼을 비행하게 한다. 태풍이라는 거대한 바람에 몸을 맞기며 하늘을 날 수 있을 때 우리는 비로소 자유를 느끼는 것처럼 장자는 조건적 자유를 요구한다.

큰 사람으로 변화하기 위해 자연에 순응하는 스윙

비기너들은 일반적으로 지엽적인 것에 치우쳐 전체를 보지 못하는 편견의 스윙을 전개한다. 자기 위주의 주관적인 관점과 권위 의식 속에서 의연한 자연 페어웨이의 진면목을 보지 못하고 헛된 가상의 스윙을 한다. 가상의 스윙은 여러 가상들이 더듬어 생긴 얕은 생각들이다. 또한 라운드 중에 벌어지는 가상과 오식의 시비 논쟁은 마치 기차가 평행선을 달린다.

장자 철학은 조화의 스윙으로 천일합일의 스윙이다. 가상과 가식, 편견과 편협의 지식을 철저히 타파한다. 자연과 인간 본연의 생각을 직접 빈틈없이 만나도록 함으로써, 모든 문제를 문제 이전으로 환원시키고, 인생의 원초적인 본성인 가장 순탄하고 자유로운 삶을 되찾도록 한다.

개체는 고립할 수 없고 서로 교섭 조화해야 한다. 나는 천지와 공생하고 만물과 공존한다. 장자는 자연과 내가 둘이 아니라는 것을 알 때 평온을 찾는다.

장자는 소아에서 큰 사람으로 변화하는 스윙으로 4가지를 주문한다. 첫째는 자연에 순응함이다. 기본을 지키는 것으로 정체성의 스윙이다. 둘째는 자신을 겸허하게 처신하라는 내용이다. 비워야 채워진다. 비움의 스윙이다. 셋째는 피차의 처지를 바꾸어 시비를 보라는 전관보조이다. 평등과 공평의 스윙이다. 넷째는 유용과 무용 사이에서 처신하라는 포용의 의지이다. 유연성의 스윙이다.

골퍼들 간의 경쟁은 피차 좀 더 많은 것을 얻고 찾으려 하는 시비에서 발생된다. 고수나 하수 사이에는 스코어의 차이만 있을 뿐이지 너 잘나고 못난 것이 없다. 그런데 고수인 자기만 옳고 하수인 남을 용납하지 않는 것은 어리석다. 대의를 행하지 않고 자신만의 이익을 추구하는 고수는 비난의 바람을 맞는다. 물질에 어두워 자연을 거스르는 행위는 왕따의 바람을 맞는다.

자기 한계를 알아라.

하루살이가 밤낮을 알리 없고, 여름 벌레가 겨울을 경험했을 리 없다. 편협한 지식은 전체를 볼 수 없다. 어리석은 골퍼는 자기 기준으로 모든 것을 규정하니 시비가 생길 수밖에 없다.

장자의 아이언은 소요유의 스윙이다. 높이 올라가는 고수를 본 하수는 고수가 왜 그리 높이 올라가야 하는지, 왜 그리 멀리 날아가야 하는지 알지 못한다. 별 볼 일 없는 하수로서 세상 안에서 생긴 대로 살고 날고 싶으면 날아다니는 자기만의 비행이다.

자유 경쟁의 세상에서 살아남기 위해 이해득실과 권력의 각축장을 드나드는 하수와 같은 존재들은 하잘 것 없는 미물이다. 득의양양해 보이지만 명예에 구걸당하고 권력에 속박 당한다. 남에게 보이는 공적이나 들추려는 명예욕을 버려야 매듭을 풀고 헝클어진 난세 속에서 자신을 찾을 수 있다. 하수의 삶을 벗어버려야 만이 고수의 길로 갈 수 있다. 양 날개를 활짝 펴고 높이 비상하여야 만이 멀리를 내려다보는 고수의 정신적 세계로 날아갈 수 있다.

바로 장자의 세상, 소요유의 세계다. 장자가 말하는 고수와 하수의 구분은 형체의 크기에 있는 것이 아니라 마음이다. 자신의 역량을 가지지 않고 비거리를 내려고만 집착하면 과도한 동작으로 무리한 샷이 나온다. 과도한 욕심과 막연한 기댐은 블락 샷으로 비거리와 방향성으로 골퍼들에겐 반면교사이다.

내기에 집착하는 골퍼의 삶은 곤궁해지고 작아진다. 집착이 없고 기댐도 없으면 마음이 자유롭게 되고 홀가분해진다. 품격 높은 골퍼로 가는 길은 하수의 삶 울타리에서 탈출하여 고수의 성장과 비상의 길을 찾아야 한다.

우리는 세계적 시야를 가진 큰사람으로 변화되길 원한다. 하수와 같은 소아적인 사고에서 탈피하여 고수와 같은 대아적인 리더십을 배양하라. 고수의 리더십은 멀리 볼 수 있으며 높이 원하는 세계로 날아갈 수 있을 것이다.

장자의 양생법은 자연과 마찰 없이 살아야 하며 선택된 자기의 자유를 잃지 않아야 자연스러운 삶을 살아갈 수 있다. **모든 주위와 융통하는 골퍼는 자유 경쟁의 시기에 살아남는다. 자기를 너무 들어 내지 않고 겸허해야 바람을 맞지 않는다.**

이 세상에는 쓸모없어서 꺾이는 것도 있고 쓸모가 있어 베이는 것도 있다. 유용과 무용 사이의 지혜를 가르쳐 준다.

● 요순 중국 신화 속 군주. 성군의 대명사.
기원전 2356 ~ 기원전 2255

선양으로 태평성대의
스윙을 하라

태평성대의 세상은 동서고금을 막론하고 모든 사람들은 꿈꾼다. 남북이 분단되어 있는 우리에게는, 동족의 평화를 위한 화합이 더욱 그리워지며 통일의 세상을 기다린다.

동양에서는 태평성대, 성인의 시대를 일컬어 요순시대라고 한다. 요순은 태평성대의 아이콘이다. 공자는 요순시대를 희희호호시대라 하였다. 희희는 밝다는 뜻이고 호호는 희다는 뜻이다. 즉 만 가지 일이 모두 잘 다스려져 밝고 환하게 티끌하나 터럭 하나만큼의 악이나 더러움도 숨길 수 없다는 뜻이다.

요순시대에는 인간을 서로 위하면서 군사부일체의 정신으로 백성의 아픈 곳을 치료해 주는 시대였다. 중국의 요(堯)와 순(舜)은 국태민안으로 나라를 통치하면서 모든 분야에서 치세를 통해 백성들을 태평스럽고 편안하게 한다. 치세의 모범으로 삼는 요순시대는 먼 과거의 신화시대가 아니라 우리가 추구해야 할 미래상이다.

골프가 인문학을 만나다: 동서양 천재들의 필드 리더십

요는 제곡 고신의 아들로 당요로도 부른다. 이는 요가 당 지방을 다스렸기 때문에 붙은 칭호이다. 성군의 대명사 요는 선양을 최초로 실행했던 임금다운 임금이다.

✳

요임금의 스윙은 10간(干) 12지(支)의 스윙이다. 10간은 하늘의 기운이며, 12지는 땅의 기운이다. 하늘의 이치와 땅의 기운이 만나서 물을 이룬다. 자연의 이치는 음양의 논리에서 출발한다. 요임금은 군자 골퍼이다. 군자는 천지만물의 이치를 잘 아는 골퍼이다. 자연의 이치를 잘 알고 자연을 따라간다. 하늘과 땅이 어떻게 이루어져 있고 어떤 식으로 사물이 형성되는지를 알고 스스로 존재의 위치를 자각하게 되어 성군으로 태어난다.

요임금의 드라이버는 덕치의 드라이버이다. 천명에 의해 20살에 왕위에 오른 요임금은 하늘의 질서에 따라 덕치를 실현한다. 백성들의 생업을 안정시키고 덕 있는 사람을 관직에 임명하여, 군주와 신하가 서로 합심하여 덕으로 나라를 다스렸다. 요임금은 가족들이 화합하고 백관의 직분이 공명정대하여 모든 제후국들을 화목하게 교도하였으며, 자신이 독단적인 정치를 방지하기 위해 궁전 입구에 간언하는 북인 감간고를 달아 청백리를 실천하고, 왕위에 70년이 지난 후에는 세습이 아닌 선양의 덕을 이룬다.

군주가 혈연관계가 없는 후계자에게 왕위를 물려주는 순임금에게로의 선양은 삼황오제 신화 속 태평성대의 군주들에 의해 이루어진 이상적인 군주 교체의 방법이다. 중국의 신화시대에 성천자(聖天子)는 요·순·우가 차례로 왕위를 물려주었다는 전설에서 탄생한 개념이다.

요임금이 아들을 제치고 순에게 왕위를 물려준 것과 또다시 순임금이 아들을 제치고 능력을 갖춘 인재인 우를 후계자로 삼아 왕위를 물려주었던 것이 선양 전설의 요체이다. 오제의 마지막 군주인 순은 선대의 요와 함께 성군의 대명사로 일컬어진다.

전욱 고양씨의 후손으로 어리석고 사리에 어두운 아버지와 계모의 밑에서 서민으로 자란 신화속의 군주이다. 왕위를 계승한 이후에는 여러 신하들을 전문적인 직분에 등용하였으며 사방의 오랑캐를 정벌한다. 또한 마루를 세워서 여기에 경계하는 말을 쓰게 하여 백성의 고충에 귀를 기울이고 선정을 베푼다. 특히 우를 인재 등용한 순임금은 우의 성공적인 치수정책으로 재위 22년 만에 우를 하늘에 천거하여 천하를 물려준다.

패거리 이합집산인 혼돈의 시대에서 요순의 스윙을 바라본다. 요순시대는 태평성대시대이다. 스루더그린은 태평한 자연 속에서 성대를 이루는 골퍼들이 서로 어우러지는 조화로운 코스이다. 우리의 페어웨이도 요순의 페어웨이로 만들자. 요순시절이 돌아갈 수 없는 좋은 옛 시절이었다고 허망한 생각을 버리자. 현재 우리의 세상도 편안하고 품격 있는 덕의 모범을 보이는 리더십과 골프 스포츠를 즐길 수 있는 세상으로 만들어 가자.

파트너 마음을 헤아리는 요고순목의 스윙

요순임금은 남의 충고를 잘 받아들이는 스윙어다. 요고순목은 요임금의 북과 순임금의 나무이다. 파트너의 의견을 잘 수렴하여 올바른 라운드를 함으로써 동반자들의 삶을 편안하게 하려는 데 있다.

요순의 골프는 고복격양으로 평화롭다. 고수는 성품이 인자하고 매우 지혜로웠으며, 훌륭한 파트너들과 함께 라운드를 잘 진행하고 동반자들의 고충을 이해한다. 동반자들은 내기 골프에 지치지도 않고 마냥 싱글벙글 행복하기만 하다.

요순의 라운드는 태평세월 라운드이다. 어린아이는 "우리 백성들을 살게 하는 것은, 임금의 지극함 아닌 것이 없다. 임금을 느끼지도 못하고 알지도 못하면서, 임금의 법에 따르고 있다."

노인은 "해가 뜨면 밖에 나가 일하고, 해가 지면 집에 들어와 쉬고, 우물 파서 물을 마시고, 밭을 갈아 밥을 먹으니, 임금의 힘이 내게 무슨 소용이 있으랴" 라는 격양가를 부른다.

이는 백성들이 먹고 살기 편해서 임금의 존재조차 모르고 지낸다는 내용으로, 요순의 라운드는 18홀 내내 고수와 하수의 갈등 없이 웃음과 편안함 속에서 마냥 즐겁다.

뛰어난 고수의 리더십은 긴장의 끈을 풀게 하며, 하수에게는 초라함을 느끼지 않도록 안정감을 주고 고수와 동반하고 있는지도 모를 정도로 평화스러운 분위기이다.

요순은 출처진퇴가 분명한 스윙어다. 공자와 장자 등 많은 군자들이 요순의 정신을 본받아 나아가야 할 때는 나아가고, 멈춰야 할 때는 멈추며, 물러나야 할 때를 더욱 중요하게 생각했다. 천하를 물려주려 하나 그것을 사양하고 도리어 이 말을 들은 귀가 더럽다 하여 강에서 물로 귀를 씻는다.

골프 스포츠는 스스로 경기를 진행하는 선수이자 감독자이다. 출발에서부터 공정한 순서를 가지고 라운드가 마무리될 때까지 평상심을 유지해야 한다.

티그라운드에서 페어웨이를 지나 그린에까지 지켜야 할 에티켓과 룰은 동반자들 모두에게 공명정대하다. 덕이 높은 고수는 스코어에 집착하지 않고 파트너 정신과 배려의 덕을 쌓는 멘토이며, 하수는 고수의 아름다운 정신을 배우는 멘티로서 경쟁의 스포츠에서 거침없는 라운드를 실천하게 한다.

요순은 무욕의 심리를 통달한 스윙어다. 순은 자기를 죽이려 하는 계모와 배다른 형의 간계에도 불구하고 정성으로 부모님을 잘 모시는 효자이다. 순이 큰 덕을 갖추고 있음을 알고 있는 요는 자기의 아들 단주에게 왕위를 물려주지 않고 순에게 이른바 평화적으로 선위의

스윙을 한다. 요에게 선양을 받은 순은 무욕으로 정사를 돌보면서 치수의 공이 있는 우에게 임금 자리를 물려준다.

요와 순은 실천으로 훌륭한 덕을 갖추었음은 물론 어진 자에게 선위를 한 성인의 자질을 가진 스윙어다. 우리는 경쟁심과 사심 때문에 라운드의 분위기를 망치거나, '멀리건'을 스스로 일삼는 골퍼들과 스윙의 오류를 잡아준다며 훈계하는 잔소리형 골퍼를 경계한다. 자유 경쟁에서 지켜야 할 사항이다.

요는 검소하고 배려심이 많은 골퍼이다. 요는 에티켓 스포츠인 골프를 단순한 스포츠로써 즐길 뿐만 아니라, 비포(Befor)와 애프터(After)의 매너를 보인다. 입장 시에 복장의 매너이다. **동반자들에게 동질감을 주기 위해 현란하거나 천박한 복장을 하지 않고 검소한 스포츠 패션으로 입장한다.**

클럽이나 장비 사용에 있어서도 만전을 기한다. 클럽과 장비를 미리

챙기며 게임 룰에 벗어나지 않는 안전한 사용은 에티켓의 기본이다. 코스에서의 예의에도 빈틈이 없다. 물질이 부족하면 채워주면서, 배고픈 사람이 있으면 함께 배고픔을 나눈다. 추위에 떠는 동반자에게는 목도리를 벗어주고, 골프 룰을 어기는 파트너를 이해하면서 함께 안쓰러워한다. 검소한 가운데 낭비하지 않고 동반자들의 적은 실수도 자신의 탓으로 여기는 덕행은 성군의 자질을 가진 에티켓 골퍼이다.

순은 파트너의 마음을 헤아리는 골퍼이다. 리더의 자리에 오른 뒤에도 새벽같이 밭에 나가 풀을 매고 고랑을 치우고 물고기를 열심히 잡는다. 열심을 다하는 동반자를 손발과 같이 여겨 겸양의 선물을 준다.

파트너에게 깨진 독에 물을 부으라는 요청이다. 파트너를 이용하는 영악한 고수는 일하는 척하다가 그냥 나간다. 파트너를 섬기는 하수는 우물물이 마르도록 깨진 독에다 물을 붓다. 우물 밑에 금덩이가 있다. 이 금덩이는 수고하고 짐을 진 파트너에게 주는 선물이다. 백성의 지지를 받는 순은 진정 하늘의 선택을 받은 리더이다.

10여 년 전 겨울 경주에 오랜만에 다녀올 일이 생겨 경주 모 골프장에서 생겼던 일이다. 숙소에서 1박을 하고 라운드 예약이 되어 있던 터라 이른 아침에 골프장 카운터로 나갔다. 카운터에는 담당 지배인이 눈이 많이 내려서 운동을 할 수 없다는 설명과 함께 클로싱이라는 안내 표지판이 눈에 띤다.

이날따라 눈이 많이 내렸다. **평상시 내리는 눈에 비하여 이날은 거의 무릎 수준의 눈이 덮인 걸로 기억된다.** 나는 할 수 없이 운동 계획을 취소하고 골프장에서 나오려고 하는데 출입구 쪽에서 하얀 백발의 노부부가 입장하고 있다. 카운터 쪽으로 들어오는 자세가 너무 곱게 단정하여 나의 관심을 끌게 한다.

노부부가 지배인에게 하는 말이 평생을 산 아내하고 여행을 왔는데 골프장이 클로싱되었다. 예기치 못한 눈이 와서 라운드를 못하지만 대신에 백색의 페어웨이를 걷고 싶다는 의사를 전달한다.

물론 입장료는 지불하겠다는 노부부의 말씀은 점잖으면서도 간곡하게 들린다.

하얀 눈으로 덮인 골프장의 설경을 즐기면서 아내와 함께 삶의 여정을 나누겠다는 말씀이다. 아름다운 동행이다. 곱게 인생을 만들어간다. 삶의 가치가 두드러지게 나타난다. 태어나서 다른 한쪽을 만나 평생을 살아온 나날들, 함께하고 나누고 즐거하고 슬퍼했던 많은 세월이 있었겠지만 이 노부부는 서로에게 든든한 동반자이며 팀이 아닌가 싶다. 든든한 아내에게 또 다른 삶의 기쁨을 나누려 했던 일이 차질이 생겼지만 포기하지 않고 다른 방법을 찾으려 한 이 노부부… 삶의 가치와 즐거움을 가지려 골프장을 걸으면서 인생의 추억을 그리는 게 아닐까?

골프라는 운동이 그렇다. 아름다운 동행이 더욱 빛나고 값어치 있게 보인다. 연인은 나에 있어 빛을 주고 기쁨을 준다. 한낱 미물의 존재들도 자신의 다른 한쪽을 위해 살아가는 것을 볼 때, 만물의 영장인 인간의 반쪽은 진정한 삶의 보람이며 인생의 행복이 아니겠는가?

나는 앞으로도 골프와 함께 동행을 하려 한다. 골프는 나에 있어 중요한 다른 한쪽이다. 밖에서 힘들고 어려울 때 마음을 추슬러 주고 정화시켜 자양분을 주어서 좋고, 좋은 일이 있을 때 동반자들과 함께 웃고 즐기는 기쁨을 주어서 좋다. 많은 시간을 골프와 함께 보냈지만 골프는 싫증이 나지 않는다. 그것은 삶의 여정을 보낼 수 있는 나의 반쪽이기 때문이다.

요순과 노부부를 바라보면서 세월의 뒤안길에서 둘이 아닌 하나가 된 사랑은 평범하면서도 끈끈하게 함께 오랫동안 걷는 길이라는 것을 알게 한다.

골프가 인문학을 만나다: 동서양 천재들의 필드 리더십

5

싸움이 아닌 싸움의 방식으로
스윙을 하라

춘추시대의 전쟁 양상을 바꾼 전략가이자 13편의 손자병법의 저자 손무는 병법의 아이콘이다. 제나라 전서장군의 손자로 태어난 손무는 오나라 땅에서 정치적 수단, 군사적 전술, 전략, 음모, 첩보활동 등을 부친으로부터 사사했다. 기술과 기교에 통달한 손무는 수세기에 걸친 전쟁과 음모를 연구하여 얻어진 지혜로 저술한 책이 손자병법이다.

손무는 문무를 통달한 지도자이다. 오나라 왕 합려의 궁녀인 오합지졸의 여성 180명을 즉석에서 조련하는 용병술을 선보인다. 오나라의 군사로 임명된 손무는 전권위임과 부대의 분리, 부대장 임명, 명령체계와 신호를 교육시킨다. 손무의 탁월한 지도력과 엄정한 군율, 공과 사를 구분하는 능력은 난국의 지도자로서 부족함이 없다.

손무는 춘추시대 전쟁의 패러다임을 바꾸었다. 중원처럼 전차를 운행하기 편리한 평원에 비하여 오나라는 습지가 많아 전차를 운용하기에 좋은 지형이 아니었기에 지형에 알맞은 전술을 사용한다. 이는 보병의 중요성이다. 당시의 전투 체계를 보병 위주로 전환시킨 보병 방진전술은 오나라의 정복 정책을 가속화시켜 명장으로서 명성을 높인다. 손무는 전략가로서 코스를 매니지먼트 한다.

✼

골프 게임에서는 자연 속에서 다양한 코스의 형태에 따라 3명의 동반자와 경쟁을 한다. 18홀이라는 정해진 코스 내에서 심플하면서도 경사도에 따른 디테일한 상황은 1명의 고수와 2명의 중수, 그리고 1명의 하수는 선의적인 교감 속에서 미묘한 반전이 흐른다. 적과의 동침이라는 밀고 당기는 속에서 코스의 형태에 따른 지형지물을 이용한 치열한 두뇌 싸움이 진행된다. 그리고 클럽의 선택과 샷의 형태를 포함하여, 캐디의 지원과 정보력 등 광범위하고 예기치 않는 상황에도 흔들리지 않는 전략을 사용한다. 통계적으로 논리적이거나 열정적으로 선택과 집중을 해야 승리할 수 있다.

손자는 수세기에 걸쳐 내려온 전쟁과 음모를 연구하면서 논리 정연한 지혜를 갖추었고, 지극히 평범한 어귀를 구사하여 이전까지의 전략과 전술을 최초로 집대성한다.

손무가 저술한 손자병법은 단순한 용병술을 넘어 전쟁 그 자체를 논함에 따라 인류 역사 속에서 동양의 병법사상에 막대한 영향을 끼쳤을 뿐 아니라, 현재에 이르러서도 사상적 가치가 퇴색하지 않는 동양군사학 최고의 고전으로 평가받고 있다.

"상대를 끌고 다녀야 하며 끌려 다니면 안 된다"는 이 말은 라운드의 주도권을 잡고 게임의 형세를 나에게 유리한 쪽으로 끌어와야 한다는 뜻이 담겨 있다. 이 말은 선점을 놓치지 않아야 함을 강조하는 대목이다. 골목 싸움에서도 선빵(?)은 이미 절반은 이긴 것이 아닌가?

축구로 치자면 골은 넣지 못하더라도 공은 계속 갖고 있어야 하고 야구에서도 9회말 투아웃이 있긴 하지만 이기고 있는 선수의 심리는 득의 양양이다. 농구에서도 공격수와 수비수의 체력 소모는 비교가 안 된다.

골프 라운드에서도 고수는 하수보다 늘 침착하면서도 재빠르다. 자신의 형세로 유리하게 라운드를 이끌어가야 한다. 프리 샷 루틴의 방법으로 평소처럼 호흡하면서 동반자를 리드한다.

구력이 있는 골퍼일수록 라운드 시 필요한 내용을 잘 알고 있다. 특히 중요한 것과 일반적인 것에 대하여 구별할 줄 안다. 손무는 프로 골퍼를 키우는 방법에 있어서도 탁월하다. 건강한 골퍼로 키울 것인가? 아니면 성공한 골퍼로 키울 것인가?

목표 달성이 중요하지만 부모의 미션에 의해 시시콜콜 간섭하거나 자율적으로 맡겨놓는 자녀 양육법은 최선이 아니면 차선이다. 지나치지 않는 간섭과 적절한 조언의 코칭이 필요하다.

프로 골퍼에게는 해야 할 일과 그렇지 않는 일, 경중을 가려야 하는 일은 프로 생활을 해 나가는데 있어 **문제 해결을 위한 매우 중요한 잣대이다. 인생은 수많은 실패와 경험을 통해 많은 삶의 지혜를 얻게 된다.** 세상에서 한번 성공해 보는 것이, 세계 톱랭커가 되는 것이, 상금왕이 되는 것이, 가치관이 확립된 위업을 쌓는 등 어느 것이 중요할지 난감하다. 한 사람이 평생 살면서 그 어떤 의미 있는 성취를 이루지 못했다 하더라도, 본인이 생각하는 중요한 가치가 있다면 삶의 의미가 크다고 할 수 있겠다.

인생이나 골프에서 가장 중요한 것은 선택과 집중이다. 골프 기술은 다양하게 보급되어 있다. 미국에만 100대 교습가들이 나름대로의 원리와 방법에 대하여 제시하고 가르치고 있다.

비기너들이 다양한 원리와 기술을 현장에 접목하려고 꾸준한 노력을 하지만, 완벽한 샷을 하려는 욕망에 오히려 스윙에 혼란을 가져와 성공

할 가능성이 줄어든다,

과정을 단순화하여 집중해서 공략해야 성공 가능성이 크다. 공을 맞추는데 집중해야 한다. 프로 골퍼 리 웨스트우드는 골프에서 가장 중요한 것은 좋은 판단을 해야 하는 것이라고 말하고 있다.

상대가 있는 골프 게임을 진행하면서 순간순간에 자신의 샷에 대한 확신과 올바른 결정을 해야 한다. 자신만의 스윙의 흐름을 유지하는 샷이다. 골프 스윙에서 가장 중요한 동작은 임팩트 동작인 것처럼 골프 게임에서 가장 중요한 것은 샷에 집중하는 일이다.

손무는 주도권을 뺏기지 않아야 하는 것이 전장에서 가장 중요한 일인 것처럼 골프 게임에서도 흐름을 놓치지 않아야 한다. 타이밍이다. 생각의 공간과 운동의 공간은 다르다. 생각은 신중하지만 스윙 운동은 거침없어야 한다. 똑같이 바빠 움직이기는 하지만 주도권을 빼앗긴 플레이어는 마음이 바쁘고, 샷을 쫓아다니다 보면 완벽한 샷이 나올 리 없다. 평온 속에서 거침없는 스윙을 해야 한다. 하수는 마음이 바쁘다. 둘 다 열심이지만 고수는 여유로운 반면, 하수는 숨이 턱까지 차오른다. 경기 진행을 여유롭게 결정하는 건 고수의 몫인 탓이다.

어떤 싸움이던 상대를 이끌고 다녀야 한다. 상대에게 끌려 다니면 이미 진 게임이다.

손무의 전쟁 철학은 싸우지 아니하고 상대를 굴복시키는 방식이다. 손무는 게임을 이기는 것은 싸움에서 이기는 것이 아니고 갈등 문제를 해결하는 것이 최선의 방식이라고 생각했다. 폭력적인 수단은 소모적인 일로 전략적인 의도를 실현할 수 없다. 이기는 최고의 방식은 외교이며, 그 다음이 싸움이고 그 다음이 성이나 요새를 공격하는 공성이다. 이는 손무가 단순히 싸움을 잘하는 사람이 아닌 싸움의 방식을 잘하는 사람이라는 것을 보여준다.

도천지장법으로 통찰하는 스윙

손자병법은 국지적인 전투의 작전서가 아닌 최고의 군사 지침서로써, 국가 경영의 요지, 승패의 기미와 인사의 성패 등에 이르는 내용을 다루고 있다. 손자병법은 문장이 간결하고 생동감 넘치며, 내용은 넓고 깊다.

총 13편으로 6천4백여 자로써 군사과학 각 분야의 내용을 모두 통찰하고 있다. 병법에는 전쟁을 해야 하는 시기였지만 전쟁을 간단하게 일으키는 것이나, 장기전에 의한 국력 소모를 경계하는 비호전적인 내용을 주문한다. 또한 전쟁의 여러 가지 양상을 구별하여, 그 상황에 대응한 전술을 시행하는 현실주의를 나타낸다.

최상의 전략은 주도권을 중시해야 한다는 내용과 싸우지 않고 승리하는 부전승의 승리가 바람직한 승리이다. 전쟁은 최대한 자제하고 신중하게 생각하라는 신전론이다. 잔고가 비면 전쟁에서 진다는 경제력으로 부국강병을 강조한다.

손자병법은 전쟁에서 이기기 위한 스윙으로 도천지장법(道天地將法)의 스윙이다. 라운드를 이기기 위해서는 먼저 코스를 매니지먼트하고 동반자의 수준을 파악해야 한다. 게임을 준비하면서 게임의 상대가 동반자인가 아니면 경쟁자인가의 판별에 따라 갖추어야 할 전력적인 요소가 있다. 승산을 점치는 다섯 가지 요소이다.

첫째는 도이다. 도는 고수의 도덕적 품성이다. 어질고 의로우며 어려운 하수인 약자를 사랑하고 동반자들의 의견을 잘 수렴하여 정치를 잘하는 플레이어를 말한다. 조직에서는 리더의 도덕성도 중요하지만 조직이 추구하는 가치, 조직의 이상, 경영비전도 중요하다. 조직이 갖는 윤리적인 책임이나 사회에 대한 도덕적 책무 또한 포함한다.

조직에서 도는 명분이다. 도는 목표와 비전을 공유하는 것이다. 죽어도 같이 죽고 살아도 같이 사는 이런 조직의 분위기를 도 있는 조직이다. 꿈과 비전을 공유하며 한마음 한뜻이 되는 조직이 선진적 조직이다. 자유 시장 구조 내에서 회사는 이윤을 위해 가치를 만들어 내는 것이 아니라, 가치 창조를 통해 이윤을 창출하는 것이 이윤을 추구하더라도 더 듣기도 좋고 명분이 있지 않은가? 명분의 도를 주장한 손무의 지혜는, 피터 드러커가 주장한 기업은 이윤 창출이 목적이 아니라 고객을 창출하는 것이 기업의 목적이라는 경영 원칙으로 전승되면서, 골프를 즐겨하는 고수들에게도 실리보다는 명분을 더 우선하게 한다.

두 번째 천은 하늘, 온도와 습도, 강수량, 바람 방향과 속도와 같은 자연 환경과 친환경적인 요소를 말한다. 골퍼들은 자연 속에서 코스를 매니지먼트하고, 잔디 위를 걸으면서 파트너들과 담소하며 자연을 포용한다. 자연을 이용하는 골퍼들은 자연 환경이 파손되지 않도록 보존하고 관리에 힘써야 한다. 외부적 환경은 언제나 변화하고 있다. 외부 환경에 대한 분석을 철저히 하는 것이 천이다. 천은 대세이자 트렌드이다. 하늘을 아는 것도 지식이다.

천기를 미리 읽었기에 이순신이 명량대전에서 12척의 배로 133척의 왜구의 배를 물리칠 수 있었고, 제갈공명이 적벽대전에서 남동풍의 변화를 미리 읽어 80만 조조의 군대를 2만 5천의 병력으로 물리칠 수 있었다. 골프 라운드는 자연 속의 바람과의 싸움이다. 바람의 세기를 읽어

내지 못하면 승리할 수 없다. 아무도 읽어내지 못하는 환경의 변화를 미리 읽어내어야 승리할 수 있다.

세 번째는 지로써 땅이다. 땅은 우리가 살아가는 주변 환경이다. 지형을 잘 고려하여 동반자와 경쟁한다. 페어웨이 상황은 지형 조건으로 이에 대한 분석이 중요하다. 지형 조건의 면밀한 분석은 내부적 역량이다. 들어가면 안 될 곳과 살아날 수 있는 곳이 어디인지, 어떤 지형을 선택해야 경쟁력의 우위를 가질 수 있는지, 이런 요소들을 정확히 판단할 수 있어야 한다. 해저드가 숨어 있는지, 깊은 러프가 형성되어 있는지를 파악해야 한다. 평평한 페어웨이를 찾아 세컨샷하기 좋은 지점으로 타구를 한다. 파 온을 위한 전략이다.

네 번째는 장으로 고수 자신이다. CEO가 누구냐에 따라 전쟁의 승패는 조속으로 변한다. 이기고 지는데 있어 CEO효과는 매우 큰 영향력을 미치며 손무가 말하는 5가지 병법도 CEO의 몫이다. 약간 부족하거나 넘치는 부분은 CEO가 채워줄 수 있지만 CEO자신의 자질이 부족하면 대신해 줄 수가 없다. 무능한 리더가 내린 결정을 다른 사람이 번복하여 돌려놓을 수 없다. 유능한 리더는 부단한 노력으로 연습하고 능력을 갖추어야 한다.

다섯 번째는 법으로 기강과 시스템이다. 라운드의 골프 규칙은 필드를 움직이는 시스템이다. 플레이 순서와 속도, 구제와 벌타, 로컬룰, 스코어 카드 작성, 예약 질서, 파트너십, 매너 에티켓 등은 제도와 질서, 문화이다. 건전한 골프 라운드를 통하여 파트너 상호 간의 친목과 체력 증진을 도모하며 골프 문화 창달에 기여한다. 다양성을 포용하고 동등한 기회를 부여하여, 존중심과 신뢰심, 인정과 배려, 의사소통 등의 리더십으로 팀워크 조성한다.

복잡성 뒤에는 일정한 질서가 있다. 스포츠맨십이 정제되어 있지 않

골프가 인문학을 만나다 : 동서양 천재들의 필드 리더십

는 플레이어를 이끌고 라운드 하는 것은 아마추어 비기너를 마라톤 국제대회에 출전시키는 것과 같은 이치이다.

라운드는 일종의 오케스트라로써 진행과 흐름이 중요하다. 스루더그린에서 14개의 클럽을 가지고 4명의 파트너들과 함께하는 스코어 경쟁은 스포츠맨십과 페어플레이가 전제되어야 한다. 물이 항상 높은 곳을 피하고 낮은 곳을 찾아 흐르듯, 고수는 어려운 러프를 피하고 평평한 페어웨이를 찾는다. 현장 상황을 파악하고 선택과 집중으로 최상의 샷을 해냈을 때 최상의 결과를 얻을 수 있다.

지피지기면 백전불태라고 하였다. 상대를 알고 나를 알면 백번을 싸워도 위태롭지 않는 것은 이미 다 이겨 놓은 상태에서 싸우라는 것이다. 라운드에서도 최상의 결과는, 망설이지 않고 자신감 있게 결단을 내려 즉시 실천하는 골퍼가 지혜롭게 승리하는 골퍼가 된다.

독심과 끈기로 정공법의
스윙을 하라

    오기는 손무와 쌍벽을 이루는 병법가로서 전국시대의 군사지도자이다. 전국시대를 대표하는 전략전술의 귀재로서 군대를 이끄는 탁월한 재능을 가진 오기는, 냉혈한이면서도 병사를 아끼는 등 다양한 면모를 보인 드라마틱한 병법가이다.

    남에게 지기 싫어하는 마음을 뜻하는 오기라는 이름을 가진 오기는 파란만장하고도 오기 있는 삶을 살았던 오기의 아이콘이다. 오기의 삶은, 오기란 이런 것이다 싶을 정도로 독심과 비정함을 지닌 삶이며 끈기와 불굴의 의지로 포기하지 않는 삶이다.

    오기는 효의 아이콘인 증자를 스승으로 공자사상의 정수와 요체를 터득하였으며, 군대를 법을 통해 다스리는 유교사상과 법치를 융합한 정치 개혁가이다. 도교 철학에 기초한 속임수 전술의 **손자병법**과 대비되는 **오자병법**은 유교 철학에 근거한 **정공법 전략**의 병법서이다.

    필사즉생 필생즉사, 조선의 명장 이순신이 명량해전 직전 부하들에게

했던 이 말은 오자병법에서 인용되어 나온 말이다. 죽고자 하면 살고 살고자 하면 죽는다는 마음으로 오기는 정신력과 근성의 스윙을 한다. 오만의 병력으로 오십만의 병력을 물러가게 한 불세출의 명장이다. 오기는 어렸을 적 자기보다 더 강한 깡패를 상대로 덤비다가 죽지 않을 만큼 맞았다. 그런데 그는 다음날 다시 그 깡패를 찾아가 다시 한 번 자웅을 겨루어 보자며 깡패를 도발했고, 그는 또다시 죽지 않을 만큼 맞았다. 그러나 오기는 칠전팔기의 정신으로 계속 그 깡패를 쫓아다니면서 덤볐고, 결국에 밑도 끝도 없는 덤벼드는 오기에게 지친 깡패는 마지못해 싸움에서 져주었다. 얼마나 오기가 절었는지 알 수 있는 대목이다. 과장된 표현일 수도 있지만 출세 길에 오르기 위해 스스로 아내 목을 친 그의 무자비한 면모와 여자와 재물을 꺼리지 않았다는 악평도 그냥 지나칠 수가 없다.

✷

오기는 다면적인 냉혈한이었지만 장수로서 병사를 통솔할 때는 헝그리로 가득한 섬김의 스윙을 한다. 등에 종기가 난 병사의 고름을 입으로 빨아준 연저지인, 등창을 빨아서 병을 고친다는 어진마음은 그의 다른 면모였다. 물론 오기의 용인술은 진심으로 병사를 아꼈다기보다는 자신을 위해 목숨 걸고 싸울 병사를 만들기 위한 술책일 수도 있다. 하지만 오기는 병졸들과 똑같이 입었고 똑같은 음식을 먹었으며, 행군을 할 때에는 수레에서 내려 같이 짐을 지고 걸었다고 전해진다.

병사가 우물을 다 파기 전까지는 장수는 목마르다하지 않는 현명한 통솔자였다. 오기는 병법가로서 명망이 높았지만 초나라의 정치개혁을 실시한 법가적 정치가이다. 법을 바로 세우며 대신의 위세와 비중을 낮추고 줄였으며, 무능한 자를 파면하고, 쓸모없는 관직은 없애고, 청탁을 막고 초나라의 풍속을 하나로 만들었다.

오기는 일하는 사람을 위해 일하는 자라는 개혁가로서 처신하였으며, 위민이자 애민으로 민본주의를 구현시키는 스윙을 한다. 오기의 라운드는 하수가 착취당하지 않고 하수의 몫이 보장되는 라운드이다. 또한 도전정신이 가득 찬 불굴의 스윙을 한다.

라운드를 거듭하면서도 한 번도 지지 않는 불패의 기록과 최후의 순간까지도 지혜를 짜내 상대를 제압하는 범상치 않는 인물이다.

한비자의 일화이다. 오기가 오랜만에 옛 친구를 만나서 식사를 하자고 했는데, 친구가 "그래. 근데 내가 좀 볼 일이 있어서 잠깐 일 좀 보고 먹자"고 했고 오기는 "그래. 뭐 자네 돌아오면 먹지"라고 대답했는데, 저녁이 되도록 친구는 오지 않았고 오기는 끝까지 밥을 먹지 않고 기다리다가 **결국 하루 종일 식사를 하지 않았다. 다음 날 아침, 오기는 사람을 보내 옛 친구를 찾아오게 했고 친구가 오자 그때서야 함께 식사를 하였다고 한다.** 무서우리만치 신의와 명분에 바탕을 둔 처신이다.

정신력으로 무장한 인화의 스윙

48편 중 6편 만 전래되는 오자병법은 전략과 같은 거대 담론보다는 구체적인 용병술과 그 방법론에 그 중점을 두고 있다. 조직의 인화를 유지하고, 부대를 편제하는 구체적인 방법과 아군의 전투력을 유지하고 상대의 전투 의지를 꺾고, 전투 역량을 집중하는 방법이다.

오자병법은 점술의 스윙이며 용인술 스윙이다. 조직 내에서 조직원들을 어떻게 다뤄야 할지 점술을 잘 이용하면 조직원들의 사기를 높일 수 있다고 하였다. 올바른 정치로 조직원들을 자발적으로 따르게 하는 것이야말로 전쟁 준비의 첫걸음이며 인간적인 유대감이 승리의 관건이다. 이는 조직 내에서 인화의 스윙이다. 공을 세운 자에게 상을 주는 것은 당연한 것이지만, 공을 세우지 못한 자를 격려해 주는 것 또한 중요하다. 냉혈한이면서 인화를 강조한다.

오기의 페어웨이 공략은 애민을 가진 정신력의 스윙이다. 고수는 지도자의 문덕을 닦아 파트너십을 만들고 파트너들이 동반 라운드에 애정을 가지도록 유도한다. 고수는 하수를 자식처럼 여기고, 하수는 고수를 신뢰하고, 동반 파트너들은 자신과 한 몸처럼 생각한다. 하수가 원하면 기회를 주고 고수로 가기 위한 실력을 배양시켜준다. 내기 골프에 연연하지 않고, 게임 후에는 피해 손실을 보장해 주는 약속을 하고, 이익보다는 나눔이 필요한 정신적인 스윙을 한다. 또한 과도한 내기에서 약탈의 정신을 배척한다.

많은 돈을 얻으면 고수는 이로움이 크다 해도, 잃은 하수는 피해를 입을 수밖에 없다. 내기 골프를 하더라도 품격이 떨어지는 행위는 삼간다. **이기더라도 원칙을 강조한다. 페어플레이 라운드의 정신을 가지고 이익만을 추구하는 것이 아니라는 것을** 보여준다. 하수의 어려움을 받아주고 아량을 베푼다. 손해를 보면 또 다른 문제가 발생한다. 결사항전 의지를 불태우는 것보다 즐기고 함께하는 라운드를 주문한다.

고수라 해서 밤낮으로 이기는 전략은 동반자를 이해하지 못하고 일회성일 수밖에 없다. 장기적으로 완전한 승리자는 하수를 위로하고 달래는 전술이 하수를 구할 수 있다.

사람은 살면서 원하든 원하지 않든 사랑하는 사람을 만나고 부대끼면서 살아간다. 구력이 있는 골퍼들일수록 다양한 사람들과 많은 라운드를 경험하게 된다. 인생살이처럼 라운드도 좋은 느낌과 그렇지 않는 느낌으로 일희일비 교차된다. 좋을 때는 좋은 감정으로 그렇지 않을 때는 마음의 상처를 안은 채 인연 또는 악연을 맺는다.

만남은 어쩔 수 없는 필연인 것을, 감정의 동물
인 것을 피해가지 못하고 감정의 기복을 이어
가야 한다. 처음에는 나와 이상과 생각이 같은
사람이었는데 살면서 조금씩 삐꺽거리고 이탈
되어진다. 차이의 다름을 깨달으며 남
탓으로 돌릴게 아니라, 자신
의 욕심과 부족함으로
시작된 성급함과 배려
의 부족이었다고 스스
로 자정해야 한다.

　　성숙한 사람이 되기 위해
서는 마음속 깊이 가지고 있는 욕심과 욕망을 누르면서, 다시 자기 삶을
돌이켜 보고 진정 나의 속을 들여다보아야 한다. 삶과 필드는 자연의 섭
리와 이성과 감정 속에 이루려는 강렬한 의지도 있지만 미치지 못한 한
계와 두려움이 있다.

　　한계와 두려움은 내가 하려고 하는 욕구에 찬물을 끼얹는다. 두
려움은 하고자 하는 의욕을 상실시킨다.

　　킨투스 루퍼스는 인간은 두려움 때문에 최악의 것을 믿는다고 하였
다. 우리에게 항상 두려움은 있다. 성패는 이 두려움을 어떻게 생각하느
냐에 달려 있다. 두려움을 이기긴 어렵기 때문에 다른 무언가를 해서는
안 될 것을 찾고 믿지 않아야 할 것을 믿는다. 두려움은 생각하기에 따
라 달라질 수 있다. 두려움이 닥쳐와도 마음을 가다듬고 나는 이겨낼 수
있다고 생각해야 한다. 용기를 내어 도전하면 실패하지 않는다.

　　냉혈한 오기도 두려움이 없었겠는가? 두려움을 가진 골퍼는 승리하
지 못한다. 불안과 걱정을 이겨내야 한다. 라운드를 하면서 상대에 대한

골프가 인문학을 만나다: 동서양 천재들의 필드 리더십

두려움, 코스에 대한 두려움, 실패에 대한 두려움 때문에 골프는 사람을 변하게 한다. 정직한 사람을 거짓말쟁이로, 용감한 사람을 겁쟁이로 바꾸고, 두려움이 있는 사람을 바보로 만든다. 용기 있는 골퍼들이여! 두려움을 이기기 위해 마음의 찌꺼기를 버리자.

경제력을 강조한 손무와는 달리 정신력을 강조한 오기의 병법은 고수로 가는 용인술이다. 오기는 5가지 종류의 고수를 만들어 부국의 스윙을 한다. 인적 구성으로 먼저 관직에 있다가 실책을 범해 관직에서 물러나 공명을 되찾고자 하는 사람을 등용시킨다. 물론 전장에서 도망친 과거가 있어 명예를 되찾고자 하는 사람들이다. 조직 구성은 담력과 기백 있는 사람들로 이루어진다. 용맹과 충성심을 보이는 부대를 만들고 발 빠르고 잘 달리는 사람으로 짜여진다.

특히 최고의 고수는 관직에 있다가 실책을 범해 관직에서 물러나 공명을 되찾고자 하는 사람들이다. 전장에서 도망친 과거가 있어 명예를 되찾고자 하는 사람들을 고수로 만들면 죽음을 각오하고 싸운다. 그야말로 털끝만큼의 양심이 남아 있다면 목숨을 걸고 싸우려고 하는 마음을 역이용한다. 그래서 이러한 고수는 리더의 명령에 불길로 직행하는 자들이다.

오기는 아래태의 스윙을 구사한다. **스포츠맨십과 공정한 플레이를 하는 라운드가 최선이며 내기 골프의 라운드는 차선이라는 명분 중심의 스윙이다.**

원칙의 스윙은 첫째, 팀워크와 건강으로 도국이다. 이는 자신을 알기 위함으로 게임의 원칙과 경쟁에 대한 내용이다. 평화로운 라운드를 원칙으로 4명의 파트너를 잘 구성한 뒤에 라운드의 취지와 성격, 동반자들과의 입지를 중요하게 판단한다.

두 번째는 경쟁자 파악으로 요적이다. 승산이 있을 때 공격하고 어렵다고 판단되면 물러서는 적정 분석의 방법이다. 즉 고수의 강약과 허실을 판단하고 승리할 수 있는 계획을 수립함으로, 경쟁자의 강점과 약점을 사전에 파악하여 경쟁자의 허실에 맞게 전략과 전술을 세운다.

세 번째는 동반자 훈련으로 치병이다. 통솔의 원칙이다. 치병은 동반자와의 교제, 파트너십이다. 즉, 하수의 코스 매니지먼트, 원포인트 레슨, 장비의 사용, 로컬룰의 적용 등을 완전히 이해시키고 적정하게 운용하는 것이 라운드의 요건이다. 하수의 역량이 부족하지만 자신이 맡은 샷에 대한 믿음과 한계를 깨닫게 하며, 문제점이 무엇인지 알게 하고 개선되도록 한다. 힘든 훈련 과정을 자신이 함께 하였으니 때로는 무모한 시도와 돌파를 하면서 몸을 사리지 않는다.

네 번째는 리더의 덕목으로 논장이다. 문과 무를 겸비하는 리더의 요건이다. 강함과 부드러움을 겸용하는 용장의 요건도 갖춘다. 경솔하게 내기 골프만 하고 돌려줄 줄 모르면 리더라 할 수 없다. 리더가 늘 새겨할 덕목으로 지, 덕, 인, 엄, 용. 이로써 이중 지가 기본이다.

다섯째는 임기응변으로 응변이다. 평소 훈련된 프리 샷 루틴으로 지키는 골프 규칙, 예기치 않는 **바람과의 싸움에서 대응하고 지물 지형을 활용하여 위기에서 탈출하는 트러블 샷**이다.

여섯째는 사기진작으로 여사이다. 동반자를 격려하는 방법으로 승리하는 리더로서의 처세술이다. 리더는 궁지에 몰린 동반자를 구하고, 하수가 원하면 기꺼이 따르고, 핸디캡을 적용하고, '멀리건'을 주면서 하수를 겁박하지 않아야 한다. 이를 위해 리더는 전공자보다는 전사자를 우대하며, 그 전공에 따라 차등 지급되었지만 전사자에 대해서는 재배당하고 공이 없는 동반자도 격려해야 한다.

법, 술, 세의 리더십으로 스윙하라

　한비자를 저술한 한비는 한나라의 왕족으로 태어나 현실적이고도 엄격한 법률을 기반으로 하는 정치사상을 펼친 동양 법치리더십의 창시자이다. 순자의 성악설로 법가와 노장사상을 받아들여 법, 술, 세를 중요시한 중국 전국시대의 법가사상가이다.

　동양의 진보적인 사상가 한비는 군주의 권력을 유지하고 사람들을 통제하며, 신하들에게 권력을 빼앗기지 않는 방법 등 통치술의 모든 것을 제시하며, 진나라와 한나라가 발전할 수 있는 근간을 제공한다.

　인간은 **악하나 예에 의한 교정으로 착해질 수 있다고 주장한 순자의 성악설**을 바탕으로 하고 있다. 인간불신의 세속에 법을 관찰하고, 술을 구사하고, 세를 바탕으로 위엄을 떨치는, 인간의 이기적인 본성을 설파한다.

　"나라는 영원히 강성할 수 없고 영원히 약할 수도 없다. 법을 받드는 사람이 강하면 나라가 강해질 것이고 법을 받드는 자가 약하면 그 나라도 약해질 것이다"라는 생각을 가진 법치주의자이다.

한비자라는 책을 집필하여 인간 제왕학의 아이콘으로 불리어지고 있지만 군주를 설득하는데 실패한 비운의 사상가이기도 하다.

✳

한비의 리더십은 강력하고 단호한 법의 스윙과 술의 스윙이다. 뱀장어는 뱀과 비슷하고, 누에는 나방의 어린 벌레와 닮았다. 뱀을 보면 누구나 놀라고 나방의 어린 벌레를 보면 누구나 기겁을 한다. 그러나 어부는 손으로 뱀장어를 잡고 아낙네는 손으로 누에를 잡는다. 즉 이익이 된다고 생각하면 누구나 용감해 지는 것이다.

사람을 움직이는 동기는 애정이나 동정심도 아니다. 의리도 인정도 아닌 이익에 움직인다는 것이다.

페어웨이를 지배하려는 골퍼들은 본래 모두 이해 타산적이며 악한 존재이기 때문에 이해관계에 따라서만 행동한다. 도덕적 규범에 따른다는 막연한 기대는 버리고 이기적인 골퍼를 통치하기 위해서는 강력하고 단호한 체계가 필요하다.

한비의 게임 전략은 강력한 정치로써 세 가지 도의 스윙을 한다.

첫째는 동반자의 마음을 얻는 이익의 드라이버 샷이며, 둘째는 추진력을 내는 시행의 아이언 샷이며, 셋째는 돌이킬 수 없는 모두가 따라야 할 명분의 퍼팅이다.

골프 라운드에 있어 한비의 리더십은 법과 술을 통해서 라운드를 다스려야 한다고 보았다. **규칙은 모든 골퍼들, 힘을 가진 고수들에게도 적용되는 공평하다.** 규칙은 부당함과 합당함 양면을 가지고 있다. 따라서 아무리 많은 하수들이 내기 골프로 고통을 받아도 합당하다면 옳은 것이며, 고수가 돈을 많이 벌어도 부당하면 잘못된 일이다.

코스 매니지먼트는 동반자를 다스리는 술책이다. 술은 동반자들에게 보이는 것이 아니라 고수가 가슴에 품고 있다가 이것저것 비교해 본 다음 하수를 조종하는데 작동시킨다. 동반자들의 이해득실은 고수와 하수에게 서로 다르다. 하수는 고수의 틈을 이용해 이익을 취하려 하고, 고수는 이익을 얻기 위해 하수의 실력과 지략을 잘 이용하여 자신의 전술로 사용한다. 하수도 이에 뒤질세라 실력은 뒤처지지만 고도의 심리전으로 호시탐탐 고수의 권위를 훔치고 고수를 두려워하게 만드는 계책을 지니고 있다.

한비의 리더십은 곧은 중신으로서의 파트너가 아니라 고수의 명에 따르는 실무형 하수이다. 고수가 주인이 되어야 한다는 점은 서양의 마키아벨리를 연상하게 한다.

한비는 도덕성이 아닌 이해관계의 스윙을 한다. 한비의 술은 고수가 하수들 모르게 마음속에서 은밀히 파트너들을 조종하는 도구이다.

한비의 골프 경영은 모든 동반자들이 '멀리건'을 좋아하고 '벌타'를 받기 싫어하기 때문에, 이러한 심리를 이용하여 인간의 욕망을 조종하고 라운드에 적용한다. '멀리건'과 '벌타'로 인해 리더는 고수의 자리에 앉을 수 있고 하수는 리더를 섬기는 팔로워가 된다. 이는 하수가 고수를 존경하는 마음에서가 아니라 단지 각자의 이해관계에 따라 행동하기 때문이다. 심지어 모든 인간관계는 거래관계와 이해타산의 관점에서 군신관, 부부관, 부자관 모두를 물질적 이해관계로 파악하고 있다.

한비는 법과 술을 이용한 통치가 아닌 모든 계책을 비판한다. **인간의 도덕성이 아닌 이해관계를 가치관에 중점을 둔다. 지식보다는 실무 능력의 스윙을 강조한다.** 현명함은 법치보다 촘촘하지 못하다는 결론이다. 의와 예를 통해서 다스리는 것은 가까운 문제는 해결도 못하면서 똑똑한 척한다고 비판한다. 리더는 권력의 핵심만 쥐고 휘두르면 못할 것이 없다는 한비의 경영자 리더십이다. 삼류경영자는 자신의 능력을 쓰고 이류경영자는 남의 힘을 쓰며 일류경영자는 남의 머리를 쓴다.

7가지 술책으로 사람의 마음을 장악하는 스윙을 하라

다양화, 다문화사회의 골프 라운드는 사람을 사로잡는 기술을 필요로 한다. 수단과 방법을 가리지 않고 사적인 이익을 추구하는 인간관계 속에서, 동반자의 심성을 제대로 간파해야 제대로 된 리더가 될 수 있음을 주장한다.

남에게 사랑을 받고 싶거든 먼저 남에게 사랑을 베풀어라. 스킨십은 우리에게 즐거움을 준다. 골프 게임에서도 동반자를 배려하는 사람들은 스킨십이 많은 사람이다.

스킨십은 마음을 편하게 하고 상대에 나 자신을 열리게 한다.

피부 접촉은 인간의 정서 발달의 기초이지만 자신에 대한 스킨십은 자신감과 에스트로겐을 촉발한다.

골프에서 스킨십은 어느 정도가 적당할까? 스킨십은 상대의 마음을 열게 하지만 잘못하면 불쾌감으로 게임을 망칠 수도 있다. 상대가 불편하고 잘못된 신체 접촉으로 생각한다면 절대 과도한 스킨십은 하지 않아야 한다. 비기너들을 가르치다보면 스킨십이 필요한 경우가 있다.

클럽으로 초보자의 몸을 성의 없이 툭툭 치면서 골퍼에게 레슨을 하는 프로가 있는 반면 단정한 손으로 정중하게 바르게 터치하는 프로는 오히려 상대에게 친절함과 호감을 주어 레슨프로에게 신뢰감을 가지면서 레슨에 재미가 생긴다.

지루한 운동이기에 적당한 스킨십이 가미된 레슨은 한방의 감초이다. 실질적으로 정중한 스킨십은 말로만 하는 레슨보다는 효과적으로 재미를 첨가하여 스윙 기술을 진작시킨다. 라운드에서도 상대에 대한 배려의 스킨십은 상대에게 더 많은 엔도르핀을 주어 즐거운 라운드가 되게 한다.

골프 게임에서의 스킨십은 긴장되고 경직된 몸의 상태를 이완시키는 효과를 준다. 상대에게 불쾌감을 준다던지 동반자들에게 갈등을 조장하는 무리한 골퍼의 언행은 삼가야한다. 절제된 스킨십은 자신을 사랑하는 자신을 만지는 사람에게서 나오는 이성적인 내면의 활동이어야 한다. 어리석은 것과 어진 것은 다르다. 아드레날린 멀리하고 엔도르핀을 주는 스킨십은 가깝게 하는 존경할만한 고수의 스킨십 기술을 갖추어야 한다.

술책은 스킨십 기술이다. 보고도 못 본 척하고 들어도 못 들은 척한다. 알면서도 알지 못하는 척한다. 상대가 본바탕을 드러내게 하고 스스로 움직이도록 조정하는 식견과 통찰력은 스킨십이다. 한비자는 나를 드러내지 않는 스킨십으로 인, 덕, 의 무형적 가치보다는 동반자의 본심을 꿰뚫고 고수가 되기 위한 내 뜻대로 움직이기 위한 7가지 실무기술을 제시한다.

제1술 참관이다. 리더는 직접 현장에 나가 직접 확인한다. 동반자의 성격, 언행, 기량, 스포츠맨십, 경기스타일 등을 객관적인 시각이 필요하기 때문에 정보 수집에 모든 것을 걸어야 한다. 골프 라운드도 경영이다. 경영은 동반자의 수준, 코스의 형태나 지형지물, 바람의 세기, 골퍼의 매너, 전략적 사고를 가지는 것이 승리하는 경쟁력이다. 리더의 자리 즉 고수의 자리에 계속 있고 싶다면 정보를 적극적으로 수집하라!

제2술 필벌이다. 리더의 권한은 공정한 상과 벌에서 나온다. 소소한 원칙을 스스로 지키면서 가벼운 죄도 엄히 벌한다. 규칙을 위반했는데도 벌하지 않고 공이 없는데도 상을 받는다면 라운드가 공정하지 못하다. 동반자에게 인정을 받으러 인덕을 베풀려 하지 말고 가벼운 룰 위반도 엄히 벌하여야 리더의 위엄이 명확해진다. 필벌명위이다. 가벼운 과실을 지키지 못하면 중대한 과실로 이어진다. **무거운 죄는 쉽게 일어나지 않지만 작은 과실에서 비롯된다. 반드시 벌을 주어 라운드의 위엄을** 밝혀야 한다. 또한 실수하거나 벌칙을 위반하였다면 예외 없이 반드시 벌을 줘야 한다. 들키지 않으면 악마도 되려는 게 골퍼의 심리이다. 알까기나 볼을 움직이는 행위는 이익을 위해서라면 들키더라도 가볍게 벌을 감수할 수 있다고 생각할 수 있다. 하지만 엄한 벌이라면 이야기가 다르다. 골퍼들에게 엄벌을 가하는 것보다는 위반하지 않는 마음을 가지게 함으로써 벌이 필요하지 않는 상황을 만들어야 한다. 가벼운 위반을 벌하면 가벼운 위반을 저지른 사람이 사라지지만 무거운 죄를 저지를 자도 사라진다. 이것이 스포츠맨십과 공정한 플레이를 진행하는 방법이다.

제3술 신상이다. 포상을 믿게 만든다. 신상진능은 상을 믿으면 능력을 다한다는 의미로, 공을 세우면 그 상을 받을 수 있음을 믿게 만든다는 뜻이다. 동반자들이 서로 예우와 배려가 충분하면 라운드 내내 즐겁고 약간의 실패에도 부끄러워하지 않는다. 스킨스게임에 비하여 스트로크플레이가 라운드의 흥미를 진전시키고 승부욕을 배가시킨다. 포상적인 대가가 없으면 지루하기만 하고 흥미가 없다. **공적에 대해서 정확하게 포상을 내린다는 확신이 들어야 사람들은 자신의 능력을 100% 발휘할 것이다.**

제4술 일청이다. 모두의 의견을 일일이 듣는다. 일청책이란, 동반자

222 　　　　**골프가 인문학을 만나다**: 동서양 천재들의 필드 리더십

한 사람 한 사람의 의견을 일일이 청취함으로써 책임을 지우는 것을 말한다. 한쪽 동반자의 말로는 지혜로움과 우매함이 분간되지 않는다. 책임을 물은즉 무능과 유능을 구별할 수 없다. 동반자 각각에게 의견을 물어 들으면 동반자들을 간별할 수 있으며, 각자의 발언에 책임을 지을 수 있다.

제5술 궤사이다. 속임수나 연기로 상대를 압박한다, 의조궤사는 의심스러운 명령을 내려 상대를 속여 이용하는 것이다. 즉, 속임수를 써서 상대가 두려워하게 만들어 압박하는 기술이다.

제6술 협지이다. 일부러 모른 척한다. 협지이문이란 알면서도 모른 척 질문하는 것을 말한다. 모른 척하고 질문하면 알지 못했던 숨은 많은 사실들을 알 수 있으며, 상대방의 진실도 확인할 수 있다.

제7술 도언이다. 반대로 말한다. 도언반사란 본의와 반대되는 것을 말하고 행동을 거꾸로 하는 것을 말한다. 자신의 본심을 숨기고 정반대의 말과 행동을 함으로써 상대를 속이거나 상대의 진심을 확인하는 방법이다. 권모술수에 능한 리더는 지록위마 같은 얕은 수단도 때론 필요하다.

한비자의 리더십은 독단주의와 실용주의적 스윙이다. 현실주의로 오직 법제를 올바로 집행할 수 있는 인재의 스윙이다. **덕보다는 능력을, 명예보다는 실력을 더 중시**한다. 언어장애와 시대적 불운 등으로 인해 뜻을 펼치지 못했지만 한비는 설파한다.

"도를 아는 군왕은 청렴한 관리를 찾지 않는다"라고….

★ 제갈량 중국 삼국시대 촉나라의 재상. 중국 역사상 지락과 충의의 전략가. 181 ~ 234

공개, 공정, 공평의 리더십으로 스윙하라

제갈량은 중국 후한 말에 태어난, 촉한의 초대 승상, 전략가이자 명재상으로 지혜의 아이콘이다. 제갈량은 어려서 빼어난 재주와 영웅의 그릇이었고, 키가 8척에 용모가 매우 훌륭하여 그 당시 사람들이 뛰어난 인물로 여겼다.

유비가 삼고초려로 얻은 인재인 제갈량은 재상 중에서 왕보다 높고 황태자와 같은 최고의 재상인 상국의 벼슬까지 오른다. 제갈량은 1800년 전의 시대에 살면서 제4차 혁명시대를 예측하는 천재이다.

난세에 맞는 바로바로 세상을 위해 쓸 수 있는 실천적 안목, 경세가적 자세를 가지고 세상을 본다. 책을 읽는 방법에서도 책을 구절 하나하나 엄밀히 읽지 않고 큰 맥락으로 책 전체를 이해하는 앞날을 길게 내다보고 장구한 계책을 준비한다. 깊지 않지만 넓은 바탕지식이다. 스루더 그린을 공략하는 방법에서도 지형지물과 바람, 동반자의 내공을 살펴 한 홀에 급급하지 않고 18홀 전체를 이끌어 가는 전략이다.

＊

제갈량은 인재의 스윙을 한다. 나라에 충성하면서도 이익을 도모하는 것에는 사람을 추천하는 것보다 더 큰 일이 없다. 사람들의 좋은 점을 활용하는 방법은 새로운 인재들을 선발하는 것과 기존의 인재들을 분발시키는 용인술이다. 제갈량의 라운드는 동반자들의 단점을 지적하기보다는 장점을 찾아내어 중용을 하고 독려를 한다. 장점이 있는 파트너를 찾아낸다. 인적네트워크가 풍부한 자신도 완벽한 사람이라 생각하지 않았으며, 실패의 책임에서 자유로울 수 없기에, 제갈량은 인재 등용에 있어서도 기득권과의 충돌에 주의를 기울인다.

제갈량이 보인 통치술은 매우 유연하면서도 합리적이다. 백성을 어루만지고 성실한 마음으로 공정한 정치를 실행한다. 관직을 간략하게 하고 권부의 제도를 느슨하게 한다. 제갈량은 삼공의 리더십인 공개, 공정, 공평으로 페어웨이를 평정한다.

정책을 공개적으로 논의하고, 공개를 한 이상 공정하여지니 과업 평가는 공평해질 수밖에 없다. 충의를 다하고 시대에 이익을 준 자에게는 비록 원수라도 반드시 상을 주었고, 법을 위반하고 태만한 자에게는 비록 가벼운 죄를 지었다고 하더라도 반드시 벌을 주었다.

라운드 시에 게임 룰의 위반을 인정하고 반성하는 마음을 갖고 있는 골퍼에게는 중한 위반을 하였다고 하더라도 배려하였으며, 진실을 말하지 않고 말을 교묘하게 꾸미는 골퍼에게는 비록 가벼운 위반을 하였다 하더라도 반드시 중벌을 물었다.

제갈량은 8척 장신에 외모가 뛰어난 멋쟁이 골퍼이다. 요즘 시대로 비유해보면 자연스러운 드라이버의 장타에 멋들러진 골프 웨어, 자연과 어울려 품격 있는 매너와 행동은 제갈량의 트레이드마크이다. 골퍼들은 화려함을 좋아한다. 때로는 화려함 때문에 자신의 내면을 생각지 못할 때가 있지만 다재다능한 자기관리의 천재는 진정한 마음을 가졌기에 흔들림이 없다.

비기너들은 변화무쌍한 세상 속에서 **생존자가 적자라는 경쟁과 부딪히며 살아간다. 인간은 사회성의 이면에 감추어진 스스로 결정해야하는 고독한 나무이다.** 자신의 깊은 심성을 뿌리 깊이 박아놓고 생명력을 발산하면서 자신의 형상을 만들어 간다. 아름답고 강인한 사람이 되기 위해 많은 것을 준비해 나간다.

라운드 중이거나 일상 중이거나 골퍼들은 굴곡과 영광 속에서 점철되면서 순환되어가야 한다. 내가 가야할 길은 어디고 취해야할 자세는 어떤 자세인지 찾아다니며 걸음마하면서 읍소한다.

과거 내 모습은 어떤 형상이었고 자화상은 어떤 모습일까?

비기너로서의 예전 모습과 현재의 나의 모습, 과거와 현재의 모습의 변해가는 골퍼로서의 나의 만족도는 어느 정도일까?

골프는 스윙을 위한 게임이 아닌 자신의 품격을 높이기 위한 매너의 게임이다. 매너의 달인이 되기 위해, 진정한 자아 개발을 위해 다짐한다. 나 자신 안에 있는 나를 찾기 위해 노력하자. 골퍼들은 인간이기에 누구나 실족을 하고 살아간다.

어떻게 살아가느냐가 중요하다. 모든 사람이 행복한 삶을 원한다. 그 누구도 분쟁이나 더 많은 문제를 원하지 않는다. 비록 실족을 했지만 더 큰 문제를 일으키지 않기 위하여 내면의 세계에 더 많은 주의를 기울인다. 골퍼로서 체계적인 지성의 소유자가 되자.

제갈량은 고향의 옷매무세에서 흙냄새를 풍기면서 내면의 품격을 주변에게 전해주는 골퍼이다. 내면의 고향을 찾으려 하는 골퍼는 필드에서도 파트너의 마음을 편하게 하여주고 호흡하면서 자신의 품격을 드러내는 골퍼이다.

겉만 화려한 수수강정 보다는 내실이 꽉 차 있는 자신의 빛을 내보이는 골퍼가 되자. 파트너들을 위하고, 사랑에 빠지고, 매너를 보이고 건강함을 가지는 골퍼가 되자.

제갈량은 삼고초려와 읍참마속의 스윙을 한다. 유능한 인재를 등용하여 적재적소에 배치시키지만 원칙을 벗어나면 자기가 아끼는 사람을 과감하게 버린다.

골프를 잘하는 것도 좋지만 그 이전에 골프 자체를 즐기고, **매사 최선을 다하는 자세가 먼저이다. 파트너에 대한 존경의 마음을 가지고 자신은 책임을 가지는 스포츠맨십**이다.

페어웨이 러프 지역에 빠져있는 볼을 함께 찾아주고, 그린에서 먼저 깃대를 담당하는 배려심이 많은 골퍼에게는 격려와 기쁨의 상을 준다. 하지만 알까기나 규칙에 위반하는 행동을 하는 태만한 골퍼에게는 섬세한 것이라도 징벌한다.

골퍼들이 소소하게 생각하는 각종 절차에도 정통하다. 스코어 카드 작성, 타격의 순서, 각기 다른 경우의 수에 대한 동반자의 주장을 경청한다. 지연플레이나 거짓으로 가득한 동반자와는 두 번 다시 상대하지 않고, 언행일치의 동반자에게는 마음을 공평하게 쓰고 상주고 벌주는 것을 분명하게 한다. 때문에 많은 골퍼들은 그를 존경하고 아낀다.

세상을 다스리는 이치를 터득한 걸출한 인재인 제갈량은 경제에도 탁월하다. 기본적으로 어떻게 라운드를 활성화하고 그 이익을 공정하게 분배할 수 있느냐에 시선을 두고 있다. 스트로크게임에서 스킨스게임에 이르기까지 공평한 경제 목적을 달성하기 위해 성실하게 마음을 열고 공정한 정치를 실행한다. 법제의 바른 시행이다. 법 앞에 만민이 평등하고 법을 행함이 근엄하여, 동반자들은 마음으로 기뻐하여 원망하지 않고, 집중하여 전력한다.

하늘, 때, 사람으로 승리하는 스윙을 하라

제갈량은 삼국연의소설 적벽대전의 최대 공신으로 위기 속에 빛나는 리더십이다. 천하삼분지계를 통해 천하를 삼분으로 나눈 웅대한 전략을 펼친 제갈량은 삼국 중 가장 국력이 약한 촉의 재상으로 죽기 전까지 힘의 균형을 유지시키는 지략의 리더십을 보인다.

제갈량의 전술은 체계적이지도 않고 기본은 보이지 않는다. 재상으로서 평가는 있으나 군을 움직이는 군사로서의 업적은 별로 보이지 않는다. 임기응변의 군략 때문에 계략가, 전략가로는 미흡하다는 평가를 받고 있지만 외교가, 정치가, 충의의 전략가로서는 탁월한 가르침을 준다.

제갈량의 코스 매니지먼트는 정확한 방법으로의 코스 공략이다. 현장 리더십으로 정확하게 해야 할 일을 찾아낸다. 정확한 방법인 정확한 방향을 선택하면서 정확한 스윙을 한다. 라운드의 비기너는 착하다. 제갈량은 충의의 전략가로서 사람은 선하다는 성선설을 중심으로 인간을 보면서 통솔력을 발휘한다. 착한 골퍼에게는 신상필벌과 공평무사한 원칙으로 다스리며, 고수든 하수이든 동일한 룰 안에서 적용한다. 존엄과 온정으로 균형을 맞춘다. 착한 비기너들은 솔선수범하는 부지런함과 청렴결백한 리더를 따른다.

많은 인재를 등용했던 제갈량은 페어웨이를 공략하는 첫 번째 임무는 미리 대비하는 것에 치중한다. 지혜는 경계하고 미리 대비함이다. 하늘의 뜻에 순응하고 때를 기다린다. 이기는 싸움을 위해 유리한 태세를 준비하며, 동반자들의 힘에 의지하고 지혜를 사용한다. 권능을 가진 슈퍼리더로서 라운드의 위세를 가지는 9가지 재목의 유형을 제시한다.

덕과 예를 갖추고 동반자들의 배고픔을 같이 하는 인장, 왕성한 책임감을 갖고 리더로서의 의무를 다하고, 자신의 이익을 돌아보지 않는 의장, 고수 자리에 있어도 뽐내지 않고 적에게 이겨도 의기양양한 표정을 짓지 않는 예장, 계략이 무궁무진하고, 어떠한 사태를 만나도 잘 대응하고 위기에서도 승리를 거두는 지장, 귀천을 따지지 않고 하수들을 대하고 약속한 것을 반드시 지키는 신장, **걸음걸이가 빠르고 투지로 가득차 있는 보장, 공략할 때는 앞장서고, 배려할 때는 뒤치다꺼리를 맡는 기장,** 동반자를 능가하고 고수를 만나도 질리지 않고 상대방이 강할수록 투지를 불태우는 맹장, 어진 상대방을 보면 정중하고 공대한다. 가까이 충언에 귀를 기울이며, 밖으로 너그러우면서도 안으로 강직하다. 용감하고 계략도 풍부한 리더의 필요조건을 대부분 가지고 있는 대장이다.

무릇 리더의 그릇은 크고 작음이 같지 않기에 교만함을 조심하고 예를 잃으면 동반자들은 멀리 떠난다. 이는 익히고 단련함이다. 제갈량은 동반자들을 움직이고 심복하도록 만드는 인색하지 않은 작음에서 시작하여, 슈퍼리더로서 동반자들의 그릇을 6등급으로 분류하여 천기를 읽으면서 라운드를 이끌어간다.

속이 엉큼한 사람을 알아보고, 위기를 미리 알아차리고, 동반자를 잘 통솔할 수 있는 십인지장에서 출발하여 아침 일찍부터 밤늦게까지 주어진 과업에 열중하며, 말도 매우 신중히 하는 백인지장, 도리에 어긋난 일은 딱 질색이고 사려가 깊고 용감하면서도 경쟁 심리가 왕성한 천인지장, 위엄이 넘치고 투지로 가득차 있으며 하수들의 노고를 헤아리고 배려하는 마음씨도 가지고 있는 만인지장, 그리고 유능한 인재를 등용함과 더불어 자신은 매일 게으름 피우지 않고 수양에 힘쓴다. 신의가 두텁고 너그러우며, 어떠한 사태가 일어나도 마음이 흔들리지 않는 십만인 지장이다. 천하의 으뜸가는 리더는 파트너를 사랑하고 신의로서 세상을 감복시킨다. 천문, 지리, 인사 등에 두루 정통하며, 모든 비기너들이 존경하고 사모한다. 이는 천하만민지장이다.

제갈량은 역리와 순리, 그리고 기를 꿰뚫고 있는 천하만민지장이다. 무릇 어리석은 자가 지혜로운 자를 이기는 것은 역리이며 지혜로운 자가 어리석은 자를 이기는 것은 순리이다. 그러나 지혜로운 자가 지혜로운 자를 이기는 것은 기이다. 유능한 리더는 기를 이용하여 싸우면 반드시 승리를 쟁취하게 된다.

승리를 위해서는 상대방의 기를 간파한다. 술과 수는 융합되어 기로 발출된다. 스루더그린의 기는 변화한다. 기는 만물의 변환 과정으로 시기의 모습이다. 사건이 변화하는 시기인 사기, 전세가 변화하는 시기인 세기, 동반자들의 사기가 변화하는 시기인 정기이다. 사기가 유리하게 열리고 있는데도 그것을 살리지 못함은 지혜로운 자라고 할 수 없다. 또한 세기가 유리하게 열리고 있는데도 이에 틈탈 수 없음은 어질고 총명한 자라고 할 수 없으며, 정기가 유리하게 열리고 있는데도 꾸물거리고 있는 것은 용기 있는 자라고 할 수 없다.

훌륭한 리더는 반드시 시를 틈타서 승리를 거둔다.

★ 진시황제 전국 칠웅 진나라의 제31대 왕, 중국 최초의 황제
기원전 259 ~ 기원전 210

절대자로서 슈퍼리더십의
스윙을 하라

　전국 칠웅 진나라의 제31대 왕이자, 장양왕의 아들인 영정은 삼황오
제와 진나라의 최초의 황제라 호령하며 진시황제라 스스로 칭한다.

　여불위의 도움으로 5년의 섭정 과정을 거처 31년간 친정을 한 진시황
은 불로불사와 분서갱유를 일으킨 중국 역사상 최대의 폭군 중의 한명
이다. 하지만 도량형을 통일하고 전국 시대 국가들의 장성을 이어 만리
장성을 완성하였으며, 분열된 중국을 통일하고 황제제도와 군현제를 닦
아 중국 황조 2천 년의 기본 틀을 만들었다. 전근대의 중국과 유학 관료
들에 의해 폭군이라는 비판을 받아오면서, 병마용 발굴 이후 진시황제
의 진취성과 개척성에 초점을 맞추어 재평가하려는 시도가 활발히 이루
어지고 있다.

　진시황의 스윙은 절대자 스윙이다. 진시황은 거대 중국을 통일한
군주로서 정치, 경제, 행정, 군사, 문화, 사상 등을 일사불란하게 정
비한 절대적인 기획자이다. 최초로 통일된 정부의 통합관리체제를 만

들어 놓은 조직의 귀재인 진시황은, 통일된 중앙집권적 중국을 창설하고 원대한 꿈을 실현한 통합의 아이콘이다. 진시황은 독보적으로 통섭한 다재다능한 천재로서 스스로 자기를 역사상 어느 누구도 하지 못한 일을 해낼 수 있는 천재라고 생각하여, 다른 사람에게 정무를 맡기지 않고 법도 혼자 정하고, 결재도 혼자서 한 집념과 실행의 독불장군이다.

✳

야심가는 강력한 카리스마의 스윙을 전개한다. 리더십과 추진력은 파트너 기용과 활용, 충분히 라운드를 할 수 있는 기반의 확충, 최고의 피팅 장비 구축, 경쟁자에 대한 정보와 철저한 준비, 순차적 전략목표설정과 재빠른 순발력 등으로 발휘된다. 광활한 스루더그린을 원활하게 통제하기 위해 페어웨이와 벙커, 해저드 등이 나와 있는 야디지북을 제작하고, 스코어를 줄일 수 있는 불가사의한 생각들을 행동에 옮긴다.

대륙의 토대를 세운 창조자의 사고는 절대자 언더파 고수로서 모든 분야를 재창조하면서 확고하고 강력하게 1인 직접 통치제제를 제도화한다. 더 멀리 더 정확하게라는 원칙으로 편리성을 제고시키면서 테크노 정보 기술들을 첨단화시킨다.

골퍼 중심적인 톡톡 튀는 아이디어는 모두 대륙 최초이다. 규모의 웅장함, 정교함과 예술적 가치이다. **최초로 거리측정기를 제작하고 고반발 드라이버로 비거리를 확충하면서 운동 수행 능력을 향상시키는 스마트 골프화**를 만들어낸다.

진시황의 리더십은 슈퍼리더십이다. 콤플렉스를 이겨내고 강인한 의지와 자기만의 독창적 방식으로 극복한다. 철저한 라운드 계획과 경쟁자를 제압하려는 준비된 승부욕, 규칙을 이용하는 계산된 심리전술, 필요에 따라 자신을 굽힐 줄 아는 유연한 전략적 두뇌, 상대의 치명적 약점을 심리적으로 파고드는 멘탈, 확실한 마무리까지 그의 천재성은 유감없이 발휘된다. 유연함까지 고수의 진면목을 보여준다.

언더파 골퍼로서 공략 대상 지역을 직접 관찰하는 순수를 실행하고, 현장에서 사용할 장비를 손질한다. 드라이버와 아이언으로 공략할 야디지북을 챙기면서, 스루더그린의 상태를 파악하고, 그린의 나이를 점검하는데 열중한다. 실수를 하지 않기 위해 효율적인 어퍼러치 샷의 정교함에 조금이라도 도움이 되는 방법이나 스킬이 있으면 부단히 연습하고 단련한다.

하루에 연습할 시간을 정해 놓고 다 마치지 못하면 잠자는 시간을 줄여서라도 목표량을 채운다. 만성피로에 시달리고 과로로 인한 스트레스가 심했지만 자신의 언더파 실력을 일사불란하게 발휘하기 위해 부지런하게 움직였고 지나치리만큼 최선을 다한다.

마음껏 능력을 발휘할 수 있게 부리되 엄격하게 통제한다. 진시황의 일격관리 용인술이다. 국적, 신분, 민족을 따지 않는 개방된 인재 기용은 천하를 통일하는데 결정적인 기여를 한다. 특히, **특정인에게 권력이 집중되지 않도록 경계하면서 특정인을 승진시킬 때는 그 권한을 억제하는 조치를 함께 취했다.** 철저히 과업 중심이다. 특정인을 남다르게 총애하지도 않으면서, 환관이 함부로 설치지 않도록 철저하게 통제하며 황후조차 두지 않았다.

진시황의 슈퍼리더십은 결단과 정책 수행 능력은 역사상 어떤 리더보다도 뛰어난 통찰의 리더십이다.

초월적인 스윙으로 세상을 지배하는 스윙

진시황의 리더십은 신격화로서 문화 전체주의로 스윙한다. 대업을 이루고 성취한 자만심은 시대를 혼란시킨다. 하늘의 기세를 찌르고 오랫동안 눌러왔던 욕망이 꿈틀거리면서 최고 권력자라는 무한 권력을 발산한다. 자신을 신을 뛰어 넘는 초월적인 존재로서 시호라는 제도를 폐지하고 시황제라는 이름을 직접 지으면서 짐이라는 용어를 처음 사용한다. 대형궁전을 짓고 자신의 무덤 축조, 아방궁 수축, 만리장성 건설, 각종 도로공사 등으로 백성들의 원성과 자만심에서 발생한 리더십은 변질되면서 실정을 반복한다.

진시황의 통치문화 전체성은 사상을 통일하기 위한 방책이었으나 오로지 사상을 질식시키고, 언로를 막고, 문화 전적을 없애고, 통치계급 내부의 분열을 조성한 폭정으로 전이된다. 동반자들의 언쟁으로 발생한 분서갱유는 진나라의 역사와 의술, 농경 등에 관한 책 이외의 모든 책들을 태워버리고 460여 명을 구덩이에 넣고 생매장시킨, 문화와 사상의 압제사건이다.

진시황이 천고의 영웅이지만, 불로장생술이나 신선설 같은 허황된 믿음에 빠져 막대한 자원을 동원하고 백성들을 괴롭힌 것은 실정으로 후대에 아픔을 준다. 또 지나치게 큰 궁전과 능을 조성하기 위해 **엄청난 수의 백성들에게 노역을 강요한 것은 왕조의 수명만 단축시킨 처사**였다. 불로초를 구하려고 한 일화에서 보듯 죽음 앞에서는 약한 한 인간이었으며 죽음 또한 비참하게 맞았다.

역사상 최강의 권력을 쥔 진시황은 사람에 대한 의심과 질투가 많은 미스터리한 성격의 고수였다. 동반자들은 1인자인 진시황 앞에서 자신의 능력과 담력, 인품 등을 일부러 낮춘다. 살아남기 위해서이다. 권력보다는 금전에, 1인자보다는 참모로서 역할수행만을 취하고, 1인자보다도 뛰어나지 않다는 점을 지속적으로 알려주고 증명한다. 진시황은 동반자들이 자신의 세력을 만들지 않고 자신에게 맞는 아첨 처세술에 동화된다.

아픈 경험을 한 사람은 행복의 기쁨을 알고 있다. 인간은 지구상의 온갖 질병과 고통 속에서 살아간다. 건강하게 살아갈 수 있으면 좋으련만 병의 아픔은 갑작스럽게 우리에게 다가온다. 병으로부터 해방될 수 있으면 얼마나 좋은 일이겠는가? 살면서 욕심, 욕망은 무한하지만 잘살면 살수록 새로운 환경오염에 따른 현대병이 발생해 우리를 또다시 괴롭힌다.

진시황 역시 전국을 제패하고도 영원히 중국을 통치하려 불로초를 구하려 했지만 원하는 바를 찾지 못한다. 신하 서복이 진시황의 명을 받고 바다로 나가 불로초를 구하려 백방으로 알아보지만, 구하지 못하면서 실패의 처벌을 두려워 제주도를 거쳐 일본에 정착했다는 구전을 우리는 알고 있다.

오랫동안 살고 싶은 욕망은 인간 누구에게나 있지만 죽음 앞에서는 누구에게다 평등하다. 형편이 어려운 사람이나 권력을 쥐고 있는 사람, 또는 돈을 많이 가지고 있는 사람 누구나 공평하게 죽음 앞에서는 경건해 진다.

이 시대에 어떤 생활이 **성공하고 행복한 삶인가**를 묻는다면 단연코 하고 싶은 일을 하고 있는 사람이 행복하고 성공한 사람이라고 단언한다.

주말 등반이지만 대자연의 섭리를 느끼면서 작은 꿈을 이루어주시라고 기도하는 사람들, 부족하고 조그만 골방에서 욕심 없이 자신의 하루

하루를 열심히 살아가는 사회 초년병들, 결혼 후 아이들 양육하는데 온갖 열정을 바쳐 생활하는 우리들의 새내기 엄마 아빠들, 작지만 처해진 환경에 맞추어 아웅다웅 우애롭게 살아가는 가족 형제, 40여 년을 일터에서 일하고 퇴직 후 가족과 함께 손자 손녀들 사랑하며 자신의 노후를 즐기는 장년들, 이렇게 행복한 사람들이 우리의 주변에는 많다.

진시황의 일에 대한 집념을 보면, 현대사회의 비기너들은 다양성의 사회 구조와 빅데이터의 플랫폼 시대에 해야 할 본업의 일과 좋아하는 여가의 일을 심도 깊게 찾아야 한다. 요즘 젊은 세대에게서 배워야 할 트렌드이다. 미래에서 현재로, 특별함에서 평범함으로, 행복은 강도에서 빈도로 가치관을 옮기는 중이며 직업도 엔잡러가 늘어나는 추세이다.

출생은 부모가 준 최대의 선물이지만 행복은 본인의 노력으로 만들어야 한다. 죽음은 언제 다가올지 모르는 운명적인 산물이다. 재물에 관계없이 소리 없이 다가서는 죽음을 알면 삶의 행복은 먼저 발견한 사람의 몫이다. 진정 삶의 기쁨을 아는 비기너들에게 우리는 열심히 일하고 골프를 즐기자고 주문한다.

필드에 나갈 수 있는 그 자체가 행복이고 기쁨이기 때문이다. 자신이 처해진 현실에 대하여 우울해하지 말고 최선과 차선으로 삶이 준 축복과 기쁨을 가지려 노력하자. 우리는 그린 위에 서 있는 그 자체가 행복이다. **싱글 골퍼의 치열한 신경전보다는 필드에 나가기만 하여도 즐겁다는 비기너 골퍼가 행복지수가 높다는 것에 감사하자.**

과도한 인간의 욕망으로 중국 고대사의 신화적 폭군인 걸주와 동일시된 진시황은 포악무도한 임금의 전형으로 부정적으로 치부되면서도, 후대에 사상 최대의 유적을 내려준 군주이다. 이는 상상력의 차원을 뛰어 넘는 창작물로 병마용갱과 진시황릉이다. 병마용갱은 8천 개에 달하는 실물 크기의 테라코타 모형들로 20세기 최대의 고고학 유적지이다.

골프가 인문학을 만나다: 동서양 천재들의 필드 리더십

수천에 달하는 병사들, 각각의 얼굴과 체형이 달라서 실제의 인물들을 모델로 인용했다는 추측이다. 이토록 유명한 병마용갱도 진시황릉의 무덤에 붙어있는 수많은 부속품들 중의 하나에 불과하다. 진시황릉은 아직까지 발굴되지 않고 있다. 병마용갱과 함께 사상 최대의 유적이 될 진시황릉은 200m의 높이에 달하는 규모에서 2000년의 세월의 풍화를 겪으며 높이가 76m로 낮아졌지만 여타 불가사의한 유적보다도 예측을 불허한다.

사마천의 사기에 의하면 진시황릉은 죄수 70만 명을 동원해 땅을 파고, 지하수 줄기에 구리 녹인 물을 채워 기반을 만들고, 자동으로 발사되는 쇠뇌를 설치하고, 수은이 흐르는 강을 만들었다. 공사 후 죄수와 장인들은 모두 생매장됐다고 전해지고 있다.

사후에 항우가 이곳을 파괴했을 때 30만 명을 동원하여 30일 동안 그 보물들을 날랐다고 하니 그 **호화로움은 가히 상상을 초월하는 것이다. 자신의 업적을 후대에 전하기 위해 제왕이라는 호칭 대신 우주 만물을 주관하는 신이라는 진시황제**는 12,000여 명을 생죽음시키면서 무덤의 비밀을 지키는데 여전히 베일에 싸여있다.

실제 중국은 진시황릉의 아래에 숨겨져 있는 지하궁전을 일부러 발굴하지 않으며 300년 이내에는 발굴 계획이 없다고 한다. 한 번 손대기 시작하면 너무나 엄청난 작업이고, 그 엄청난 작업을 안전하게 할 수 있는 고도의 문화재 발굴 기술을 자체적으로 개발하기 전까지는 어느 누구에게도 발굴권을 넘겨줄 수 없다는 중국의 자존심 때문일까?

✱ 알렉산드로스 고대 그리스왕국 마케도니아왕조
제26대 군주, 가장 성공적인 군사
지도자, 기원전 498 ~ 기원전 454

명예와 고결함을 아는 정복자의
리더십으로 스윙하라

　마케도니아의 왕은 그리스, 이집트, 페르시아, 인도에 이르는 대제국
을 건설하여 그리스 문화와 오리엔트 문화를 융합하고 새로운 헬레니즘
문화를 이룩한다. 대왕 알렉산드로스는 뛰어난 능력으로 당대 최강대국
들을 분쇄해 버린 고대사 정복 군주의 아이콘이다. 동쪽으로 오랫동안
그리스 영토를 침입했던 페르시아 제국의 아케메네스 왕조를 무너뜨려
페르시아 제국을 통치하고, 남쪽으로는 이집트를 정복하여 이집트 왕의
호칭인 파라오가 되었고, 나아가 지금의 인도 부근까지 정벌하여 고대
그리스 역사상 가장 넓은 영토를 개척한다.

　알렉산드로스는 불패의 전략가이자 혁신가인 아버지 필리포스와 고
대 그리스 철학에 가장 영향력 있는 인물인 대학자 **아리스토텔레스**를
스승으로 모시면서 배운 가르침은 지혜와 탁월한 학문으로 발전해
그리스 문화의 수호신이 된다. 호메로스를 존경하여 스승이 준 일
리아스를 베게 밑에 넣고 잘 정도로 그리스 문학에 심취하였으며,

원정길에 예술가, 지리학자, 수로학자, 동식물학자 등을 데리고 다니는 이색적인 정복자이다.

12세에 사나운 명마 부케팔로스가 태양에 비친 그림자를 보고 놀라 날뛰는 것을 단숨에 길들이는 무용담처럼, 알렉산드로스의 어린 시절은 자신감이 늘 넘쳐났고, 죽음에 대한 두려움도 없이 용감하였다.

모든 전투를 선두에서 적진에 돌격한 것처럼, 자신감이 높고 자존감도 높다. 이집트에서 신탁을 받은 뒤로는 자신이 신이라 믿을 정도로 자기 자랑을 거하게 하기도 하였다. 인도에서 회군하던 때, 화살을 맞은 알렉산드로스는 피를 흘리며, "이것은 신의 피가 아니라, 인간의 피로구나"라고 슬프게 말한다.

그는 두뇌와 용맹을 겸비한 맹장이다. 미남자에 올림픽 출전을 권유받을 정도로 무술과 격투기의 실력자이면서도 단단하고 강인한 육체의 소유자였다. 슈퍼맨이었다. 전장에서는 저돌적인 투사로서 격정을 주체하지 못했지만 전장 밖에서는 눈은 맑고 인자하였으며 피부는 희고 투명한 고독을 타는 얌전한 젊은이였다.

✳

알렉산드로스는 전술적 감각과 절제력이 뛰어난 스윙어이다. 내우외환의 위기에 몰렸을 때 뛰어난 리더는 모든 방법을 적절하게 사용한다. 단호한 판단력과 결단력이다. 자신의 어려움에 처했을 때, 자포자기하지 않고 동요하지 않고, 냉정하게 정세를 분석하고 준비한다. 타이밍과 기동력은 창의적 발상이다. 역동적이거나 저돌적인 전술 속에는 진지한 고민과 사색이 바탕이 된다. 항복하는 상대에게는 관용을 베풀고 용기 있는 하수에게는 경의를 표한다. 알렉산드로스는 차분하고 냉정한 분석가이다. 지적 호기심을 자극하고 넓은 세상에 대한 안목은, 자신이 헬레니즘 사상을 전파하겠다는 사명감으로 페르시아 공주와 결혼하여, 문화 결합과 그리스 문명의 선구자가 된다. 전쟁이 없는 알렉산드로스의 일상은 명예와 고결함을 존중할 줄 아는 심중한 리더이다. 다른 리더들과는 다르게 쓸데없는 유흥을 자제하였으며 사색과 전술 연구로 시간을 보낸다.

이상적인 **인간은 삶의 불행 속에서도 위엄과 품위를 잃지 않고 견뎌내 긍정적인 태도로 그 상황을 최대한 이용한다.** 스승 아리스토텔레스의 영향을 받은 알렉산드로스는 독려의 대가이다. 알렉산더가 전쟁을 승리로 이끌 수 있었던 것은 독촉이 아닌 독려의 힘이 바탕이 되었기 때문이다.

어떤 문제를 해결하는데 있어 적극적인 태도와 부정적인 태도는 많은 차이를 보인다. 태도가 사실보다 중요하다. 사실이 어떠하듯 그 사실을 받아들이는 태도가 나의 삶을 결정짓는데 중요한 단초가 된다. 아무리 어려운 일에 봉착하였다하더라도 긍정적이고 희망적인 생각을 하면 해결의 실마리가 보이는데, 그렇지 않고 불행한 일에 대한 걱정을 미리하면서 근심하면 초조 속에서 악순환이 반복된다.

나의 앞에 놓인 상황을 어떻게 보느냐에 따라 달라진다. 상급 골퍼로 가는 지름길은 긍정적인 힘을 기르는 것이다. 라운딩 시에는 많은 어려움 있다. 이러한 어려움을 해결하는 최적의 방법은 라운드에 임하는 나의 태도를 긍정적으로 생각하느냐에 달려 있다. 선택은 나의 몫이다.

비기너들은 자신의 스윙 자세 교정이나 부단한 연습장에서의 연습으로 라운드의 어려움을 해결할 수 있다고 생각한다. 오산이다. 스윙 원리나 자세로 골프 게임을 잘할 수 있는 부분은 10% 밖에 되지 않는다. 나머지는 라운드를 하기 위한 마음을 결정짓는 심리 90%가 관여된다. 골프는 심리적인 운동으로 구력이 올라갈수록 묘미가 있다.

나 하기 나름이다. 골프는 멘탈 속에서 하는 운동이다. 멘탈을 이기려면 먼저 나 자신의 태도가 중요하다. PGA 투어 최다승자인 샘 스니드는 골프의 신은 열성파에게 행운을 가져다준다고 하였다.

수동적이고 거부적인 사고는 감정 중추의 흥분을 주어 원하는 목적에 역효과를 준다. **적극적인 사고는 지성의 뇌와 이성의 뇌가 활발히 움직여 새로운 도전 욕구를 준다.** 마음가짐에 따라 전혀 다른 체내의 물질이 생성된다. 분노, 불만, 긴장을 느끼면 몸을 해치는 아드레날린이라는 호르몬이 분비되지만 웃음, 기쁨, 감사, 매사 긍정적 사고를 하면 엔도르핀이라는 행복 호르몬이 나온다.

긍정적이고 적극적인 태도가 라운드의 즐거움을 높이고 신체를 건강하게 한다. 긍정적이고 적극적인 태도로 살아가는 골퍼는 반드시 할 수 있다는 열정을 가지고 있다. "아니다"보다는 "예"라고 하는 생각에 매사 힘쓴다.

알렉산드로스에게 성공을 위해 행동을 하게 하는 강한 동기이다. 열정은 작지만 열등감을 벗어나게 하는 결정적인 차이를 만든다. 열정이 있는 골퍼는 어떤 어려움이 있어도 그 어려움을 이길 수 있다고 생각한다. 열정이 있는 골퍼는 미래의 희망을 가지고 긍정적인 자세로 사는 사람이다. 이렇게 긍정적인 사람은 항상 좋은 것을 보고 장점을 본다. 일반적으로 성공한 사람은 긍정적이고, 적극적인 태도를 가지고 행복하게 사는 사람이다.

두 얼굴을 가진 사랑 받는 독재자는 물욕, 육욕에 대한 자제심이 매우 강하다. 전형적인 스포츠맨으로 군인다운 검소한 삶이다. 라운드 전에 과식하면 몸의 기능이 소화 기능으로 집중되어 경기 집중력이 떨어진다. 라운드하기가 부담스럽다. 식욕 또한 필요한 만큼만 먹고, 그 이상의 낭비는 하지 않는다.

열심히 최선을 다해 땀 흘려 일하고 난 후 먹는 음식은 최고의 건강요리이다. 그의 식생활 철학은 가장 소탈하며 서민적이고 평민적인 보통 사람의 모습이다.

여자와 하룻밤을 보내는 일보다 전략을 짜는 일이 흥분되었던 알렉산드로스는 고대의 정복자로서 특이하게도 여자에게 무관심이다. 아름답기로 소문난 다리우스의 아내에게 융숭한 대접을 하면서도 "그녀의 미모를 나에게 말하지도, 상기시키지도 말 것이다"라고 부하들에게 말하기도 했으며, "페르시아의 여자들은 눈이 아플 만큼 아름답다고 하더구나"라면서도, 마음이 흔들리지 않는다.

냉철한 포용력으로 사람의 마음을 장악하는 스윙을 하라

아버지로부터 물려받은 전사로서의 육감과 어머니에게서 물려받은 신화에 대한 열정은 다른 왕들보다도 뛰어나다는 의미로 알렉산드로스는 더 그레이트라는 칭호를 듣게 된다. 전사로서 탁월한 능력을 가진 알렉산드로스는 안위보다는 투쟁의 삶을 택했고 끝없는 야망에 온몸을 던진다. 세계를 지배한 절대 권력자는 꾸밈이 없다. 자연주의 철학자 디오게네스를 만나고 나서 외친다. 내가 알렉산더가 아니었으면 디오게네스였을 것이다. 다양한 사고를 존중하는 리더의 표상이다. 한 사람은 많고 깊은 것을 넓게 공부하고, 한 사람은 많은 학문과 권력을 차지하지만, 진정한 행복은 비기너의 단순한 삶에 있다.

물욕이 적은만큼, 베푸는 기쁨을 잘 아는 이가 알렉산드로스였다. 알렉산드로스는 희망을 향한 나눔의 스윙을 한다. 그는 **파트너들에게 후한 나눔을 주어 친구와 동료들은 모두 부자가 된다. 모두의 운명을 지키기 위해 싸웠던 이들의 행동을 기억한다.** 많은 승리 속에 희생의 대가가 따른다. 비록 하수이지만 이들의 노고를 기억하고 헤아려 주는 섬기는 리더십이다.

대왕께서 오시기 전에 페르시아에는 다리우스 왕 하나뿐이었지만, 이제는 알렉산드로스 대왕이 여럿이라고 칭송하는 것처럼 알렉산드로스는 나눔의 정치를 보인다. 일개 병사들에게도 마찬가지이다.

어느 날 나귀가 지나치게 무거운 보물로 인해 힘들어하는 것을 본 병사가 보물을 나눠 짊어지자, 대왕이 몸소 그 옆으로 다가가 "힘을 내거라. 캠프까지 네가 그 보물을 들고 간다면 그것은 모두 너의 것이 될 것이다"라고 한다. 욕심이 없는 리더는 자기 것은 챙기지 않으면서 동료들을 먼저 생각한다. 그리고 다른 무엇을 가지고 있다. 그것은 희망이라는 재산이다. 알렉산더 대왕은 자기가 죽고 나면 관에 구멍을 내어 자신의 손을 밖으로 내보내라고 한다. 죽으면 결국 빈손으로 떠난다는 교훈이다. 기본적 생계만을 해결하고 희망의 가치를 찾아가는 삶이다.

알렉산드로스는 솔선수범을 통해 지도력을 스윙한다. 세상은 차갑지만 신뢰와 소망이 있다. 그러기에 동반자의 관심은 따뜻하다. 더 나은 미래를 동료들에게 제시하는 동시에 리더로서 맨 앞에서 앞장선다. 인정도 깊어, 한 병사가 부상을 입었다 거짓되게 진술하고 전역하려 한 것이 걸렸는데, 그 사유가 고향에 두고 온 연인에 대한 사랑 때문인 것을 알게 되자, 대왕이 이를 용서하며 그를 전역시켜 준다.

알렉산더 대왕은 점령한 페르시아의 귀족들에게도 융화 정책을 펴서 그들의 충성을 얻는 포용의 리더십을 발휘한다. **나는 사람들의 출신에**

대해서 궁금하지 않다. 다만 그들의 장점을 바탕으로 적합한 곳에 쓸 뿐이다. 현실적인 정치 감각으로 그리스 철학에 감화되어 있었지만 페르시아인을 수용하기 위한 포용이었다. 야만인들을 잘 구슬려서 충성을 받은 것이나 이집트에서 파라오 칭호를 받은 것을 보면 정치적인 융화력이 대단하다.

알렉산드로스는 고정관념을 탈피한 스윙을 한다. 실패의 위험을 감수하고 실패를 택할 수 있는 용기가 있어야 고정관념에서 벗어날 수가 있다. 고르디우스의 매듭을 푸는 자가 아시아 전역을 통치하는 지배자가 된다는 신탁에, 알렉산드로스는 매듭을 풀려고 한 것이 아니라 단칼에 매듭을 잘라버린다. 다른 시각에서 접근하여야 좋은 아이디어를 얻을 수 있다. 고르디우스의 매듭이 해결하기 어려운 문제를 의미하거나, 대담한 행동으로 복잡한 문제를 해결한다는 의미이던, 알렉산드로스는 자기만의 방식으로 창조적 방법을 선택한 것이다.

지배자의 위치를 확고한 알렉산드로스는 자제력의 리더십을 가졌지만, 동시에 충동적 행동은 우리에게 반면교사이다. 실패의 비용을 치르고 싶지 않은 것이 인간의 본성이지만 충동적인 천성으로 저질은 실수를 후회한다. 테베를 멸망시키고 후회한 것이나, 페르세폴리스를 불태우고 후회한 것, 술에 취해 자신의 은인이자 신뢰받던 장군이던 클레이토스를 죽인 것 등이다.

호탕하고 대담한 알렉산드로스는 술보다는 술자리를 좋아했다. 나아가 술보다는 술자리에서 오고가는 대화를 즐겨했던 군주는 불과 33세에 삶을 마감하였으며, 헬레니즘 문화를 만들었던 세계화의 선구자로서 인류에 뚜렷한 역사적 발자취를 남겼다. 끊임없는 학구열과 소박한 삶의 태도는 동양의 칭기즈칸에 버금가는 불세출의 영웅이라는 평판에 모자람이 없는 인물이다.

웅대한 비전은 변용의
리더십으로 스윙하라

칭기즈칸은 세계 역사상 가장 넓은 대륙을 점령한 몽골 제국의 창업자이자 초대 칸으로 세계에서 가장 뛰어난 정복자 중 한 사람이다.

17살의 어린 소년 테무친은 아버지를 잃고 자신은 포로로 잡혀 끌려가는 신세에 그가 가진 목표는 흩어진 부족을 되찾고 아버지의 원수를 갚는 것이었다. 테무친은 부족들을 단결시켜야 한다는 사명감은, 나라를 찾는 원대한 야망이다. 칭기즈칸은 웅대한 비전의 아이콘이다. **나라를 만들기 위해서는 주변 국가의 위협을 없애는 것이고 이는 중원을 경영하는 것이다. 나아가 천하를 통일하는 웅대한 비전을 갖고 실행에 옮긴다.** 칸은 중앙아시아의 투르크와 몽골 연맹을 통합하는 공동의 목표를 형성한다.

칭기즈칸은 불과 200만 명의 국민, 약 10만 명의 군대로 쉬지 않고 달리는 자전거만이 서 있을 수 있다는 사명감으로 부족을 이끌면서 시대를 지배한다.

흩어져 있던 부족들과 함께 칭기즈칸이 활발한 정복 활동을 할 수 있었던 대표적인 이유는, 자기 부족이 아닌 정복민의 출신이더라도 철저히 능력에 따라 대우하는 인사 행정이다. 계급이 미천한 자라도 능력이 있다면 귀히 쓰지만, 능력이 없는 자라면 계급을 강등시켰으며, 이민족이라 해도 받아들이는 개방적으로 인재를 흡수했다. 또한 승마 능력과 기동성이 뛰어난 강한 군대를 만들었다. 상인들을 통해 정확한 정보 수집을 하였으며 내분을 조성하는 이간책으로 피의 역사를 쓴다.

싸움은 이기기 위해 하는 것이며, 이기는 싸움은 시간과의 싸움이라고 한 칭기즈칸은 적과 동지에 대한 철저한 구분과 배신자에 대한 대물림의 복수로 상징되는 인내의 화신인 동시에 복수의 화신이다.

도덕적으로 뛰어난 리더였으며 천성적으로 비전을 가슴에 품은 낙관주의자이다. 가부장적 애정을 가지고 동반자를 혈육처럼 대한다. 자신의 친족들이 전면에 나서 장애가 발생되지 않도록 철저히 관리하고, 신속한 결단과 재빠르게 행동한다. 생사가 걸린 전쟁에서건 사소한 일상에서건 언제나 모범이 되고자 노력했기 때문에 명분과 정당성의 칸이 되었다.

✳

급변하는 세대와 감성 세대 속에서 살아나가는 골퍼의 힘, 원천은 어디에서 나올까?

굳게 단단하게 세상을 헤쳐나가고 있는 힘은 어디에서 나올까?

스스로 강한 의지와 추진력에서 나오는 걸까?

스스로 믿고 있는 마음의 신에게 의지하고 있을까?

큰 인물 나폴레옹은 미래를 믿고, 희망을 믿고, 반드시 어려움을 극복할 수 있다는 자신의 힘을 믿었다. 영웅들의 강건한 원천은, 자신을 믿는 힘에서 자신의 무한한 가능성을 알고 있다. 골퍼마다 힘

골프가 인문학을 만나다: 동서양 천재들의 필드 리더십

의 원천이 있다. 칭기즈칸의 힘의 원천은 관용과 포용정책이다. 중요한 일과 덜 중요한 일을 구분하여 근본적인 일과 핵심적인 일을 위하여 주변적인 일들을 포기할 줄 아는 지혜를 가진다. 그래서 지쳤을 때는 자신을 일으키고 삶의 방향성을 잡아주고 삶의 의미를 주는 힘의 원천을 찾아야 한다.

힘의 원천은 자신 속에 있다. 자신이 간직하고 있는 신, 마음속에 담아놓은 신, 알기 쉽지는 않지만 누구든지 자신의 마음속에 형상을 지니고 있다. 마음의 신은 내 주변 어디에 존재하고 있기에 강한 힘을 주고 에너지를 준다.

컨디션이 좋지 않았을 때, 마음의 평안을 찾기 위해 골퍼들은 노력한다. 피곤하지만 집중하기 위해 마음을 추스른다. **라운드는 실수의 게임이다. 프로와 아마추어의 차이는 실수를 많이 하고 적게 하고의 차이이다. 이 실수를 얼마나 줄이냐에 따라 그날의 스코어가 결정된다.** 어려운 문제 속에서 이를 해결하기 위해 마음속의 신에게 힘을 주라고 요구한다. 이를 잘 해결해 달라고 외친다!

칭기즈칸은 맹렬한 슬러거이다. 티그라운드의 드라이버 스윙에서부터 페어웨이의 아이언 샷, 그린의 퍼팅에 이르기까지 숨 쉴 틈 없이 과감하고 저돌적으로 전진한다.

버디에 버디, 트리플 버디이다. 18홀 내내 긴장감 속에서 초토화시킨다. 18홀의 격전을 뒤로하고 19홀에서는 평온한 휴식의 시간이다. 고수와 하수를 떠나 나이, 성격, 성별 구분 없이 매너가 좋으면 다음 라운드에 함께 참여하는 글로벌 감각이다. 그리고 다음 라운드 시에 적용할 로컬 게임 룰을 정하고 자기만의 제도와 전통을 강요하지 않는 유연함을 보인다.

칭기즈칸의 이러한 스루더그린의 공략은 서투른 놀이와 게임의 불모

지에서 스포츠맨십이 있는 스포츠 강국으로 전환하면서 안정적 리더십을 실행한다.

맹렬한 슬러거의 이면에는 야율초재가 있다. 하늘이 칭기즈칸 가문에게 준 선물이다. 1000년을 대표하는 밀레니엄맨 칭기즈칸은 글자를 모르는 무지렁이였지만 피정복인 출신 야율초재를 정치 및 군사 고문으로 선택한다. 칭기즈칸은 대학자 야율초재를 통해 몽골군의 과격하고 잔인함을 줄이기 위해 중국식 제도를 도입하고 기틀을 마련한다. 칭기즈칸은 칸보다도 더 통찰력이 뛰어난 책사를 등용시킨 역사상 가장 성공한 군사, 정치지도자이다.

칭기즈칸은 민첩한 스윙을 하고 교감의 스윙을 한다. 스피드이다. 유목민으로서의 장점을 살려 이동성과 기동성으로 변화를 관리하고 유연한 전략전술을 전개한다. 계속 이동하면 살고 성을 쌓으면 패배한다. **개방성과 포용력을 지니고 있다. 점령지에서도 기술자를 보호하고 효율적인 조직 체계와 능력 위주의 인재를 등용**한다. 독단적으로 일처리를 하지 않는다. 스스로 결심한 일이라도 먼저 동반자에 묻고 설명하여 소통한다. 많은 사람들과 교감하려는 개방적 리더십이다.

스스로 자기를 찾아내기 위한 반성의 리더십을 생각하는 순간 영웅이 된다.

새로운 문명을 연 슈퍼리더십의 스윙을 하라

몽골군은 여건이 좋지 않았다. 10만 명을 넘지 않는 숫자로 자기보다 수십 배나 많은 군대와 싸워 이긴다. 이름 없는 족장의 아들로 태어나 어린 시절 아버지를 잃고 사방을 전전하던 칭기즈칸은 성공할 수 있다는 확신으로 무장하고, 성공할 수 있는 방법을 찾아낸다. 개척자는 비전이 있었고, 이를 성취할 수 있는 능력을 갖추었으며, 또 부하들이 목표를 향해 정력적으로 일하게 했는가하면, 이를 위해 권한을 최대한 아래에 위임한다.

야만인 칭기즈칸은 세계를 움직인 가장 역사적인 인물로서 정복자이자 슈퍼리더십의 표본이다.

정복자는 비전의 스윙을 한다. 유목 사회의 생존 질서에 따라 살아남기 위해 샤머니즘의 신봉자는, 스스로 푸른 늑대와 흰 사슴의 후예로서 하늘에 의해 선택받았으며, 해가 뜨는 곳에서 해가 지는 곳까지의 모든 세계를 정복하라는 임무를 받았다고 확신한다.

사랑하는 동료들이 유목 생활을 하는 빈약한 환경을 탈피하는 길은, 정복을 통한 경제적 약탈만이 만성적인 동족 간 분쟁을 막을 수 있는 유일한 길이라는 비전으로 승화시킨다. 사려 깊은 심성과 건전한 상식을 가진 균형 잡힌 리더에게 푸른 초원은 꿈꾸는 이상의 나라를 건설할 수 있는 낙원이다. 유라시아를 가로지르는 광대한 제국 건설도 비전의 확대판이다. 비전의 의지 속에는 지도력과 사람을 끄는 힘이 있다.

용기와 건전한 도덕성을 가진 칭기즈칸은 동반자들에게는 충성심을 요구한다. 자기를 따르는 사람은 끝까지 돌봐 준 대신 이율배반적인 배신자는 가차 없이 처단한다. 칭기즈칸의 비전을 보고 동반자들은 극한 상황에서도 경제적 실익과 한 덩어리가 되어 충성을 한다.

정복자는 비전을 성취할 능력

을 갖췄다. 그리스 로마의 도로망처럼 도시화되어 있지 않은 몽골고원의 불리한 여건을 이겨낸 비결은, 과학과 기술을 흡수한 교역 활동이다. 실사구시적인 정신으로 이교도를 통하여 국익을 증가하였고, 개방 정책으로 선진화된 문명과 각종 과학 기술을 접목한다. 속도, 기술, 정보를 그 어떤 가치보다도 존중한다. **선진 기술자들로부터 무기 만드는 법을 배웠고 조금이라도 재주가 있는 자는 우대했다. 전 세계에 깔린 역참과 대상으로 조직된 네트워크로 모든 정보를 장악한다.**

지식 습득과 응용이다. 칭기즈칸은 상대보다 좋은 장비를 가지지 있지 않았기에 기존의 피지컬한 스윙 기술을 형편에 맞게 적절히 활용했다는 데 그의 탁월함이 있다. 엄한 스포츠맨십과 철저한 메리트시스템, 포섬 같은 효율적인 인력 풀 시스템 등을 통해 동반자 능력을 극대화한 점 등이 칭기즈칸 팀의 강점이다. 초원의 다른 고수들과 달리 칭기즈칸만이 갖고 있는 이러한 독특한 능력이 제국 건설의 원동력이었다.

고수는 동반자들을 정력적으로 일하도록 능력 위주의 인사를 한다. 능력 위주에는 평등이 있다. 칭기즈칸은 동반자를 다룰 줄 아는 사람이었다. 주위에 많은 인재를 두어 각종 자문에 응하게 한다. 훌륭한 참모를 두어 정치 상담역으로 삼았으며 동반자들이 무엇을 요구하는지 끊임없이 생각했다.

만성적인 가난에서 벗어나게 정복의 부산물인 전리품을 동반자들과 철저히 공유하는 이익 분배 시스템을 갖췄다. 동반자들은 그를 따라 정복에 성공하면 반드시 약탈물이 자신에게도 배당된다는 것을 알았기 때문에 열과 성을 다해 정복전쟁에 임했다. 정력적으로 일할 수 있도록 능력만 있다면 다른 부족이든 천민 신분이든 가리지 않고 등용한다. 슈퍼리더십이다.

정복자는 권한을 위임하고 의견을 존중한다. 소통의 원칙이다. 모든 몽골군은 옆 사람이 하는 것과 똑같은 노력을 하였고 아무런 차이가 없었으며 재산과 권력에는 신경을 쓰지 않았다. 엄격한 지도자는 동반자에게 권한을 위임하고 평등을 가지고 통솔한다. 권한을 위임할 줄 아는 보기 드문 지도자이다. 칭기즈칸은 싸움터에서 능력을 발휘한 사람이면 누구든 신분에 관계없이 지휘관으로 발탁하고, 그 지휘관에게 전폭적인 신뢰와 권한을 부여한다.

내 주장만이 아닌 다른 사람의 의견을 존중한다. 통합적인 패러다임이다.

1000년 전의 맹장은 보스가 아닌 리더이다. 칭기즈칸으로서 절대 권력을 장악한 후에도 여러 사람의 의견을 들은 후 자기보다 나은 경우에는 동료의 의견을 따르며 무엇보다 오만과 분노를 자제하는 리더십을 가진다.

6

통일을 이루는 평안의
리더십으로 스윙하라

영토를 넓히고 나라를 태평하게 다스린 위대한 임금, 높이 6.4미터,
너비 2미터에 달하는 압도적인 크기의 비문의 주인공 광개토태왕은 평
안의 아이콘이다.

1600여 년 전 동북아시아에서 천하의 중심은 고구려로서 우리 역사
중 가장 강력한 국력을 자랑했던 국가이다. 광개토태왕은 한강 이북부
터 현재 중국의 동북지방, 동몽골의 일부와 연해주에 이르기까지 광활
한 영토를 통치하여 제국을 건설한다.

17세 어린 나이에 왕에 올라 38세까지 21년 동안 고구려를 통치한 고
구려 19대왕 담덕은 왕이 아닌 **황제처럼 태왕으로 불린 여러 민족과
국가를 아우른 제국의 최고 지도자이다.**

태왕은 야심이 충만하고 무략이 절등한 인물이지만 평소 학문에
힘쓰고 높은 이상을 꿈꾸면서 관대하고 온화하기까지 하여 백제 백
성들에게까지 사랑받는 왕이다. 태왕의 고구려는 한반도에서 최초로

영락이라는 독자 연호를 사용할 정도로 국력이 중국의 여러 왕조와 어깨를 맞댈 정도로 강대했다. 고구려인은 스스로를 하늘의 자손으로 여겼다. 동아시아 최대 강대국으로 성장한 고구려 중심의 천하관을 알 수 있다.

산골짜기 국가를 동북방의 패권국으로 변모시킨 정복 활동은 우리에게 최상의 민족주의적인 자긍심을 고취시켜준다. 동북아시아의 5천여 년의 선진 국가로써 위치가 한국 근현대사의 식민지로 상처 입은 민족적 자부심을 회복할 수 있는 동인이 된다.

광개토태왕은 대륙과 해양의 중심에 서있는 한반도의 위상을 세우는 민족적 자부심이다. 무슨 일을 하던지 시작이 있으면 끝이 있다. 끝이 나면 또 다른 시작을 하면서 또 다른 끝을 향한다. 사람은 이루기 위한 목표 속에서 살아간다. 목표에 대한 차이는 있겠지만 성과 욕구가 높은 사람일수록 설정된 목표에 대한 추진 의욕도 높다.

강한 욕구나 의도가 있으면 물질적 자연의 법칙도 바꿀 수 있다는 양자물리학도 있다. 우주의 모든 사물은 연결되어 있다. 실험적으로 우선 같은 시간에 만들어진 두 개의 입자를 준비하여, 하나의 입자를 우주의 반대쪽까지 아주 먼 거리를 두고, 이 상태에서 하나의 입자에 자극을 주어 그 상태를 변화시키면, 멀리 떨어져 있던 입자 역시 동시에 반응한다.

물위를 걷고 싶다고 강하게 받아들이면 가능한 일일수도 있다는 생각이 든다. 욕구가 약한 사람과 강한 사람의 차이는 큰 차이는 없다. 단지 반복적으로 마무리를 잘하려고 하는 욕구의 차이이다. 좋은 습관의 연속성이랄까? 생물이 사는 사회에서는 많은 변화가 일어나고 있다.

인간을 복제하고, 우수한 DNA 인자를 보관하고 줄기 세포를 연구하고 하는 일들이 우리 주변에서 자유롭게 발생하고 있다. 이렇게 세상은 일정한 변화 속에서 유지된다.

시작은 미약하였으나 간절히 바라고 원하면 의도한 성과는 이루어진다. 이는 당연히 변화가 이루어지기 때문이다.

광개토태왕은 아인슈타인보다도 자신의 잠재 가능성을 가장 많이 활용한 사람이다. 과연 우리는 자신의 잠재 가능성이 얼마나 활용하고 있는지 알고 있는 것일까? 아리송한 질문이고 쉽게 답을 할 수 없을 정도로 애매모호하다. 하지만 우리는 자신이 가지고 있는 일정한 에너지로 세상의 변화를 만들어 갈 수 있는 존재임을 알고 있다.

목적을 위해 성실히 온 힘을 다하여 자신이 바라는 방향으로 추진한다면, 약간의 시행착오는 있을지언정 변화는 반드시 일어나며 목적한 바를 달성할 수 있다. 광개토태왕은 스루더그린에서 긍정의 생각으로 통일을 스윙한다.

✵

골프는 플레이어의 성질이 최선과 최악의 형태로 나타난다. 최선의 상태로 원하는 바가 있어야 기적의 상태로 나타날 수 있다. 우리는 기적의 삶속에서 살아가고 있다. 백돌이 골퍼가 홀인원의 쾌재를, 오비가 나야할 볼이 나무 맞아 페어웨이 한 중앙으로 들어온 경우, 바운스 턱을 맞고 바깥으로 나가지 않고 안으로 들어온 상황은 당연히 간절히 바라는 긍정의 힘이 아니겠는가?

세종대왕과 더불어 한국사에서 현재에 이르러 최초로 대왕이라고 칭호를 붙여 부르는 정복군주인 광개토태왕은 백성을 사랑한 리더이다. 백성의 지지를 얻어내기 위해 국력을 증강시키는 정책을 추진했던 광개토대왕은, 능숙한 지휘와 지혜로운 작전으로 대인의 스윙을 한다. 광활한 페어웨이와 숨어있는 장애물을 신출귀몰하게 공략하며 완벽한 샷을 수행한다. 동반자들과 합심하여 강력한 협력 체계를 구축하는 스윙이다.

백성들을 편안하게 하려면 먼저 강한 군사력을 바탕으로, 위협이 되는 주변 국가들을 군사적으로 제압해서, 국가 영역을 확장하고 영토를 철저히 지켜야 한다고 믿었다. 우리의 광개토태왕은 세계 역사상 가장 많은 대륙을 점령한 정복군주로서 일컬어지는 몽골 칭기즈칸의 멘토이다. 칸은 척박한 부족의 경제발전을 위해 전쟁을 택했으며 전쟁을 통해 자국 백성을 배불리 먹이고 전쟁을 통해 국력을 강하게 만든다.

광개토태왕은 통일의 스윙을 한다. 지금은 남북이 대치하고 있고 미중 간의 갈등 속에서 세계의 패권을 놓고 다투고 있는 분열의 시대이다. 우리에게는 광개토태왕은 국제 정세의 변화를 정확하게 꿰뚫는 정치의 지혜를 제시하고 있다.

광개토태왕은 나라의 평화를 위해 정벌의 우선순위를 두고 제국 건설의 밑그림을 그린다. 남진정책은 민족사의 발전 과정에서 자연스럽게 나타나는 동일 민족의식을 기반으로 한 통일 의지의 실천적 구현이라는 점은 누구도 부인할 수 없다.

역사적 의미는 제국 건설이 단지 영토 확장의 의미를 넘어서 삼국 통일의 기반을 다졌다는 점에 주목한다. 백제·신라·가야가 고구려의 직·간접적인 지배 아래 들어가면서 고구려의 문화가 삼국에 전파되면서 문화적 동질감이 형성된다. 훗날 삼국을 통일한 것은 신라였지만 씨앗은 광개토태왕이었다.

태왕은 진법의 천재이다. 승리하기 위해 경쟁자의 마음을 공격하여 전의를 상실하게 하고 파트너들의 사기를 지키는 용병술을 실행한다. 탁월한 전략과 전술로 북쪽의 경쟁자를 물리치고 남쪽을 토벌하여 영토를 크게 확장시켜 나라의 기틀을 구축한다.

자신이 점령한 나라의 군주를 폐하거나 죽이지 않고 그 지역의 대리 통치자로 임명해서 계속 통치할 수 있게 권한을 준다. 대인으로서 포용과 관용의 스윙이다. 고구려에 복속만 시키고 고구려의 세력권 안에 편입시키는 위임통치는 마음을 움직이는 공감리더십이다.

내치의 혁신으로 경영자적 스윙을 하라

고구려를 천하의 중심으로 본 광개토태왕은 익숙한 것을 버리고 모든 것을 창조하고 새로운 질서를 만든 혁신의 리더이다. 주권의 사상적 근거로 태왕의 위력이 사해에 떨쳤다. 정당성과 명분의 스윙이다.

스포츠맨십과 공정한 플레이를 위해 개인적 이익에 치우치지 않고 날씨 등 불리한 여건 속에서 현장에서 평생을 보낸 리더는, 페어웨이의 지형지물을 잘 이용하여 이기는 방법으로 스윙을 한다. 기회를 놓치지 않는다. 때를 잘 잡아 새로운 전법으로 앞으로 나아가는 스윙을 한다. 상대방들이 미처 준비하지 못할 때에, 지금은 샷을 할 때가 아니라고 생각하고 있을 때, 퍼펙트 스윙을 한다. 상대가 긴장이 느슨해지고 준비가 무디어질 때 과감하게 예기치 못하는 샷을 감행하고 승리를 준비한다.

광개토태왕은 평범한 하수들과는 다르게 더 원대한 미래를 꿈꾼다. 넓은 세상을 품은 리더는 더 높이 더 멀리 내다보면서 세상을 향해 크게 표호한다. 광개토태왕은 국가의 경계선을 넓힘과 동시에 내적 평안에 큰 힘을 쏟는다. 뛰어난 정치가이자 사상가로서 무예의 스윙, 정치의 스윙, 학문의 스윙, 종교의 스윙을 한다. 단순히 피지컬한 스킬만을 잘하는 고수가 아니라 라운드의 각종 매너와 동반자들과의 인간관계를 개선시키고 삶을 정비하는 문화 리더의 역할도 수행한다.

태왕의 시호 중 광개토경의 의미는 동반자 안정과 국부를 함께 추구하는 경세적 안목을 나타낸다. 단순한 영토 확장의 외치를 나타내는 것이 아니라 나라는 부강하고 백성은 편안하며 오곡이 풍성히 익는 내치이다. 오곡풍숙, 국부민은의 스윙이다. 영원히 백성을 즐겁고 평안하게 하라는 영락은 애민으로 포용과 통합으로 승화된다.

평안내치는 **태왕의 경영자적 리더십이자 정치가적인 리더십**이다. 왕 중의 왕 태왕은 고구려가 단순히 변방의 나라가 아니라, 세계의 중심이었음을 드러내고, 민족의 위대한 꿈을 펼치며 정신적 평화를 주는 사상체계를 정비한다. 위로는 하늘, 아래로는 물에 연관시켜 스스로를 천자로 칭하여 국가 자존과 제국의 질서를 완성한다.

기량만으로 승패가 가려지는 것은 아니다. 능숙한 지휘와 지혜로운 작전으로 고구려인의 자긍심을 높이고 정신적 단결을 공고히 한다.

역사적 통찰력을 가지고 새로운 역사를 밝힌다. 단군조선 이후에 갈라진 민족과 나라를 하나로 대통합하여, 한민족의 위대함을 보여주고 고구려가 천하의 중심이라는 것을 선언한다. 북부여 해모수의 정신을 이어 고구려를 개국한 하늘의 아들인 동명성왕의 천손사상과 건국이념인 다물 정신을 완성한다.

태왕은 천하의 지배자로서, 개혁군주로서 효율적인 통치를 위해 행정제도를 개선한다. 개방성을 중시한다. 보다 확대 정비된 **지배체제의 필요성**에 의해 타국의 것들도 받아들여 다양한 관등과 관직이 신설되었고, 국가가 발전하면서 벼슬제도도 분화 발전되고 중앙의 지배체계나 지방통치체제, 그리고 군사제도를 정비한다.

태왕은 고구려 고유의 것, 중국적인 것, 서역의 요소, 북방 유목국가의 요소, 남방 농업의 요소 등 다양한 문화요소들을 조화시키는 개방성과 다양성을 찾아낸다.

제왕과 명군의 리더십으로 스윙한다. 후한 말 혼란한 시기 내부적인 개혁을 통해 공적인 질서를 만들어 강건한 다물 정신을 구축한다. 부국강병의 도전 정신은 최장타자로서 어퍼러치 신동으로, 퍼트의 귀신으로 스루더그린을 정복한다.

통합된 막강한 군사력은 영토를 급격히 팽창시킬 수 있는 바탕이 된다. 위대한 통치자는 한민족의 위상을 고구려라는 나라를 통해 만천하에 알린다. 선왕들의 업적을 적극적으로 일관되게 계승하며 국가체제를 더욱 정교화를 시킨다. 동북아시아 강국의 정신은 박세리의 맨발 투혼으로 이어져 그 가치를 찾아본다.

✦ 세종대왕 조선의 제4대 군주, 언어학자, 훈민정음 창제
1397 ~ 1450

피지컬한 형이상학적 사고로
백독백습의 스윙을 하라

하늘이 내린 군주 충녕은 조선의 제4대 군주이며 언어학자이다. 우리는 그를 세종대왕으로 칭하면서 중국 성군 요순에 비견하여 해동요순이라 칭송한다.

약자들을 사랑하고 동반자를 존중한다. 학문을 장려하고 재주가 뛰어난 사람들을 등용시킨다. 인간에 대하여 차별 없는 자비심으로 덕치를 실현하는 유교적 성군인 세종은 왕권과 신권을 조화시킨 임금이다. 특히 언어학, 음악, 법학, 공학, 철학, 경제학, 천문학에 조예가 깊었으며 군사적인 측면과 농업 등 당대 전 분야를 통섭한 호학군주로서 조선이라는 나라의 수준을 단번에 몇 단계씩 끌어올린 내성외왕의 아이콘이다.

평소 즐겨하는 육식으로 인해 뚱뚱한 체형을 가지고 있던 세종은 과도하고 무리한 다독으로 홀쭉이가 되면서 중풍, 요로결석, 노안 등 각종 질병에 시달린다. 당뇨로 평생 내내 고생하고 병석에 누워 정무를 볼 수 없을 지경의 건강 상태였으나, 성군은 슬기롭고 도리에 밝아 백성을 위하는 애민으로, 끊임없이 더 나은 미래를 위해 연구에 연구를 실행한다.

세종의 스윙은 백독백습이다. 시간이 있을 때마다 배우기를 좋아하였으며 게으르지 않아 독서를 생활화한 무서운 공부꾼이다.

전형적인 학자로 영명하고 총명한 스윙을 구사한다. 그의 품성은 지혜로워 하수들에게는 인자하고 고수들에게는 매사 지극하다. 반성을 위한 수신제가의 학문적인 태도는 새벽부터 밤늦게까지 스루더그린에서 완벽한 샷을 고심하며 실리와 실용적인 스윙으로 이어진다.

눈에 보이는 피지컬한 형이하학적 사고로 책읽기를 생활화한 천재는, 보이지 않는 메타피지컬 형이상학 사고를 찾아내기 위해 백독백습으로 배후의 의미를 찾는데 심혈을 기울인다. 되풀이해서 책을 읽으면 몰입되면서 문자에 감춰진 의미가 홀연히 떠오른다. 원문의 생각에서 저자의 생각으로 그리고 어느 순간에는 새로운 창조적 생각이 머릿속에 차오른다.

집중하여 골똘한 무아지경이 아닌 스쳐지나가는 찰나의 순간에 메타인지되어 창의적인 생각이 솟구친다. 새로운 생각이 온몸을 전율하게 한다. 그 생각의 끈을 놓지 않고 글 읽기를 반복하다보면 상상할 수 없을 정도의 창의적이고 혁신적인 아이디어들이 쏟아지게 된다.

세종의 창의력은 백번 읽고 백번 필사를 한 뒤에 탄생했다고 볼 수 있다. 이것이 바로 세종이 일궈낸 최고의 업적이며 힘이다. 창조는 독서와 사색을 통해서 이뤄진다.

※

천재가 아니었기에 백독백습으로 천재가 되어버린 세종도 화폐개혁 등 실패한 정책이 있었다. 성군 세종은 실패했을 때, 새로운 동력이 필요할 때, 그 원천을 과거 사례를 통해 본받거나 반면교사로 활용하라고 골퍼들에게 제안한다. 골프는 변화무쌍하고 하고 싶은 대로 되지

골프가 인문학을 만나다: 동서양 천재들의 필드 리더십

않는 운동이라고 많은 골퍼들은 생각한다.

엔도르핀 솟게 하는 라운드를 만들려하지만 마음대로 잘 되지 않는다. 연습을 게을리하다보면 청개구리 같은 라운드가 되면서 실패와 좌절을 맛보곤 한다. 화가 나기도 하고 실망의 나락에 빠져든다. 좌절과 절망의 순간, 일어서지 못한다면 실패한 골퍼가 되고 만다.

빛은 어둠 속에서 더 밝게 비추듯이 성공하는 골퍼는 이에 굴하지 않고 실패는 성공을 안겨줄 매개로 생각하고 재 정진한다. 실패를 두려워하지 말고 새롭게 시작하자. 무에서 유를 창조한다는 의지를 가지고 새로운 한 점을 찍는다는 생각으로 천천히 다시 시작해보자. 실패는 무덤이 아닌 새로운 탄생을 위한 단초가 되고 성공의 어머니가 될 것이다.

비기너들은 라운드를 하다 예기치 않은 실패를 한번 하면 연이어 실수를 하게 되어 끝없이 떨어진다. 좌절하고 만다. 벤호건과 함께 골프 역사상 가장 골프를 잘 치는 사람으로 일컬어지는 리 트레비노는 골프는 여하히 아름다운 스윙을 하느냐가 아니라, 여하히 같은 스윙을 미스 없이 되풀이 할 수 있느냐의 반복 게임이라고 하였다.

실수 속에서 실수를 줄이는 게임이라는 것이다. 싱글 플레이어들은 보통의 비기너들과 다른 점은 실패를 극복의 대상으로 삼는다. 실패했을 때 새로운 각오를 다져서 다음에는 똑같은 실수를 하지 않도록 하는 것이 슬기로운 골퍼이다.

실패를 맛보지 않고는 그 아픔을 알 수가 없다. 실패를 두려워해서는 안 된다. 실패는 절망의 쓴맛을 느끼면서 생각하게 하고, 절망의 생각 속에서 인내를 주며, 인내 속에 노력을 할 수 있게 한다. 이는 성공의 원동력이 되어 목적한 바를 달성할 수 있다.

골퍼들이어! 실패로 힘들다면 차라리 어둠 속에 잠시 머물러 있어라! 깜깜한 바다 속에서 조용히 묵상의 시간을 가져라! 평온한 마음을 가지면 밝게 비추는 빛을 볼 수 있을 것이다.

세종은 미래를 여는 올라운드 플레이어이다. 사기를 통해 실패를 극복하고 성공의 지혜를 찾아낸다.

세종은 문화 민족의 정체성과 자주성을 위한 문치군주의 스윙을 한다. 거문고와 가야금으로 삶을 즐길 줄 아는 예능의 감각이 가득한 리더로 실용의 고수이다.

후손에게 강대한 나라를 물려주겠다는 의지와 욕망, 강력한 통치를 행동으로 보여 주며, 다독의 스윙에서 기억력의 스윙으로 진화한다. 때론 비만으로 고생하기도 했지만 검소하고 간결한 스윙이다. 책을 한 번 읽으면 시간이 지난 후에도 그 내용을 잊어버리는 것이 없었던 리더는 인재를 뽑아 기르고 두뇌 집단을 움직인다.

슈퍼맨은 낮은 마음으로 백성들과 소통한다. 신분이 천민이든 노비이든 구별하지 않고 재주를 시험하여 함께 동락한다. 고수와 하수의 차별을 없애는 인간애 넘치는 위대한 지도자는 포용의 스윙을 한다. 또한 여론조사로 통합의 샷을 한다. 신하들의 의견에 귀를 기울인다. 민심을 알기 위한 민주적인 투표제 도입하여 백성들의 목소리를 적극 반영한다. 백성의 의견을 수렴하는 정보력은 세종대왕의 대단하다.

슈퍼맨은 하늘을 대신하여 백성을 위하는 배려의 리더이다. 노비에게 출산 휴가를 주었으며, 어린이와 노인을 위한 정책을 시행하고, 연이은 흉년으로 인한 백성들의 고충을 해소하기 위해, 왕족이 소유한 토지를 줄이고 이 토지를 저렴하게 백성들에게 빌려주는 혁신의 리더십이다.

애민과 위민으로 창의를 스윙하라

세종은 애민의 스윙을 한다. 똑똑한 리더는 많지만 동반자를 사랑하는 리더는 많지 않다. 세종은 동반자를 위한 화합의 스윙을 한다. 슈퍼군주는 전천후의 인물로서 미래를 준비하는 소명을 가진다. 백성을 사랑하는 섬김의 좌표이다.

500년 전의 슈퍼리더는 탁월한 결단을 내린다. 보이지 않는 부분을 읽어내는 메타피지컬 형이상학적 군주는 과학, 예술, 문화 등 많은 분야에서 뛰어났지만 백성들이 글을 읽지 못하는 모습을 보고 누구나 쉽게 읽을 수 있는 글자를 창제한다. 쉽게 배울 수 있으며 효율적이고 과학적인 문자 체계인 훈민정음이다.

창의의 리더십이다. 창의경영은 백성을 어여삐 여기는 어진 마음에서 출발한다. 여기에도 시행 후의 부작용을 고려하여 3년이란 잠복기를 가진 인고의 철저함을 보인다. 치밀함은 위대함으로 이어 용비어천가로 전이된다.

고수의 마음은 백성들과 마음이 연결되어 있다. 집현전 학자들의 과로에 안쓰러워 용포를 덮어주는 개별 배려의 리더십은 동반자들에게 용기백배이고 사기충전이다. 동반자 마음이 연결되어 있는 리더는 동반자의 아픔과 고통을 함께 느낀다. 반대로 자기중심적인 사람은 파트너 마음이 연결되지 않는다. 동상이몽은 파트너의 마음이 힘들고 아프든지 말든지 상관하지 않는다. 보스의 카리스마는 약한 하수들의 마음을 아프게 한다. 리더의 카리스마는 약자와 함께하는 마음이다. 배려는 약자를 위한 동감의 정치이자 상생의 길이다.

세종은 처음부터 끝까지 올바름으로 살아가는 호연지기의 스윙을 한다. 페어웨이의 자연적인 질서를 유지하면서, 동반자들의 마음을 후련하게 해주며 모든 사물의 이치에 합당하는 자상한 스윙을 한다. 장영실, 최해산 등의 학자들을 적극 후원하여 혼천의, 앙부일구, 자격루, 측우기 등을 발명시킨 조력자의 역할에는 변함이 없다. 서번트 리더십으로 아낌과 위함의 스윙이다. 목표를 이루는데 가장 기본이 되는 리더십이다.

슈퍼맨은 용인술의 천재로 인재를 경영하고, 지식을 경영한다. 위민의 스윙이다. 위민은 백성들의 삶을 풍요롭고 행복하게 할 수 있게 하는데 초점이 맞추어져 있다. 조금이나마 흠이 있는 인재들의 등용은 위민사상의 실천이다. 부도덕한 황희나 천민 출신의 장영실이 결격자였지만 과감하게 함께하는 정치를 실현한다.

종신 고용에 가까운 인재 등용은 파격적이다. 한 번 적재적소에 썼던 인물은 신분이나 경력을 따지지 않고 능력만을 고려한다. 단점이 있어도 장점을 크게 보고 등용하여 장점을 최대한 발휘할 수 있게 한다.

세종의 용인술은 균형감을 가지고 있다. 사람의 좋은 점과 나쁜 점을 따로 보려 한다. 인물의 성향을 파악한 뒤 자리마다 적임자를 배치해서 인재를 활용하는 용인술은, 자기 적합화의 기술이고 열린 인재 경영의 리더십이다.

완벽주의자 세종대왕은 사소한 문제점도 지나치지 않기 위해 파트너들의 자유로운 토론을 경청한다. 학문적인 통섭과 융합 사고를 실현하기 위해 토론을 정례화하다. 집단의 지혜를 위해 동반자들에게도 자기계발을 주문한다. 사가독서제이다. 스스로 넓은 분야에 걸쳐 깊은 전문지식을 추구하기 위해 5시간 이상 수면하지 않는다.

확실한 자기계발의 단초는 마음의 창을 열고 하는 토론이다. 혁신을 위한 토론은 동반자 전체의 지식수준을 끌어 올리면서 우수한 인재를 발굴하고 시너지를 창출한다. 느리더라도 포기하지 않고 일관되게 추진하는 추진의 리더십은 자기 절제의 스윙이다.

오랫동안 연구 속에 문자를 새롭게 만들어낸 학자는 천부적인 방대한 지식과 매우 논리적인 언변과 화술로 논쟁에서 동반자들을 꼼짝 못하도록 만든다. 평생학습과 평생수양으로 자신을 절제하고 스스로를 엄격히 다스리는 데서 출발한다. 수신의 리더십은 토론의 달인이다.

싱글골퍼는 좋은 스코어로 다른 사람들을 통제하고 싶어 한다. 그러기 위해서 연습을 많이 하고 재능을 키우는 등 조건을 갖추려고 한다. 하지만 참으로 훌륭한 고수가 되기 위해선 지식을 쌓고 재능을 키우기 전에, 자신의 부족함과 연약함을 깊이 알아야 한다. 그리고 마음을 낮추어서 동반자들의 이야기에 귀를 기울일 수 있고 동반자들과 마음이 연결되어야 한다. 부족함을 알고 마음이 낮은 품성을 가진 세종은 누구보다 자신의 부족함을 깊이 깨달았고 낮은 마음을 가졌다.

참된 지혜를 얻을 수 있었고, 나라와 백성들을 복되게 이끌 수 있었던 세종은 공정성의 스윙을 한다. 판단에 사심이 들어가는 것을 경계하고 분석하고 연구하여 공정함을 최대로 확보하려고 노력한다.

세종대왕은 백성을 생각하는 애민, 백성을 위하는 위민, 백성을 지키는 호국정신을 통하여 합리적인 국가 운영, 공정한 인재 등용, 포용과 화합의 리더십을 보여준다. 이어 동반자들에게 영원한 스승으로서 국토의 균형 있는 발전과 평안한 국가를 유지하기 위한 강건한 리더십으로 존재한다.

기본에 충실한 책임감의
리더십으로 스윙하라

이순신은 고대 중국의 성인 삼황오제인 순임금의 이름을 붙여 신하로서 임금을 잘 섬긴다는 뜻으로 순신이라 작명한다. 하늘이 내린 영웅은 조선 중기의 충신으로 군사전략가이다. 임진왜란 때 조선의 삼도수군통제사가 되어 부하들을 통솔하는 지도력, 뛰어난 지략, 그리고 탁월한 전략과 능수능란한 전술로 일본 수군과의 해전에서 연전연승하여 나라를 구한 슈퍼리더이자 전승무패의 아이콘이다.

제갈량에 견줄 만큼 칭송되고 본인 스스로에게 엄격하고 청렴한 생활 속에서 깊은 효심을 지닌 리더는 자력으로 세상을 정복한다. 노는 것을 더 좋아했던 소년 이순신은 영특하고 활달한 어린 시절을 보냈으며 무관 기질의 인물로 류성룡은 징비록에서 묘사하고 있다. 하지만 모친 변 씨에게서 배운 인문학적인 가정교육은, 확실한 가치관으로 정립되었으며 흔들림 없는 청렴결백한 리더로 성장한다.

실천하는 멘토 역할을 수행한 모친의 가르침은, 충신으로 나라에 충성해야 하고, 소홀하지 말고 **최선을 다해 정성을 다하고**, **정직하고 정의로워야** 하면서, **스스로 일어서는 자력의 삶으로 살아라**. 이는 절대적인 신뢰 속에서 이루어진 사랑의 결실로 위대한 리더십의 원천으로 승화된다.

조직에 대한 충성된 자세와 매사를 소홀히 하지 않는 최선을 다하는 정의, 청렴한 공직자의 삶은 세상을 리드한다. 집안이 나쁘다고 탓하지 마라, 머리가 나쁘다고 말하지 마라, 좋은 직위가 아니라고 불평하지 마라, 윗사람의 지시라 어쩔 수 없다고 말하지 마라, 몸이 약하다고 고민하지 마라라는 이순신의 정신사상은 후일 절망 속에서도 자신을 잃지 않고 보여준 변함없는 기개의 밑바탕을 보여준다.

❋

성웅은 기본과 원칙을 지키는 단호한 책임감의 스윙을 한다. 불의나 청탁을 거절하는 원칙주의는 당대 고수들의 미움을 받아 좌천이 되기도 하지만 투철한 책임감으로 이겨낸다. 이순신은 전략의 기본을 꿰뚫고 있는 불세출의 병법가이다. 손자병법이나 오자병법 등 고급의 병법을 숙지하고 새로운 병법을 창출해 낸다. 지형을 미리 파악하여 몸소 현장답사를 실천하고, 적들의 규모와 이동상황을 파악하는 등 원칙과 기본을 꼼꼼하게 지키는 기본 전략에 충실하면서 응용하고 실행한다.

읽고, 기록하는 지식의 리더이다. 독서는 창의력을 준다. 독서를 통해 아이디어를 얻고, 이를 기록으로 남긴 집중력은 비장의 무기로 거북선을 탄생시킨다. 거북선을 비롯한 여러 무기들, 세계 해전사에 길이 남을 뛰어난 해전술, 조직 경영을 위한 작은 아이디어 하나까지 모두가 창의 리더로서의 기발한 생각은 지식 속에서 나온다.

죽는 순간까지 책임을 다하는 이순신 장군의 책임감은 그의 유언에서도 드러난다.

"나의 죽음을 적에게 알리지 말라."

이어 성웅은 주변 사람들을 빠짐없이 챙기는 부드러움으로 유연함을 보인다. 하수들을 아끼는 고수는 하수들을 결집시킬 수 있다. 원칙주의 카리스마와 섬기는 리더십을 통합한다. 이 강함과 부드러움은 변화무쌍한 자연을 이겨내는 힘을 만든다.

일언일행이 엄격하고 위엄이 있지만 동료들의 고충을 헤아릴 줄 아는 동료애는 페어웨이에서도 빛을 발한다. 라운드에서 성웅을 생각한다. 골퍼들에게 라운드는 좋은 시간이다.

골프라는 게임을 즐기면서 성웅과 함께 파란만장한 삶을 만들어 간다. 골프 게임이 치열한 전투와 내기의 시간이 아닌, 자신의 삶을 돌이키고 생각해 가는 의미 있는 시간으로 만들어 가보자. **의미 있는 시간은 골퍼들에게는 유탄의 기억이 아닌 지혜를 주는 실탄의 기억을 준다.**

성웅과 함께하는 좋은 기억은 선공후사의 마음으로 소중함을 가져다 준다. 스스로 남을 위해 기억에 남을만한 동반자가 된다. 코스의 한편에 우뚝 서 있는 소나무처럼 그라운드의 나를 지켜주는 희망의 나무를 간직하자.

라운드하면서 골퍼로서의 현재의 시간을 생각하고, 지나간 과거의 자신의 기억을 되살려 본다. 수많은 경험과 실행을 통해 얻어진 좋은 기억을 찾아, 골퍼로서 나의 생활을 찾아보자. 좋은 기억은 인생의 의미는 부여해 준다.

자신만의 개성을 가지고 멋지고 향기 나는 골퍼로서의 자신을 만들어 간다. 성웅과 함께하는 강함과 부드러움의 라운드는 우리에게 삶의 영혼을 한 단계 성숙시켜 준다.

이순신은 끊임없이 듣고 대화하는 소통의 슬러거이다. 바쁜 와중에도 짜인 격식보다는 병사들과 함께 활쏘기, 바둑, 대화를 통해 여가를 즐기고 자투리 시간 중에도 고수와 하수의 거리를 좁히는 소통을 한다. 스스럼없는 소통 방식이다.

덕분에 동반자들은 전략을 세울 때 자유롭게 의견을 낸다. 전장에서도 이순신은 소통을 매우 강조했다. 지위가 낮더라도 작은 소리까지도 귀담아듣고 전략에 활용한다. 또 전장으로 나가기 전에 적에 관한 정보나 지휘 방침 등을 동반자들과 공유해서 잘못된 점은 없는지 점검하고 파트너 간에 신뢰를 굳건히 세운다.

전쟁 중 백성들을 만나면 말에서 내려 일일이 악수를 하고 '이 전쟁은 곧 끝날 것이다'라고 백성들을 안심시켜 주던 신뢰와 희망의 리더였다.

이념의 갈등에서 극과 극이 치닫는 적대적 현실 속에서 새로운 희망과 비전을 제시할 진정한 리더는 누구인가?

절망과 위기를 극복할 진정한 리더가 절실한 시국이다.

숙종은 현충사 제문에 "절개에 죽는단 말은 예부터 있지만, 제 몸 죽고 나라 살린 것, 이분에게서 처음 보네"라고 기록하였듯이 충무공이라는 시호처럼 이 공익과 사익을 구분 못하는 이 시대의 지도자들이 배워야 하고 갖추어야 할 덕목이다.

솔선수범하는 용기로 정의의 스윙을 하라

문과 무를 통달한 장수는 관전지식을 현장지식으로 승화시킨다. 천기를 알기 위한 지식을 공부하고 단계적으로 장비를 사용하는 방법을 치밀히 준비하여 실행에 허점이 보이지 않는다. 탁월한 전략으로 페어웨이의 지형지물을 이용하여 원진, 방진, 학익진법 등 많은 전투 진법을 개발하고, 연이은 실전에서 패전 없이 승전을 거둔다. 또한 전함 판옥선을 변형하여 거북선을 개발, 제조하여 실전에 투입시킴으로써 큰 성과를 거둔다. 철저한 준비와 탁월한 전술은 투철한 조국애에서 나오는 뛰어난 전략이다.

백의종군과 동료를 사랑하는 리더는 우리 사회에 새로운 희망과 비전을 준다. 영웅은 난세에 태어나듯이 난을 겪으면서 최상의 능력을 발휘한 성웅은, 원칙에 근거한 단호함과 부드러운 유연함 두 개의 얼굴을 지닌 위기관리 리더십의 천재이다. 라운드 중에 양보할 수 없는 마지막 선을 설정하고 이를 지켜내기 위해 온갖 수단과 방법으로 방어하고 이겨낸다.

스루더그린과 페어웨이 그리고 자연을 사랑하는 마음은 겸양의 자세에서 때로는 당당한 모습으로 보여 주고, 설명하고 설득한다. 동료를 우선가치로 여기는 위기관리의 핵심 가치이다.

성웅은 솔선수범하는 용기로 정의를 스윙한다.

"죽고자 하면 살 것이요, 살고자 하면 죽을 것이다."

극심한 공포와 불안에 떨고 있는 동료들보다 선봉에서 앞장선다. 솔선수범하는 모습에 함께 싸우다 죽기를 결심한 동료들은 그를 따라 나섰고, 전쟁은 결국 승리이다. 외치는 구호의 리더십에 앞서 솔선하는 카리스마적 리더로서 정의를 실천한다.

전승무패의 이순신은 라운드에서 승리의 비결은 철저한 준비로 집중하여 주도권 확보하는데 있다. 특히 싸울 장소를 주도적으로 선택하면

골프가 인문학을 만나다: 동서양 천재들의 필드 리더십

서, 우세한 상황을 준비하는 전략은 이겨 놓고 싸우는 탁월한 병법이다.

용기는 비겁을 이긴다. 용기 뒤에는 백성이 있기 때문이다. 성웅은 "장수된 자의 의리는 충을 좇아야 하고, 충은 백성을 향해야 한다" 백성이 우선이고, 그 다음이 나라이며 마지막이 임금이라고 여긴 성웅은 무시무시한 적군의 공격에도 기꺼이 몸을 던졌고, 위기에 빠진 백성과 나라를 구해낸다. 불굴의 희생정신이다.

이순신의 희생정신이야 말로 지도자에게 가장 필요한 신념이고 끝까지 지켜야 할 철학이다. 희생이 없는 리더십은 맹목적인 슬로건에 불과하다. 불굴의 리더는 행위나 사안의 경중과 선후를 가려 정면 돌파하는 단호함을 가진다. 절체절명의 순간에 냉철한 이성과 의지로 단호한 결정을 내린다. 단호함은 위기의 순간에 자기 확신으로 조직을 구해낸다.

"신에게는 아직도 12척의 전선이 있습니다"라는 단호함으로 죽을 힘을 다해 집중하는 결단을 보인다.

성웅은 날카로운 통찰력을 가진 플레이어이다.

리더는 판세를 정확히 관찰하고 이를 바탕으로 통찰력을 발휘한다. 불리한 여건에도 흔들리지 않고 침착하게 철저한 관찰을 통해 정보를 종합하여 대응한다. 물결의 흐름이 빠르고, 물살이 암초에 부딪혀 소용돌이를 치는 울둘목의 특성을 이용해 단 12척의 배만으로 10배가 넘는 왜선 133척을 격파한다. 오늘날 리더에게 가장 필요한 덕목 또한 통찰력이다. 라운드의 통찰력은 망설일 시간에 시도하는 결단이다.

코스 공략을 어떻게 하여야 할지 **클럽을 크게 잡아야할지 짧은 클럽을 잡아야 할지 망설이다가 타깃 공략에 실패하는 경험을 많이 겪**게 된다.

프로 골퍼 아치 호바네시안은 골프가 어려운 것은, 정지한 볼을 앞에 두고 어떻게 칠 것인가를 생각하면서, 많은 시간을 허비하는데 있다고 한 것처럼, 훌륭한 골퍼는 라운드마다 순간적으로 어떤 식으로든 결정을 빨리 한다.

실수가 많은 골퍼들은 골프 게임을 진행하면서 많은 고민과 생각에 빠져들어 신속한 결정을 하지 못하고 갈팡질팡하는 경우가 많다. 미스샷을 하는 아마추어 골퍼들의 공통적 문제점 중 하나는 스윙하는 동안에 너무 많은 생각을 하는 것이다. 생각하는 공간과 행동하는 공간은 다르다.

어떤 일을 할 때는 해야 한다는 결정과 상관관계이다. 해낼 수 있다는 결정만이 망설임이 없이 과감히 실행하면서 문제와 실수를 줄일 수 있다. 라운드에서는 어떤 예상치 못한 난관들은 도사리고 있다. 이러한 문제들을 어떻게 해결해야 할 지 실행하지도 않고 고민만 하고 있으면 아무것도 할 수 없다. 발생한 문제에 대해서 당황하지 않고 냉정 속에서 정확한 결단만이 난관을 극복할 수 있다. 해야 할 일을 하지 못하고 소극적으로 대응하거나, 망설이고 있거나, 어떻게 해야 할지 모르겠다고 주저하고 있다면 문제를 이겨낼 수 없다.

부정적인 생각을 털어버리고 적극적으로 시작했을 때 바라던 목표와 성과가 이루어진다.

이순신의 소통은 현장소통이다. 현장이라는 키워드를 가지고 현장 상황에 맞게 적용한다. 현장 상황을 반영되지 않은 소통은 공허한 구호에 지나지 않는다.

현장 속에서 찾아가는 리더십은 촉각을 다투는 라운드 상황에서도 동료들이 정신을 잃지 않고 상황을 직시하도록 엄격하게 리드한다.

일촉즉발의 긴장이 감도는 치열한 라운드 속에서도 흔들리지 않는다. 소통의 리더는 이미 현장을 장악하고 있기에 동료들의 안전을 먼저 생각하고, 어려움에 처한 동료들을 진심을 다하여 이들을 위로하고 격려한다.

불멸의 영웅 이순신은 굳건한 나라사랑과 백성사랑이다. 철저한 준비와 뛰어난 전략으로 최선을 다해 라운드에 임하는 자세는 동반자들에겐 희망이며 정신적 멘토이다.

청렴함을 바탕으로 불패의 해전사와 그가 남긴 말, 그가 보여준 행동, 그리고 그가 기록해 나간 역사를 가슴에 또박또박 새기고 21세기 불확실한 미래를 열어나가고 혼돈의 우리 사회에 실낱같은 희망과 비전을 준다.

왜장들이 가장 두려워했던 불멸의 장군은 우국충정과 착잡한 심회가 비장하게 나타나 있는 한산도가로 전의를 다진다. 나라를 지키는 장군으로서 고민은 깊어가지만 때를 기다린다.

한산섬 달 밝은 밤에 수루에 홀로 앉아
큰 칼 옆에 차고 깊은 시름하는 차에
어디서 일성호가는 남의 애를 끊나니

♦정약용 조선 후기의 문신, 실학자, 저술가, 시인, 철학자, 과학자,
공학자, 호는 다산, 1762 ~ 1836

위기를 기회로 삼은
지혜로운 리더십으로 스윙하라

　정약용은 조선 후기의 문신으로 실학자, 저술가, 시인, 철학자, 과학자, 공학자로 통섭의 학자이다. 법학, 철학, 통치학부터 과학, 실용학까지 높은 수준으로 다양한 학문에 몰두했던 조선 역사상 손꼽히는 천재로서 조선의 레오나르도 다빈치로 불린다.

　나라에서 내려준 문도라는 시호에 걸맞게 가장 많은 논문을 발표하였으며 유배지에서 쓴 **목민심서, 경세유표, 흠흠신서는 대표적인 3대 저서로써 다산학의 귀결이다. 경세제민을 실현한 당대 최고의 휴머니스트는 실학사상**을 집대성한다.

　예는 공손하지 않으면 안 된다. 의는 결백하지 않으면 안 된다는 의지로 진보적인 신학풍을 총괄 정리한 다산은 한국철학사상사에서 가장 중요한 인물로 융합의 아이콘이다.

※

　다산의 스윙은 백성을 살려내는 충정의 스윙이다. 실제적인 경험을 가지고 학문과 사상을 체계화하였으며 드라이버 샷은 민본사상으로 페어웨이를 정복한다.

"군주와 목민관 등 통치자가 백성을 제대로 사랑하고 위하지 않으면 백성들이 존경하고 따르지 않을 것이고, 그러면 통치자로서의 자격을 상실하는 것이 하늘의 뜻이다."

이는 체험의 스윙이다. 백성들의 뼈저린 생활상에 대비하여 하급 관리들의 비행이 국가와 백성의 삶을 얼마나 피폐하게 하는가에 대한 행정 실무 경험을 바탕으로 지방관들의 행정지침서라고 할 수 있는 목민심서를 저술한다.

무위무능하고 부패한 군주나 목민관을 백성들이 바꿀 수 있다는 역성혁명적인 사상을 스윙한다. 개혁사상이다. 또한 "민(民)과 목(牧)은 근본적으로 평등하며 목이 그 자리를 제대로 관리하려면 봉공과 애민을 잘해야 한다" 국가의 기본은 백성이며, 국가는 백성들에게 어진 정치를 펴야한다는 민본주권론을 주장한다.

다산은 위기를 기회로 삼는 지혜로운 슬러거이다. 유배 생활은 장서량이 많은 외가가 있는 강진으로 이배되면서 풀려날 때까지 수난 18년 동안 학문의 스윙을 한다. 새장에 갇힌 새가 되었지만 다산은 독특하게 대처한다. 승리를 향한 날갯짓으로 전투적 글쓰기이다. 18년 간의 유배 생활 속에서 역전의 발판으로 저술 작업이 집중적으로 이루어졌으며 유배 생활에서 남긴 저서는 약 500여 권이다.

글쓰기는 법적으로는 이미 죄인이지만 **역사의 재평가를 받기 위한 작업이다. 정의로운 세상을 건설하기 위해 열심히 글을 쓰면 후세 사람들이 자기를 올바로 평가해 줄 것을 확신한다.** 후일을 도모하는 유비무한의 자세로, 그렇게 하지 않으면 후세 사람들은 재판 서류만을 가지고 자기를 죄인 취급할 것을 예상했기 때문이다.

"내 책이 후세에 전해지지 않으면, 후세 사람들은 사헌부의 보고서나 재판 서류를 근거로 나를 평가할 것이다."

다산은 자기에 대한 현실 권력의 법적 평가를 무력화시키고 미래 권력의 역사적 평가를 받기 위해 치열하게 글을 쓴다. 죽어서라도 승리하고자 글을 남긴다. 보이지 않는 것을 보는 메타인지 실학자는 죽음으로써 삶이 끝나는 게 아니라, 죽어서도 얼마든지 인생 역전을 이룰 수 있다고 확신한다.

몸을 움직이는 것, 말을 하는 것, 얼굴빛을 바르게 하는 것, 이 세 가지가 학문하는 데 있어 가장 우선적으로 마음을 기울여야 할 일이다. 다산은 글을 통해 승리를 거둔다. 500권의 책 속에 담긴 그의 사상은 한국 사회에 강력한 영향력을 발휘한다.

다산은 이미 세상을 이기고 또 이긴다. 다산의 책 500권은 500개의 승전비를 세운 것처럼 의미가 깊다. 젊은 나이에 주군도 잃고 가문도 망했지만 다산은 길고도 지루한 유배 생활에서 스스로를 혁명한다. 살아서 못다 한 일들을 죽어서라도 달성하려고 날갯짓한다.

효, 제, 자의 정신으로 민주의 스윙을 하라

역사의 승자가 된 다산은 교훈적인 역사관에서 벗어나 비기너 중심의 역사관으로 민본사상의 스윙을 한다. 당시 **민초의 참혹한 현실을 이해하고, 지배자인 고수와 피지배자인 하수의 구조에서 하수의 주체성을 강조했으며,** 서로 간의 책임과 의무를 각성시킨다.

과학자 또는 공학자로서 자체 기술을 적극 개발하고, 선진 기술을 도입함으로써 부국강병을 시도하는 한편 비기너들의 삶이 더욱 윤택해지는 스윙을 한다.

다산은 18세기를 전후하여 우리나라 사회에서 강력히 제시되고 있던 개혁의 의지를 집대성하고 개혁의 당위성을 명백히 해준다. 개혁을 향한 열정과 함께 빈곤과 착취에 시달리던 비기너들에 대한 애정이 확연히 드러난다. 그는 라운드의 문제점을 밝혀내는 데 과감했으며, 그것을 해결하기 위해 고뇌하던 양심적인 오피니언 리더이다.

다산은 불평등한 라운드에 대해서 비판적인 입장을 견지하면서 라운드에서 발생하는 각종 이기적인 현상을 직시하고, 공정한 사회 개혁의 스윙을 전개한다.

라운드하면서 이기기도 하고 지기도 한다. 동반자들과 다투기도 하고 언짢은 논쟁도 하지만 18홀 내내 즐거운 시간 속에서 보내기도 한다. 논쟁과 사랑은 원하든 원하지 않든 양면 각각의 이유가 있지만 나름대로 원인이 있기 때문에 무엇이 옳고 그른지는 말할 수는 없다. 하지만 다툼과 사랑, 두 가지 목적은 다르다.

혼자만 승리를 독식 하려는 목적과 승리를 함께 하려는 목적이다. 동반자와 다툴 때는 소리도 지르기도 하고 짜증의 표현이 배출된다. 자존심을 짓밟히는 상황까지 가면서 화를 내며 과격한 행동까지 하게 된다. 다툼의 목적이 승리에만 있기 때문이다.

말의 꼬리를 물면서 내가 옳았다는 사실을 증명하고 시시콜콜 상대에게 사과를 받거나 상대방의 의견을 누그러뜨리는 일이 목적이다. 승리가 종착역인가? 동반자와 18홀 내내 서로를 이해를 하게 되면 골프 게임도 즐거워지고 하루가 바쁘게 지나간다.

상대를 배려하는 골프는 온순해지면서 상대 의견을 존중하게 된다. 행동 하나에도 신중하게 하게 되며, 언어 구사에도 조심스럽게 표현하게 된다. 사랑에 빠진 두 사람들의 이야기를 들어보면 알 수 있다. 서로를 위하는 달콤한 말로 나의 존재를 각인시킨다.

내가 가지고 있는 무엇을 줄 수 있을까하고 상대의 부족함이 무엇인가를 알고 싶어 한다. 이렇게 사랑에 빠진 사람은 거짓이 없고 나누어 가질려는 배려의 미학을 가지고 있다. 부드러우며 평화로운 감정 속에 들떠 있다. 사랑에 빠진 두 사람은 승리만이 전부가 아니다 라는 것을 알고 있기 때문이다. 사랑에 빠진 사람은 현명한 사람이다.

나의 주장만을 너무 강조하다가 얻어지는 대가가 너무 큰 상처를 준다는 사실을 알고 있기 때문이다. 이렇게 사랑에는 대가가 따르지 않는다. 사랑하는 파트너와의 라운드는 승리가 목적이 아닌 즐거움과 기쁨이 목적이다. 필드의 최고 유산은 정약용·책배소이다.

필드에서도 동반자에게 먼저 정직한 약속을 지키며 용서와 책임을 다하면 배려와 소유가 따른다는 생각이다. 사랑하는 사람과의 라운드는 인생살이의 승리, 출세, 입신양명이 아닌 정직, 약속, 용서, 책임, 배려, 소유이다.

다산의 드라이버는 민주 사회사상을 모색하는 샷이다. 유구한 승자독식제도 붕괴와 직결된 페어웨이는 경제적 모순을 격화시켜 봉건지주인 고수들의 사상체계에 심각한 위기를 초래한다. 다산은 비기너 스스로의 선택과 약속으로 탄생된 리더는 비기너의 자유의지와 직접적인 이익에 기초한 라운드 개혁 사상이다.

라운드 개혁 사상은 민주의 스윙으로 페어웨이를 장악한다. 파트너 계몽으로 스포츠맨십을 토대로 하는 스윙이다. 봉건적인 병폐를 타개하기 위해 1인 고수제에 반대하고 파트너 민주정치를 주장한다. 동반자를 강압하는 보스의 게임에서 동반자를 배려하는 리더의 게임으로, 원래의 것으로 비기너들을 위한 라운드로 개조하는 라운드 개혁의 드라이브를 추진한다. 역성혁명은 라운드의 룰과 게임이 고수의 압제와 내기 수탈의 게임에서 하수들과 함께 즐기고 어울리는 민주 민권의 게임으로 전환하는 리더십을 담고 있다.

한사람을 위한 고수의 게임이 아닌 다수의 파트너십으로 아래에서 위로 제정하고 실행하는 라운드를 주문한다.

다산의 아이언 샷은 모순을 극복하는 샷이다. 시대적 모순을 극복하기 위해 의식의 샷이 아닌 실행의 샷을 주문한다. 생각의 단계를 넘어 실천의 단계이다. 민본의식 내지는 위민의식에만 머무르지 않고 비기너를 본위로 하면서 비기너들에게 정당한 권리를 부여하고, 비기너들의 권리를 용인한다. 그래서 완전한 자유 민권 사상으로 가는 실천의 스윙이다.

그린에서는 다산은 동반자들에게 효제자의 퍼팅을 강조한다. 효제자의 퍼팅은 수평의 원리이다. 효는 부모와 임금을 섬기게 하고, 제는 어른을 섬기게 하고, 자는 대중을 부리는 덕목을 주문한다. 효제는 하수가 고수에게 드리는 윤리이고, 자는 고수가 하수에게 베푸는 덕이다. 고수나 하수에 이르기까지 누구나 근본으로 삼아야 할 3가지 덕목에서 내기 골프는 하수의 윤리만 강조된다. 효는 상향적인 것이고, 제는 상호적인 것이고, 자는 하향적이다.

다산은 고수의 윤리는 문제되지 않는 효제만을 강조하는 수직적인 관계를 경계한다. 이는 고수나 하수에게 동등하고 존중하는 파트너십 관계로서 함께 베풀고자 하는 위민의식이다. 학문의 실용성과 실증성, 사회개혁으로 효제자의 실천을 그린의 교육목표로 퍼팅한다.

백련사를 걸으면서 우주를 살피며 선진적인 실학사상 체계를 깊이 이해한 다산은 유물론적 우주관으로 매개하여 자연 현상의 물질적 토대를 찾고 그 이치를 밝힌다.

완벽한 샷인 여전론을 세상 속으로 쏘아 올린다. 승부제도 개혁이다. 라운드는 비기너 골퍼들이 자유롭게 출입하며, 입장료는 공유로 한다. 또한 라운드의 승부는 민주적으로 하며, 수익금은 공동으로 수확하고, 이익배당은 핸디를 적용하여 성적에 따라서 분배한다.

비기너의 사회주의 사상을 내포하는 이상적인 전제 개혁안인 여전제는 정치·경제·문화 전반에 걸친 정약용의 개혁사상이다. **사회가 직면해 있던 봉건적 질곡의 극복은 성군이 실천해야 할 핵심가치로써 실학사상의 집대성자는 사회개혁을 실행한다.**

왕도정치의 실현을 위해 창의적이고 강직하게 신하로서 보필을 18년간의 묵언수행으로 준비한다. 개혁사상가는 이상적인 왕도정치가 이 땅에서 이루어질 수 있으리라는 희망을 가지고 스스로 좌절하지 않고 그 방대한 개혁사상을 전개해 나간다.

다산의 필드 개혁은 페어플레이 스윙을 토대로, 올바른 에티켓 언어 사용으로, 표정을 바르게 하는 파트너십으로 라운드를 시작하는 가르침을 준다.

✦허균 조선 중기의 문인, 학자, 작가, 정치가, 시인.
홍길동전. 1569 ~ 1618

고발정신과 저항 정신으로
스윙하라

조선시대 대표적인 천재 문장가로 불리는 허균은 학자, 문인, 정치가, 개혁가로서 5살 때 글을 배우기 시작하여 9살 때는 뛰어난 시를 많이 지은 최초의 시문장가이다.

어린 시절부터 이미 허균은 가장 뛰어난 문장가의 자질을 가진 신동으로 불리면서 과거 시험 장원급제와 시문장짓기대회에서 3회 연속 수석 합격하는 등 천재의 반열에 등극한다. 학문적 자산과 정치적 자산을 모두 갖춘 허균이었지만 기득권 안에 안주하지 않고 소외받는 주변의 사람들과 가깝게 지낸다.

허균은 인텔리가문 출신이지만 세상 평화를 위해 서자를 위한 스윙으로 저항의 아이콘이다. 서자 출신의 유명한 학자인 이달에게 시를 배운 탓에 허균은 감수성이 예민하고 인정이 많아 간절한 애조의 마음을 가진다. 그의 스승이, 그의 친구가, 그의 제자가 서얼이었다.

자유 분망한 기질과 사상으로 봉건 도덕의 속박에서 벗어나 인

간의 참된 개성과 본성을 옹호하고 감정을 해방하고자 했던 그는 백성을 두려워하라는 호민론의 스윙을 한다.

사람을 차별하지 말라는 유재론의 스윙을 하면서 이상 국가를 건설하자고 홍길동전으로 세상을 호령한다.

개성이 강한 조선 최고의 반항아이자 괴짜였던 허균은 상당한 미식가였다. 스스로 나는 평생 입과 배만을 위한 사람이라고 자뻑(?)하면서 미식가와 탐식가의 위치에서 페어웨이를 공략한다. 또한 음식의 향기와 빛깔까지 살피는 음식칼럼니스트로서, 다른 사람의 눈치를 보지 않고 먹고 싶은 대로 먹고, 살고 싶은 대로 살고, 생각하고 싶은 대로 살아온 라운드의 기백은 독보적이다. 푸줏간 앞에서 입맛을 다신다는 뜻의 도문대작은 조선 팔도의 별미를 소개한다. 쓰는 일과 먹는 일에 모두 능통한 풍류남은 말한다. 식욕과 성욕은 사람의 본성이고 음식은 생명에 관계된다.

✳

허균은 획기적인 사상가이자 불운한 사상가이다. 스트로크 게임이나 스킨스 게임 등 각종 게임을 주도하고 내기 라운드의 부정과 고수들의 아집을 비판한다. 스포츠맨십에 의한 대개혁적인 라운드를 위해 틈틈이 글을 쓰고 시 문장을 동반자들에게 전달한다.

허균은 홍길동전 외에도 유교적 신분 사회에서 소외당한 인물들을 주인공으로 하는 현실고발 성격의 5편의 전을 짓는다. 엄처사전, 손곡산인전, 장산인전, 장생전, 남궁선생전 등이다. 소설 외에도 수많은 시를 쓰면서 고수로서의 경륜을 쌓아간다. 하지만 순탄치 않는 관직생활로 여러 번의 파직과 유배, 복직을 거듭하면서 불의에 가산몰수 당하고, 혁명가로서 능지처참 불의의 참형을 당한다.

골퍼들에게 좋은 날과 상큼한 날만 있지는 않다. 내키지 않는 동반자와의 어쩔 수 없는 라운드나 몸이 어눌한 상태에서의 라운드…. 천적 같은 상대방과의 라운드는 게임이 신나지도 않고, 그냥 긴장 속에서 진행된다. 이렇게 아드레날린을 뿜어내는 라운드는 라운드 내내 아픔을 가지게 한다.

신체적인 고통과 패배의 아픔 여러 가지가 있지만 아픔의 고통은 쓰라리다. 아픔은 우리에게 쉽게 찾아오고 주변에 상존하고 있지만 아픔이 주는 교훈을 우리는 쉽게 간과한다. 다가오는 아픔을 피할 수는 없다. 아픔은 우리에게 기쁨의 가치를 생각하게하며 건강하게 살아가는 다음 준비를 하게 한다. 아픔이 주는 자극은 또 다른 아픔을 당하지 않기 위해 준비하고 치유를 위한 준비와 변화를 갖게 한다.

신체적인 고통은 감각 뉴런에 의해 뇌에 전달되는 불쾌한 감각이다. 라운드 중에 발생한 부상이나 마음의 상처는 통증을 유발시키며 게임에 지장을 준다. 아픔은 편안한 상태에서 라운드를 즐길 수가 없다. 정서적인 반응과 감각과 지각 모두에게 고통의 영향을 미친다. 반대로 아픔은 또 다른 아픔을 당하지 않게 다음을 준비하게 한다. 몸을 단련시키고 희망을 위한 자극이다.

아픔은 누구나 싫어하지만 아픔을 겪고 난 후 생각의 시간을 가져보면 우리에게 뜻 깊은 알약을 처방해 준다. 아픔은 일종의 초대받지 않는 치료사인 셈이다. 비기너들은 라운드를 하면서 실수를 하게 되고, 과욕을 부리면서 더욱 어려운 게임이 되면서 게임을 포기하는 경우가 비일비재하다.

구력이 있는 골퍼들은 실수를 하더라도 희망의 끈을 놓지 않고 초심으로 돌아가 반전되는 결과를 도출시킨다. 욕구의 양면성으로 초심의 상태에서 목표를 정해 놓고 출발을 하기도 하지만 최악의 상태에서도 욕심의 끈을 놓아버리기에 새롭게 시작하는 의외로 좋은 결과를 갖게 된다.

인간은 최악의 상황으로 직면하면 모든 것을 포기하면서 순수한 미완의 상태로 돌아간다.

처음부터 다시 시작하는 거다. 이렇게 아픔은 건강함을 다시 찾게 한다.

아프다고 포기하지 않고 다시 시작하는 모토로 행동하는 골퍼만이 최상의 세로토닌이 분출되어 하고자하는 목표를 달성할 뿐만 아니라 다가오는 아픔을 이기는 비결이다. 누구나 자신이 가진 것을 내려놓기란 쉽지 않다. 자신의 욕망과 시대의 아픔 사이에서 개혁의 성찰을 택한 허균은 비기너들에게 다시 시작할 수 있는 기회를 준다.

천지 간의 괴물, 악 중의 모든 악을 지닌 인물 등 조선 사대부들에게 좋지 않은 인물로 낙인찍혔다. 조선시대 기득권 방어를 위한 승자의 기록일까? 이에 반해 오늘날 소설을 가장 먼저 개척해냈던 인물로 허균에 대한 평가는 상반된다. 시대의 이단아는 문장과 식견에 대해서는 인정을 하지만 사람됨에 대해서는 경박하다거나 인륜 도덕을 어지럽혔다는 등 부정적 평가를 내리기도 한다.

사대부의 자제로서 유복한 삶을 누릴 수 있었는데도 당대의 권위에 과감히 도전했던 그의 고발정신과 저항 정신 그리고 개혁 의지와 냉철한 현실 인식은 사회개혁의 스윙을 과감히 개척한다.

고수와 하수의 신분제도 폐지나 회원과 비회원의 반상 차별 폐지를 주장한다. 이는 평등사상의 구현이다. 동반자들과 함께하는 라운드에서 회원과 비회원의 적서 차별과 신분제에 강한 회의와 불만을 가지고 있었으며 차별을 타파하기 위해 괄시받은 비기너들과 모의를 하고 역성혁명을 일으키려 준비한다.

역성혁명은 비기너들은 우호적이지만 지배하는 고수들에게는 매우 과격한 생각으로 체제를 부정하는 모반사상이다. 호민의 혁명 이론과 민본사상, 그리고 내정개혁, 청의 침략에 대비하는 방책과 신분 차별의 타파는 당쟁의 폐해 속에서 이를 해결하는 이상적인 정치가로서 개혁이다.

허균은 3일 만에 예기치 못하게 파란만장한 삶을 마감한다. 체제 봉기모의 중 계획이 탄로 나면서 심복들과 함께 의금부로 압송되어 능지처참 당한다. 고발과 저항의식 가진 천재는 조선 왕조가 끝날 때까지 유일하게 복권되지 못한 역사속의 불행한 인물로 남겨진다.

차별이 없는 평등 사회로 스윙 하라

허균은 시인의 청순한 스윙을 한다. 그의 형과 누이도, 그의 스승도 모두 시인이었다. 시인의 환경 속에서 학산초담, 성수시화, 국조시산 등을 편찬하면서 그는 벼슬이 바뀌거나 신변에 변화가 생길 때마다 한 권의 시고로 엮었다. 시평과 시작에 대한 열정은 대단했지만 친구 권필이 시 때문에 억울하게 죽는 것을 보고 절필을 선언한다.

국문학사에 길이 남을 홍길동전은 저항 정신을 토대로 하여 시대성과 사회성을 나타내는 일종의 프롤레타리아 혁명이다. 수호전을 모방하여 서얼로서 소외된 삶을 사는 것을 보고 신분 제도의 불평등과 사회체제의 부조리를 비판한다. 독립적이며 진취적이다. 천상 세계와 아무런 관련을 갖지 않고, 위험에 처했을 때도 조력자의 도움 없이 도술을 부리며 스스로의 힘으로 고난을 극복한다. 은유하여 현실을 비판하는 소설로 날갯짓한다.

서얼이라는 이유로 인재를 버리는 풍습을 못 마땅히 여기며 한탄한다. 정치를 하는 자들이 백성을 두려워하지 않고 무시하면 언젠가는 아래로부터 혁명이 일어난다. 백성 사랑이 담겨있는 스윙이다. 한글로써 백성들이 쉽게 읽을 수 읽게 한다.

홍길동전은 개혁의 스윙이다. 동반자들은 동반자로서 신분 차별이 없어야 하고 고수들이 아닌 비기너들이 또한 하수들이 행복한 평등 사회를 구현할 수 있다고 혁명한다. **새로운 국가를 건설하는 율도 이상 사회를 스윙한다. 모든 비기너들이 신분의 계층이 없이 발가벗은 자연의 상태에서 평등의 페어웨이를 만들고자 한다.** 그의 이상은 봉건적인 고수를 섬기지도 않고 폐쇄적인 고수들도 출입하지 않는 새로운 나라이다.

홍길동의 새로운 이상향은 사회적 모순에 대한 적극적 비판과 저항의 결과물이다. 율도국 건설이 달성되지 못하는 종지부를 찍었지만 해외 진출과 이상국 건설을 최초로 그리는 새로운 시작을 준비한 홍길동전이다. 사회 현실의 모순에 대한 해결책을 제시한 허균은 시대를 300년 이상 앞서간다. 개혁가가 역성혁명을 도모했을까? 개혁가가 진정으로 역성혁명을 도모했었다면 어떤 결과가 나왔을까? 개혁가가 역성혁명이 성공했었더라면 분배와 성장을 논하는 우리의 자본과 복지는 어느 위치에서 자리 잡고 있을지 매우 고무적이다.

허균은 라운드의 정제를 위해 논설로 정화시키는 스윙을 한다. 다재다능한 리더는 하수가 차별받고 소외받는 사람이 없도록 하는 것을 라운드의 최종 목표로 하면서 직접적인 라운드비판을 논설로 저항의 글쓰기를 시도한다.

호민론의 스윙이다. 천하에 두려워할만한 자는 오직 비기너로서 그 중에서도 호민이 가장 두려운 존재이다. 내기 골프로 라운드가 어지러울 때 호민을 중심으로 응집하여 이해타산의 문제점을 제기하면 라운드는 진행할 수 없을 것이라고 경고한다. 홍길동이 바로 호민이다. 오직

골프가 인문학을 만나다: 동서양 천재들의 필드 리더십

비기너를 위해서 라운드를 해야 하며 그들의 불만이 무엇인지를 잘 살펴보아야 한다.

유재론의 스윙이다. 하늘이 재능 있는 사람을 내었는데 비기너가 고수와 하수로 차별되고, 회원과 비회원으로 제한하는 것은 옳지 않다. 유재론은 부당한 실력 차이와 이익의 분배에 대한 등급의 차별을 비판하였다. 지배층과 피지배층을 구분하지 않는다.

복장이 다르다하여 입장을 시키지 않으며, 객지에서 왔다하여 사용료를 더 부과하고, 회원이 아니다하여 차별을 두는 것은 비판한다. 성차별도 있을 수 없다. 하늘은 인간들에게 평등과 재능을 주었으나 능력은 차이가 날수 있기에 실력이 있는 인재를 쓰지 않는 것을 비판한다. 자연은 겸손한데 인간은 이기적이다.

정론에서는 파트너십이다. 내기 골프가 성행한 것에 대한 책임을 보스에게 돌린다. 라운드는 보스의 전권에 의해 이루어져서는 안 되며 게임은 반드시 파트너들과 함께 의논하여 진행해야 한다. 보필하는 유능한 팔로워가 있어야 한다. 보스가 아닌 리더의 중요성이다.

병론의 스윙이다. 골프장에 모든 계층의 출입을 자유롭게 한다. 골프라는 스포츠 종목에 대한 특별소비세를 부과하는 것에 대한 불공정을 비판한다. 국민의 건강을 담보하는 체육시설을 허가해 주면서 특별소비세를 부과한다. 골프장 경영난과 내장객이 없는 책임을 정책결정을 책임지는 결정권자에게 돌린다.

학론에서 내장객에 대한 매너도 소홀히 할 수 없다. 매너 좋은 골퍼가 자리 잡을 수 있도록 분위기를 조성하고 플레이 속도와 라운드를 원활하게 진행할 책임을 리더에게 있다. 골프 규칙을 준수하며 에티켓을 가지고 라운드를 한다. 라운드의 본질은 이익의 수단이 될 수 없다.

시와 소설, 논문 등 허균의 문학과 사상을 살펴보건대 그는 다양한 문화를 포용한 위에 핍박받고 소외된 비기너의 입장에서 **정치와 사회에 대한 입장을 피력해 나간 시대의 선각자이자 새로운 세상을 꿈꾼 혁명가였다.** 그의 육신은 갔지만 후손에게는 잔잔한 반향을 준다. 홍길동전은 당시 언문이라 하여 천대 받던 한글로 국가의 꿈을 그린다.

최초의 한글 소설은 홍길동이란 의적을 주인공으로 하여 양반 가정의 모순을 척결하고 봉건 계급 타파 등 불합리에 항거한 내용의 사회소설 속으로 돌진한다.

비기너만을 위한 스윙을 했던 허균, 내기 골프의 세상을 모순덩어리로 보고 자신이 가진 모든 것을 내려놓고 고수보다는 하수를 이롭게 하는 차별 없는 세상으로 우리를 인도하여 준다.

골프가 인문학을 만나다: 동서양 천재들의 필드 리더십

✦도쿠가와 이에야스 에도 막부, 도쿠가와 막부의 창업자이자
초대 쇼군, 1543 ～ 1616

인내와 고난의 리더십으로
스윙하라

일본을 실질적으로 통일한 도쿠가와 이에야스는 일본적 경쟁력의 뿌리로서 근세 일본의 기초를 닦은 진정한 승리자이자 고난의 영웅이다. 오카자키 성주의 아들로 태어난 도쿠가와 이에야스는 수십 개의 작은 나라들이 통일을 향한 크고 작은 전쟁으로 들끓던 일본의 전국시대에 인내가 무엇인지 온몸으로 처절하게 보여준다.

오다 노부나가와 도요토미 히데요시와 함께, **피로 피를 씻는 난세가 절정기로 치닫는 시대에, 약육강식의 견제와 억압을 견뎌내면서, 나를 드러내지 않고 때를 기다리며** 일본 천하를 움켜준다. 견디지 못할 일을 참아내고, 남이 할 수 없는 일을 성취시킨 인내와 고난과 위기 속에서 배양된 지혜를 소지한 풍운아다.

인색한 창업자이지만 기다림의 달인으로 판단력, 행동력, 조직력은 에도 막부를 창업시킨 최후의 승자가 되면서 인내의 아이콘으로 자리잡는다.

도쿠가와 이에야스는 두 얼굴을 가진 보스이다. 조용하고 느긋한 사자의 인상과 음흉한 너구리의 얼굴이다. 고지식하고 완고한 성격으로 괴팍스러운 성품에다가 싸움질을 좋아하고 당대에 감히 그와 자웅을 겨루자가 없다. 차갑고 비정하고 냉정한 보스의 외모보다는 차분하면서 겸손하게 말수도 적게 한다. 덕스럽게 보이는 팔로워의 외모를 드러내어야 경계심이 없고 친화력이 생긴다. 군웅할거 적자생존의 사회에서 살아남는 생존의 기술이다. 어려서부터의 인질생활, 정략결혼의 피해 등으로 냉철한 현실주의를 꿰뚫고, 자기관리 능력이 뛰어난 처세술의 귀재이다.

능력이 특출한 사람이었지만 드러내지 않고 절제하면서 자신의 한계를 지독한 인내로 난세를 극복하는 양면성을 스스로 구축해 낸다. 포기하지 않는 집념의 달인이다.

※

일본 천하를 움켜쥔 세 사람의 영웅인 오다 노부나가와 도요토미 히데요시 그리고 도쿠가와 이에야스의 드라이버는 색깔이 다르고 무게가 다르다.

오다 노부가나는 아무리 강력한 맞바람에도 굴하지 않고 강력한 미사일 샷을 쏘아 올린다. 하체를 고정하고 코어를 단단히 하면서 강력하게 몸을 회전시킨다. 드라이버 샷이 아웃오브 바운스가 되더라도 강력한 드라이버 샷을 날린다.

도요토미 히데요시는 맞바람을 뚫거나 낮은 탄도로 안전하게 공략하기 위한 넉다운 샷을 구사한다. 탄도를 낮게 가져가면서 바람을 이기는 샷을 만들어본다.

도쿠가와 이에야스는 맞바람이 멈출 때까지 약간 시간을 기다린다. 잔잔한 바람으로 전환될 때를 기다려 안정된 드라이버 샷을 하겠다는 전략이다.

골프가 인문학을 만나다: 동서양 천재들의 필드 리더십

성격을 잘 표현한 갑자야화의 한 구절이다.

울지 않으면 죽여 버려라!
울게 만들어 보이겠다!
울 때까지 기다리자!

느긋한 성격으로 참아낸다. 다케다 신겐에게 패하고 말안장에 똥을 지리는 굴욕을 당하고도, 오다 노부카쓰의 배신을 당해서 압도적인 군력으로도 불구하고, 도요토미 히데요시에게 굴복해야만 했을 때도, 임진왜란에 강제로 출병당할 위기에 몰렸을 때에도 도쿠가와 이에야스는 끝없이 참고 끝없이 기다리며 자신의 세상이 오기만을 기다린다. 천하를 통일한다.

기다림의 시간 속에서도 도쿠가와 이에야스는 미래에 대한 희망의 스윙을 한다.

신뢰의 리더십이다. 리더와 부하 간 신뢰를 평생 유지한다. 인질 생활을 하던 어린 시절 끝까지 충성을 바친 가신들에 감동하여, 가신이 최고의 보배라는 신념을 평생 간직한다. 자신을 책할지언정 남을 책하지 말라. 부족함이 지나침보다 낫다. 나를 위한 물불을 가리지 않는 충용무쌍한 가신이 500명 정도 있다.

나에게는 그것이 가장 큰 보물이다. 가신들은 궁핍과 굴욕을 참지 못해 새로운 주군을 찾아 나설 수도 있었지만 이들은 결속하여 주군의 가문을 부흥시키기 위해 충절을 다한다. 충복들은 두 주인을 모시지 않는다. 도쿠가와 이에야스의 충복들은 미래의 희망이며 시대를 앞서가는 보배이다.

통합의 리더십으로 셀프 스윙을 하라

14년에 걸친 인질 생활은 그에게 놀라운 인내력과 언제나 합리적인 판단을 하게 하는 리더십으로 제2의 천성이다. 셀프 리더십인 강인함, 용기, 검소함, 침착함, 극기, 결단력, 신의 등의 덕목을 겸비한 리더는 결코 많지 않다. 소년기의 인질 생활은 인간으로서의 철저한 자기관리의 시간으로 체득의 시간이다. 부자유는 늘 있는 일이라 생각하면 부족함이 없다. 마음에 욕망이 일거든 곤궁할 적을 생각하라. 인내는 무사함의 기반이며, 분노는 적이라 여겨라. 이기는 것만 알고 지는 일을 모른다면 몸에 화가 미친다. 자신의 운명에 도전함은 경솔하지 않고 노련함을 가지고 한걸음씩 전진한다.

통합의 리더십을 보인다. 전투 지휘에서도 물론 뛰어났으나 행정 조직 관리에서 특히 탁월한 역량을 발휘한다. 일본 중세 이후의 낡은 가치관을 타파하고 구체제를 파괴한다. 새로운 가치 체계를 갖춘 사회를 건설한다. 이를 완성시켜 오랫동안 유지 관리한다.

도쿠가와 이에야스는 신중하고 영악한 리더이다. 내게 손실이 있어도 멀리 내다보고 꿋꿋하게 참아낸다. 순리대로 일을 처리하고 마지못해 누가 시켜서 하기보다는 스스로 하는 주인의식을 가진다. **누구에게 명령받기 싫어하고 자기관리가 철저하다. 소박하게 준비한다. 대비하고 대비한다. 검소한 생활은 타의 추종을 불허한다.** 부하들을 관리하고 통제하는 리더십은 권력과 경제력을 동시에 주지 않는 전략적 리더십으로 자연스럽게 견제가 된다.

천하를 통일한 쇼군으로 근검절약과 인간 경영은 도쿠가와 가문의 후계구도로 이어져 막부 260년을 유지시킨다.

도쿠가와 이에야스는 팽창보다는 평화를 선택한다. 고난의 영웅으로

골프가 인문학을 만나다: 동서양 천재들의 필드 리더십

서 국가위기, 경제위기의 시기에 일본 사람들에게 힘과 위안을 주는 인물로 꼽힌다. 완벽한 승리보다는 차선으로 온건한 절충안을 선택하여 최고의 고수인 다케다 신겐의 병법에서 천하통일을 이룬다.

일본 팽창주의자들이 팽창의 길로 갔을 때 초기에 성공하고 궁극적 패배로 이어지는 경험을 좌시하지 않는다. 평화 기류를 유지하면서 자신의 저력을 발휘하고 성장과 발전을 이룩한다. 전국시대에서 작금의 현실까지 일본 극우파들이 주장하는 대외 팽창과 전쟁의 기류를 포기하고 평화 속의 대내 발전이라는 기조를 선창한다.

쇼군으로 재임하면서 대외 무역을 위해 외국인을 적극적으로 수용한다. 정신 통일을 위해 기독교에 강경한 탄압 정책을 전개한다. 국내 안정을 위해 도요토미 히데요시의 조선 침략 이래 단절되었던 조선과의 관계를 회복시키고, 조선의 선진 지식과 문물을 받아들이는 전략적 제휴를 갖는다.

도쿠가와 이에야스는 소국에서 시작한 국가를 키워 나가기 위해 국가 경영을 경제 마인드로 바꾼다. 에도 막부를 건설하여 상대적으로 뒤떨어진 동부의 발전을 이루고 전란 뒤의 경제 부흥을 일으켜 난세를 극복한다. 사농공상을 엄격히 구분하는 경제 감각이다. 이와 함께 나카센도와 같은 동일본과 서일본을 잇는 주요 도로망을 정비하고 선박 운행도 활성화한다.

벤치마킹의 스윙을 한다. 남의 강점을 모방해 내 것으로 만든다. 자신을 초기에 크게 위협했던 다케다 신겐의 화폐 경제를 계승하여 화폐 경제를 발전시킨다. 도요토미 히데요시가 중시한 금광과 은광을 몰수하고 지배 원칙도 더욱 더 강화시켰으며, 교통의 요충지를 자신의 세력권 안에 둔다.

일본적 인간 경영의 토대를 닦는다. 대기만성형의 인물은 남에게 고

통을 강요하지 않고 모범을 보인다. 가신단의 충
성심은 여론을 통해 더욱 확산시키는 공감의
리더십을 보인다. 동료들에게 신중하면서도
평범한 인간에로 한 걸음씩 다가간다.

너에게 건네기는 하나 네 것이 아
니니 결코 사사로이 사용하
지 않는다. 동반자들 앞에서
사치하지 않고, 절약하면서
검소하고 소박한 삶을 살아
간다. 그리고 저축의 미덕을 장
려한 상무 정신은 근세 이후 일본인

의 잠재력을 성장시키면서 교육열을 높이는 명군으로 일컬어진다.

도쿠가와 이에야스, 200여 년 간의 약육강식의 전국시대를 끝낸 그
는 인간으로서 이런 유훈을 후세에 남긴다.

"사람의 일생은 무거운 짐을 지고 먼 길을 가는 것과 같다. 서두를 필
요가 없다."

골프 스윙은 느림을 이해하는 스윙이다. **비거리는 빠른 스윙에서
나오지만 빠른 스윙은 정타를 하기가 어렵다. 정타는 빠른 스윙보
다는 천천히 스윙되었을 때 확률이 높다.** 느림을 이해하는 것은 천천
히 여유 있게 리듬을 탄 스윙이다.

티그라운드에서 서두르면 급한 스윙을 하게 된다. 급한 스윙은 잘못
된 샷이 나온다. 스윙은 클럽과 몸의 각 부분이 유기적으로 움직여져야
하며 단계별로 자연스럽게 이루어져야 한다. 순서를 지키지 않아서도
실수를 한다. 급한 마음은 샷을 급하게 부추긴다. 생각의 공간을 이해
하는 스윙이 되어야 한다.

존왕양이 리더십으로 스윙하라

요시다는 본명이 노리가타로서 일본 조슈 번 하기 출신의 무사이자
사상가, 교육자이다. 쇼인이라는 호를 사용한 백면서생으로 메이지유신
의 설계자이다.

일찍이 서양 학문을 배운 요시다 쇼인은 기존의 교육자들과 달리 교
육의 대상에 신분이나 남녀의 구별을 두지 않아 존왕양이 지도자들을
배출시킨 존왕양이의 아이콘이다. 존왕양이란 천황의 이름을 높이고(존
황), 외세를 배격(양이)하자는 이론이다. 당시 막부가 통상조약에 조인
한 것에 대해, 조정의 의향을 무시하고 외국에 굴복했다는 비판이 들끓
었다. 이것은 조정을 받드는 존왕과 외국을 배척해야 한다는 양이의 요
구가 연결된 존왕양이운동으로 발전해 간다.

존왕양이에 대한 강설은 큰 감화를 불러일으킨다. 지방의 조그마한
사립 학원 원장에 지나지 않았지만 막부는 일대 변혁이 일어난다. 스승
의 비명횡사에 반발하여 존왕양이 운동은 극단주의로 치닫는다. 이토

히로부미를 비롯한 그의 제자들은 행동파이자 쟁쟁한 인사들로 근대 일본을 수립한 자들이다.

쇼인의 죽음으로 존왕양이라는 기치는 체제 전복을 목표로 활동하면서 메이지 유신의 주역이 된다.

일본 근대화 세력의 정신적 스승인 쇼인은 제국주의 침략의 이론가이다. 일본에서는 근대화를 이끌어 스승으로 존경받고 있지만 우리에게는 정한론과 대동아공영론 등을 주장해 일본 제국주의 정책의 밑그림을 제공한 치욕적인 인물이다.

학숙의 숙장이면서도 쇼인은 학생들에게 천하는 천황이 지배하고, 그 아래 만민은 평등하다는 즉 천황 아래에서 만인이 평등하다는 일군만민론을 주창한다. 여기에 한국을 정벌해야 일본이 살수 있다는 정한론을 포함시킨다. 정한론은 그의 제자인 이토 히로부미 등에 의해 계승 발전된다.

강맹차기에서 초망굴기 민초들이여 일어나라. 맹자에서 영향을 받았으며, 일반 대중들이 들고 일어나서 막부를 타도하자는 혁명 사상이다. 이것을 실행에 옮긴 수제자 타카스기 신사쿠는 일반 민중으로 구성한 민병대인 기병대를 창설한다.

존왕양이 이론은 무작정 서양을 배척한 것이 아니라, 강대국이 약소국을 정복하는 것은 당연하고 필연적인 것이라는 제국주의 논리를 수긍한다. 서양 열강이 일본을 노리는 것은 서양 열강이 나빠서가 아니라 일본이 약하기 때문이다. 일본은 서양의 기술과 문물을 배워서(부국강병) 국력을 길러 서양열강 국가와 대등한 관계가 되어야 한다고 주장한다. 서양열강에게서 빼앗긴 것은 만주, 중국, 조선 등 아시아의 약소국에서 되찾아 오면 된다(정한론)고 생각한다.

꽃은 어떠한 과정을 거쳐 피어날까? 바람에 의해 날아가는 씨앗이 되기도 하고 화훼사들에 위해 뿌려지는 한 알의 씨앗이 되기도 한다. 씨앗은 땅속에 묻혀 일정한 시간을 거치고 비록 흙속에 덮이지만 자연의 빛과 생명을 향해 일어선다. 아름다운 꽃이 되기 위해 씨앗은 자신에게 처해진 일정한 상황을 이겨내야 한다.

쇼인은 29세의 나이에 요절하면서 옥중에서 쓴 유수록에서 침략주의 세계관으로 80여 명의 문하생을 배출한다.

메이지 일본의 설계자는 요시다 쇼인이었고, 그의 사상은 제자들에 의해 요시다 쇼인이 머리에 그렸던 설계대로 메이지 이후의 일본이 형성되었다.

유신삼걸중의 1인인 기도 다카요시, 과격파 유신지사의 대표격이자 기병대의 수장인 다카스기 신사쿠, 한일합방의 주역 이토 히로부미, 그리고 그와 함께 권세를 누린 이노우에 가오루 등 유신의 주요 인사들이 분기하면서 메이지 시대를 만들고 제국주의 후손들은 역사를 이어가고 있다.

일본의 우익 단체는 학맥과 신사를 내세워 계승시키고 성역화를 조장한다. 메이지시대를 설계한 선각자 요시다 쇼인이 도쿄 구단자카에 자리 잡고 있는 야스쿠니신사에 신위 제1호로 모셔져 있다. 일본인들이 제일로 숭앙하는 인물로서 역대 일본 총리가 야스쿠니에 가서 허리를 굽혀 절을 할 때, 실상 누구에게 절을 하고 있는 것인가 우리는 알아야 한다.

2018년 벌써 150년이 경과하였지만 메이지는 조선의 굴욕과 비애를 뜻한다. 메이지 100년 기념사에서 "오늘까지의 일본의 영광스러운 100년의 역사는 앞으로 올 100년의 새로운 영광의 모습을 보여주는 것이며, 오늘 거행되는 100년 기념식전은 일본의 제2의 비약을 약속하는 것임을 나는 믿어 마지않는 바이다"라고 피력한다. 2006년 9월 아베 신조 총리가 그를 가장 존경한다고 밝히기도 했다.

쇄국과 개화의 갈림길에서 개혁의 스윙을 하라

사이고 다카모리, 오쿠보 도시미츠, 기도 다카요시를 유신 3걸과 거간꾼인 사카모토 료마까지 메이지유신 4인방은 역사를 창조하였지만 치열한 당파와 파벌 싸움에 모두 제명에 살지 못하고 암살당하거나 자살한다. 기구한 운명이다.

사이고 다카모리는 문명개화파로서 정한론의 대표주자이다. 한학과 양명학을 배웠으며 무욕을 가지고 타인을 위해 살아간다. 메이지 유신을 실질적으로 성공시킨 인물로 유신군의 총사령관으로 막부의 수도 에도에 무혈 입성한다.

사이고는 체격이 좋은 행동주의자로 보스 기질이 있어 주변에 사람들이 많았고 스스로 행동하려는 마음가짐과 나라를 위해 한 몸 바치려는 셀프 리더십이다. 200년 넘게 유지되던 도쿠가와 막부를 끝내고 메이지시대를 여는 데 큰 공로를 세워 유신정부의 요직에 있었으나 내치의 의견 차이로 중앙정부에 대립한다.

사이고는 정한론을 주장하고 징병제는 반대하면서 오쿠보와 틈이 생긴다. 사무라이는 누구나 할 수 없는 특권으로 의식한 것이다. 결국 사이고는 정부를 떠나 가고시마로 낙향 후 사학교를 개설하고 젊은이들의 교육에 힘쓴다. 그러나 불만을 가진 사족들을 잠재우지 못했고 반정부 활동을 하다가 무력반란인 서남전쟁의 주모자가 되어 전쟁 도중 반역자로서 자결한다.

오쿠보 도시미츠는 일본의 근대 정치인으로 일본 최초의 내무경이다. 사이고 다카모리와는 죽마고우이며 개혁파 도막 운동의 중심인물이다.

두뇌 회전이 빨라 선배인 사이고 다카모리를 교활한 술책으로 정계에서 쫓아냈으며 비정하고 잔인하다고 '인인(忍人)'이라고 불려진다. 가고시마에서는 가고시마 특산물인 돼지와 사이고를 절대 욕하지 못한다는 말이 있을 정도인데, 사이고를 죽게 만든 천하의 간신으로 취급당하고 있다. 서남전쟁에 호응하여 거병을 기도했지만, 뜻을 이루지 못한 사이고의 추종자들에게 피살당한다. 공의를 두절하고, 민권을 억압하고, 이

로써 정사를 사사로이 했다. 유사전제의 폐해를 고치기 위해 간괴를 참한다고 쓰여 있다.

오쿠보는 내유외강의 인간으로 위엄을 갖추기 위해 수염을 길렀으며 복도를 거닐기만 해도 주변을 긴장하게 하는 매우 근엄한 사람이다. 지독한 골초였으며 취미는 바둑으로 지기 싫어하는 성격이었지만 금전 관리에서는 청빈했다. 충분히 권력을 이용해서 사리사욕을 채우고도 남을 위치에 있었어도, 오히려 공무를 위해서는 빚을 얻어서라도 자신의 사재를 쏟아 붓는다.

기도 다카요시는 무사 집안에서 태어났으며 요시다 쇼인의 제자로서 병학을 배운다. 개국, 도막정책으로 동지들을 규합하여 존왕양이 운동의 리더적 존재로 활동한다. 혈기 넘치는 과격파 젊은 양이지사들을 달래는 신중한 태도를 취한다. 줄행랑 코고로라는 별명은 도망을 하도 잘쳐서 생긴 별명이다.

신정부가 수립되자 이와쿠라 토모미에게 정치적 식견을 인정받고,

여러 고위직을 거치면서 구시대의 악습폐지, 사민평등, 헌법제정과 삼권분립의 확립, 교육 제도, 외국과의 외교관계 수립, 법전 편찬과 법치주의 확립, 도쿄로의 천도 등 신정부의 거두로서 정책결정에 강한 영향력을 행사한다.

처음엔 스승인 요시다 쇼인의 영향으로 정한론을 주장했으나 서양 여러 나라를 순방하면서 내치의 긴급성을 통감하여 정한론에 반대하여 입헌정치의 필요성을 역설한다.

본심은 한국을 쳐야한다는 생각이었지만 사이고와의 파워 게임에서 질수가 없다. 지금은 시기상조이다. 치긴 쳐야하나 사이고 다카모리에게 주도권을 넘길 수 없기 때문에 이중 잣대를 댄다. 45살의 나이로 지병으로 사망하면서 사이고 다카모리에게 자중하라는 편지를 보낸다. 먼저 죽어 간 동지들의 남은 가족들을 금전적으로 도와주고 보살피고, 적이었던 아이즈 번에게도 관용적이다.

사카모토 료마는 일본의 무사 겸 사업가로서 시대의 풍운아로 알려진 군웅할거의 대표 주자이다. 료마는 막부체제를 무너뜨리고 메이지 천황 구도로 전환될 당시 결정적인 역할을 한다. 적대관계에 있던 두 현을 반막부 동맹으로 전환시킨 대사건인 삿초동맹과 쇼군인 도쿠가와 요시노부가 자신의 모든 실권을 메이지 천황에게 자진헌납한 대정봉환사건의 주역이다.

료마는 암살당했지만 탈번을 거듭하면서도 쇄국과 개화의 갈림길에서 과감한 결단으로 역사를 개척한다. 일본 최초의 국제 비즈니스맨은 역사를 창조해 낸 일등공신으로 새로운 시대를 위한 꿈을 실현한다.

골프가 인문학을 만나다

:동서양 천재들의 필드 리더십

1판1쇄 발행 2018년 9월 27일

지은이 이봉철
발행인 최봉규

발행처 지상사(청홍)
등록번호 제2017-000075호
주소 서울 용산구 효창원로64길 6(효창동) 일진빌딩 2층
우편번호 04317
전화번호 02)3453-6111 **팩시밀리** 02)3452-1440
홈페이지 www.jisangsa.co.kr
이메일 jhj-9020@hanmail.net

ISBN 978-89-6502-285-5 (03690)

이 도서의 국립중앙도서관 출판시도서목록(CIP)은 e-CIP홈페이지(http://www.nl.go.kr/ecip)와
국가자료공동목록시스템(http://www.nl.go.kr/kolisnet)에서 이용하실 수 있습니다.
(CIP제어번호: CIP2018025626)

* 잘못 만들어진 책은 구입처에서 교환해 드리며, 책값은 뒤표지에 있습니다.